金融标准化系列丛书-5

U0614972

《中国金融集成电路(IC)卡规范(3.0版)》
解读

◎ 主编 李东荣

INTERPRETATIONS OF
CHINA FINANCIAL INTEGRATED CIRCUIT
CARD SPECIFICATIONS 3.0

中国金融出版社

责任编辑：吕　楠
责任校对：孙　蕊
责任印制：丁淮宾

图书在版编目（CIP）数据

《中国金融集成电路（IC）卡规范（3.0版）》解读（《Zhongguo Jinrong
Jicheng Dianlu（IC）ka Guifan（3.0 Ban）》Jiedu）/李东荣主编．—北京：
中国金融出版社，2014.7

（金融标准化系列丛书－5）

ISBN 978－7－5049－7528－7

Ⅰ．①中…　Ⅱ．①李…　Ⅲ．①金融—IC 卡—行业标准—中国
Ⅳ．①F832.2－65

中国版本图书馆 CIP 数据核字（2014）第 092973 号

出版
发行　**中国金融出版社**

社址　北京市丰台区益泽路 2 号
市场开发部　（010）63266347，63805472，63439533（传真）
网上书店　http://www.chinafph.com
　　　　　　（010）63286832，63365686（传真）
读者服务部　（010）66070833，62568380
邮编　100071
经销　新华书店
印刷　保利达印务有限公司
装订　平阳装订厂
尺寸　169 毫米×239 毫米
印张　17.5
字数　299 千
版次　2014 年 7 月第 1 版
印次　2014 年 7 月第 1 次印刷
定价　49.00 元
ISBN 978－7－5049－7528－7/F.7088
如出现印装错误本社负责调换　联系电话（010）63263947

一、主编

李东荣

二、编委

王永红　李晓枫　杨　竑　陆书春　潘润红　邬向阳

姜云兵

三、统稿

邬向阳

四、编写人员（按姓氏笔画排序）

邬向阳　刘力慷　汤沁莹　杜　宁　李兴锋　李铭铭

陈则栋　张　栋　张永峰　张家旗　陆　洋　周新衡

林发全　罗时辉　郑元龙　唐　博

序　言

　　标准化是为在一定范围内获得最佳秩序，对现实问题或潜在问题制定共同使用和重复使用的条款的活动。在现代经济发展过程中，标准化成为一国提升企业核心竞争力、争取发展话语权的重要途径。世界主要发达国家已逐渐将标准化提高到了国家发展战略的高度，成立专门从事标准化工作的组织，开展标准化工作，将发展中的成功经验，通过标准化的形式固化下来。

　　党中央、国务院历来高度重视标准化工作，并将标准化提高到了国家发展战略的高度，多次就标准化工作作出重要指示。金融作为现代服务业的重要组成部分、现代经济的"血液"，已成为衡量某个国家或地区综合竞争力和现代化标准的重要标志，对于标准化的要求显得更为迫切、更为重要。改革开放以来，我国金融标准化经过近二十年的发展，已逐步成为保证金融业规范化经营、提高整体核心竞争力的重要基础性条件。作为国家的中央银行，中国人民银行承担着制定和执行货币政策、维护金融稳定、提供金融服务的重要职责。随着金融改革的逐步深入，经济市场化程度的不断加深，金融标准化的地位和作用日益提高。在各相关单位的大力支持、积极参与下，中国人民银行和全国金融标准化技术委员会以立足现状、适度前瞻、突出重点、务实可行为原则，在金融领域内稳步推进标准化工作，陆续制定和发布了多项涉及银行、保险、证券、银行卡、征信业务等内容的国家标准和行业标准。同时，根据信息系统建设标准先行的指导原则，推出了一系列标准规范。

　　为使广大业内工作者和社会各界多渠道、多层次地了解中国金融标准化成果、标准化相关政策法规、国际标准化发展趋势等方面的内容，中国人民银行决定出版"金融标准化系列丛书"。经过精心的准备和各方面的共同努力，这套丛书现在可以陆续和大家见面，该丛书的出版必将有力地推动我国金融标准化的发展，为大家提供有益的参考。希望可以借此推动社会各界更好地了解金融标准化，并希望金融标准化在全社会的关心支持下，在全行业人员的共同努力下，得以更好、更快的发展，为金融业持续、健康、创新发展奠定基础。

中国人民银行副行长

全国金融标准化技术委员会主任委员

二〇一二年九月

前　言

自 1997 年《中国金融集成电路（IC）卡规范》（以下简称"PBOC 标准"）问世以来，迄今已经历了三个版本，实践证明，PBOC 标准已经成为我国改善金融服务、实现金融服务民生的基础要素。但从实用角度看起来，每一版本标准的贡献度似乎差距很大，1.0 版本的卡在实际应用中基本没有留下痕迹，2.0 版本的卡在现实生活中扮演着大众金融伴侣的角色，而且身影遍及公共服务、小微交易，使得许多银行卡从一月一刷变成一日数刷。在取得如此成绩之际推出 3.0 版本，会不会影响既有成果的继续推进，毕竟，持卡人和银行业现在刚刚尝到甜头，投资尚未完全消化，社会效应也才初步显现。因此，解疑释惑就是本书任务之一。

自从采用了"芯"介质，银行卡的安全性、便利性、时尚性似乎刹那间得到了提升。但是同样用"芯"技术，为什么 1.0 与 2.0 效果不同，而 2.0 到 3.0 到底能有多大改进，显然，这与版本间采用技术不一样有关。现在可以下定论的是标准技术采用应该与社会环境的发展、技术消化吸收能力以及人民生活习惯相适应。一般情况下，技术难度与产生效果是一种正向关系，这也就是高技术在当今社会大受欢迎的基本原因。银行卡产业链条比较长，几乎每一过程都包涵高技术，为了更好发挥标准的高技术作用，技术解读就成了本书的任务之二。

标准要尽快受惠于社会各界，应用是最直接的方法，依赖应用体系的发挥，大家才能看到新版本的必要性。从标准支持的应用形式而言，1.0 的特色在于推出了电子钱包，从此实现了无网络环境的应用；2.0 的成功之处在于有了电子现金、多行业应用以及非接触特性，从此支持了多卡合一和闪付；3.0 的创新应用在于有了分时分段计算、线上应用以及多币种，从此将可以在交通、互联网及境外更方便地使用。这些应用是目前社会生活中的大众需求，但怎样才能将成果快速呈现给社会，应用指导就成为本书的任务之三。

PBOC3.0 标准成为我国改善金融服务、实现金融服务民生的基础要素，一方面是因为其继续兼容国际主流标准，使我国持卡人可以方便地在国际范围刷卡应用，同时，因为 PBOC3.0 加入了适合我国国情的电子现金扩展应用和自主可控的安全标准，使社会大众可以享受到更加安全快捷的金融服务，也将极大地带动我国相关产业的发展。

忙碌耕耘十数载，抬头环顾四周，PBOC3.0 已然成为国际芯片应用领域的重要标准之一，这当中，社会经济发展给予了大好机遇，因此，尽快投入应用即是最好回报，希望本书的出版能起推动作用。

导　　读

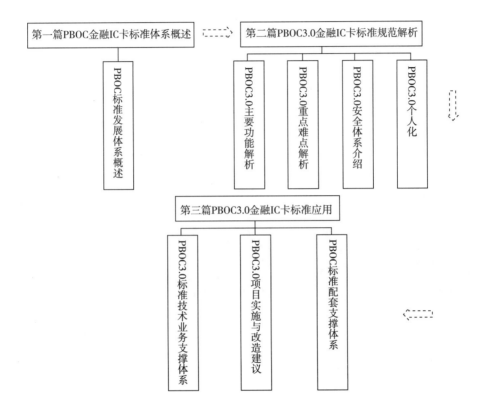

第一篇PBOC金融IC卡标准体系概述

PBOC标准发展体系概述

第二篇PBOC3.0金融IC卡标准规范解析

PBOC3.0主要功能解析

PBOC3.0重点难点解析

PBOC3.0安全体系介绍

PBOC3.0个人化

第三篇PBOC3.0金融IC卡标准应用

PBOC3.0标准技术业务支撑体系

PBOC3.0项目实施与改造建议

PBOC标准配套支撑体系

目 录

1 PBOC 标准发展体系概述

1.1 PBOC 标准的发展与 PBOC3.0 编制情况

1.1.1 PBOC 标准的发展历程

2000 年以前，金融 IC 卡在金融领域以电子钱包等小额支付应用为主，主要的标准包括 Visa 的 Visa Cash、万事达的 Mondex、EMV 的 EMV96 等。在 EMV96 和 ISO7816 的基础上，结合国内需要，中国人民银行于 1997 年颁布《中国金融集成电路（IC）卡规范》（1.0 版），业内也称之为 PBOC 1.0 规范。

从应用角度区分，PBOC1.0 规范主要定义了电子钱包（Electronic Purse）/电子存折（Electronic Deposit）应用和磁条卡功能（Easy Entry）应用。其中，电子钱包/电子存折采用对称密钥算法，通过全国统一的三级密钥管理体系，解决了脱机情况下跨行、跨地区的支付问题。PBOC1.0 规范通过建立统一的技术标准规范，进一步加强了银行与行业、企业间的沟通合作，在技术创新、业务创新、制度创新和商业模式创新等层面推动了金融 IC 卡跨行业应用新措施和新办法的探索，并在 PBOC1.0 规范试点及其后续的行业合作中，逐步显示出金融 IC 卡的潜力。

PBOC1.0 规范的正式发布对金融 IC 卡产业有着非常重要的意义，电子钱包/电子存折应用为当时跨行、跨地区的脱机支付问题提供了解决方案，标志着我国金融业在金融 IC 卡方面开始有了自己统一的规范，并为今后建立一个全国互通的金融 IC 卡交易系统，实现基于芯片卡的电子货币打下了基础。PBOC1.0 规范的颁布是我国金融 IC 卡事业发展的一个里程碑。

2000 年前后，为了防止日益增长的伪卡欺诈和金融支付应用面临的各种挑战，国际卡组织调整了金融 IC 卡发展重点，开始在各国大力推广借记/贷记卡的金融 IC 卡化，即 EMV 迁移。随着国际银行卡 EMV 迁移进展的加快和我国对外开放交流步伐的加大，中国人民银行高度重视并及时跟踪、研究国际芯片化在全球的应用和最新的动态。2003 年，中国人民银行组织中国银联和有关商业银行对《中国金融集成电路（IC）卡规范》（1.0 版）进行了修订，补充完善了电子钱包/电子存折的应用功能并增加了电子钱包扩展应用指南、借记/贷记卡应用功能、个人化应用指南和非接触式金融 IC 卡通信接口标准。2005 年 3 月修订后的新规范正式颁布实施（业界称该规范为 PBOC2.0 规范）。

PBOC2.0 规范新增的标准借记/贷记产品实现了银行卡的借记/贷记功能，

是一种全新的、高安全的支付手段，可以完全取代磁条卡，并可结合智能卡片的特点开展多应用，如信贷、征信、社保等。在技术安全方面，PBOC2.0规范定义的借记/贷记应用，提供了脱机数据认证和联机数据认证双重安全机制。其中，脱机数据认证通过非对称密码算法实现，终端只需下载根CA的公钥即可实现对卡片的认证；联机数据认证通过对称密码算法实现，完成卡片和发卡行的双向认证，确保联机交易的安全。双重保护机制可有效防止伪卡欺诈的发生，能有效解决电子钱包/电子存折应用存在的密钥传输、更新的困难，以及终端PSAM卡存在的安全管理隐患。

PBOC2.0规范是国内金融IC卡产业的基础性规范，可以满足我国银行卡应对国际金融IC卡迁移的需要，满足国内银行卡高安全和多应用的实际需求，为我国金融IC卡应用和其他行业在PBOC1.0规范试点基础上进一步结合发展奠定基础。

2007年，为了满足小额、快速支付市场的迫切需求，中国人民银行再次组织针对《中国金融集成电路（IC）卡规范》进行增补，主要增加基于借记/贷记标准的小额支付（电子现金）和非接触式执行规范等方面内容。新增补的内容，完善和丰富了PBOC2.0产品，涵盖了国际上主流金融IC卡应用，为发卡银行提供更为全面的银行卡业务品种，使银行卡的受理范围能拓展到公交、出租、地铁、高速、超市、加油、报刊、便利店、电影院等快速支付领域。该部分增补规范于2010年4月正式颁布。

为支持配合PBOC2.0标准规范的制订和推广，促进国内金融IC卡迁移进程，中国银联积极参与规范的增补，先后制订了多个与PBOC2.0规范配套的企业规范，其中《根CA管理规则和技术规范》为所有遵循PBOC2.0标准的金融IC卡借记/贷记应用提供公钥认证服务；《中国金融集成电路（IC）卡借记/贷记应用个人化模板》提供一套能作为商业银行金融IC卡个人化指导的参考模板，帮助银行为卡片参数选择正确的值，以确保卡片个人化后能与终端之间协同工作；《PBOC2.0借记/贷记应用发卡行、收单行实施指南》，为发卡行、收单行实施PBOC迁移计划提供一个整体引导，集中描述发卡行、收单行应该完成的策略、业务、风险管理和技术方面的工作内容。

PBOC2.0规范与银联配套的企业规范功能齐全、内涵丰富，为我国的银行卡健康发展提供了很好的指导，大大提高了我国银行卡的国际竞争力，也为与其他行业合作提供了良好的架构基础。

1.1.2 PBOC标准与国际金融IC卡标准

国外银行卡组织包括Visa、MasterCard、JCB等均以EMV标准为基础，分别制定了各自的技术标准。PBOC也在EMV标准的基础上，定义了借记/贷记应用。基于芯片卡的规范体系如图1-1所示。

Visa	MasterCard	JCB	PBOC
VIS	M/Chip	J/Smart	借记/贷记应用
芯片卡规范			

图 1-1 芯片卡规范体系

在非接触式和小额支付等功能方面，PBOC 和 Visa/MasterCard 的支持情况如表 1-1 所示。

表 1-1 PBOC 和 Visa/MasterCard 的支持情况

标准名称 ＼ 应用种类	借记/贷记应用	非接触式应用	小额支付应用
PBOC	借记/贷记应用	非接触式应用	电子现金应用
Visa	VSDC	PayWave	VLP
MasterCard	M/Chip	PayPass	MPA

PBOC 标准在制定过程中，一方面根据当前先进技术的发展趋势及主流标准的应用情况，对原有标准进行了补充完善，特别是与 EMV、ISO 等国际规范保持同步；另一方面根据中国金融 IC 卡发展的特点，结合相关行业的实际应用需求，提出了新的内容。PBOC 规范与国际金融 IC 卡规范的关系如图 1-2 所示。

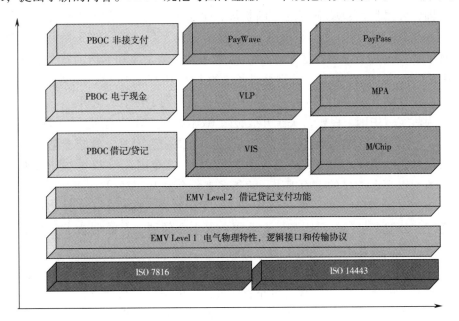

图 1-2 PBOC 规范与国际金融 IC 卡规范的关系

1. 卡片方面

在卡片方面，PBOC 及其他各组织的卡片均与 EMV 的终端相兼容。PBOC 卡片的标准主要是参照了 Visa 的相关卡片标准，与 Visa 的技术标准基本一致。

与 MasterCard 的卡片标准相比，在卡片层面上 PBOC 与其是两个完全不同的技术标准，各自设置了不同的风险管理，区别较大。

2. 终端方面

在终端标准方面，Visa 和 MasterCard 不再维持自己的终端规范，而是参照 EMV 的终端技术标准。

1.1.3 PBOC 标准金融 IC 卡发展现状

金融 IC 卡推广工作自 2011 年启动后，相关各方按照"2011 年打开局面，2012 年扩大应用，2013 年规模发卡"的阶段性目标不断推进，各项工作呈现出健康、平稳、有序发展的良好态势。

金融 IC 卡发卡方面，截至 2013 年底，全国已有 100 多家商业银行发行金融 IC 卡，累计发卡 5.9 亿张。

受理环境改造方面，截至 2013 年底，POS 和 ATM 终端总量分别为 972.7 万台和 54.9 万台，总体改造率分别达到 99.4% 和 98.5%。在已完成改造的 POS 和 ATM 终端中，能够受理非接触式金融 IC 卡的比例分别为 30.3% 和 13.1%。

金融 IC 卡交易方面，随着金融 IC 卡发卡量的快速增加、受理环境改造的持续巩固、公共服务领域应用的不断扩展，金融 IC 卡交易情况呈现良好上升趋势。截至 2013 年 6 月底，金融 IC 卡存款余额为 2 万亿元；2013 年上半年金融 IC 卡消费交易额为 1.5 万亿元。金融 IC 卡卡均存款余额和卡均消费交易额分别为 0.73 万元和 0.53 万元，分别是磁条卡的 1.78 倍和 1.43 倍，表明受理环境的完善以及金融 IC 卡安全性高、方便使用等特点得到了持卡人认可。

为落实《中国人民银行关于开展金融 IC 卡推广工作的通知》（银发〔2011〕64 号）的要求，发挥金融 IC 卡在公共服务领域的拓展优势，促进金融信息化与城市信息化的结合，2011 年 6 月，中国人民银行在全国选择 47 个城市开展金融 IC 卡在公共服务领域的应用工作。两年多来，金融 IC 卡公共服务领域应用在 8 大类 28 个行业实现突破，覆盖公共交通、文化教育、医疗卫生、社会保障、城市管理、公益事业、生活服务、企业服务等多个领域，有效创新了公共服务手段，开创了金融 IC 卡服务民生的新局面。

在公共交通领域：成都实现了金融 IC 卡刷卡乘坐地铁，并在出租车和公交行业全面推进金融 IC 卡结算；贵州省通过贵阳的示范带动全省公交等公共服务领域的全面应用；重庆、新余、铁岭、清远、韶关、亳州、秦皇岛、常德等城市公交均已实现受理金融 IC 卡；上海、大连、昆明、宜昌等地实现了金融 IC 卡出租车上刷卡付费；广深铁路旅客持金融 IC 卡可以在广深线"和谐号"动车上直接刷卡进站乘车；烟台、宝鸡、榆林等多地在驾驶员管理及高速公路 ETC 快速通道等领域实现了应用拓展。

在文化教育领域：广州大学城、湖南湘潭大学、昆明西南林业大学、乌鲁木齐新疆大学、宁波效实中学等基于金融 IC 卡实现的校园一卡通，使"一卡在手，走遍校园"成为现实。

在医疗卫生领域：银川、天津、济南、芜湖等地在医疗卫生领域推进的银医合作，实现了金融 IC 卡加载医院诊疗一卡通功能，患者持金融 IC 卡可在多个医院，完成在线预约挂号、查询病历信息、住院押金圈存和医药费直接支付等功能，有效缓解了看病"三长一短"的难题。

在社会保障领域：重庆作为全国第一个金融 IC 卡社保卡试点城市，截至 2013 年底，累计发卡 2094 万余张，已实现养老、医疗、失业、工伤、生育"五险合一"，通过社会保障卡金融账户发放各类保险及政府其他公共服务待遇累计 3302.54 万元。

在城市管理领域：新余、自贡等地的金融 IC 卡承担了市民卡功能，实现金融 IC 卡在城市管理领域的一卡多用。亳州、铜陵也已实现发行金融 IC 卡城市一卡通；广东梅州、清远、茂名、湛江和韶关的金融 IC 卡一卡通，还支持公交领域的跨城市的互惠互通。

在公益事业领域：深圳、南京等地发行了深圳志愿者（义工）证、南京青年志愿者卡等公益性金融 IC 卡产品，有力地支持了当地的志愿服务事业发展，形成了积极的社会效益。宁波市推出的以全市工会会员为持卡对象的工会"5·1 服务卡"，是以宁波市民卡为基础，加载工会应用，符合金融 IC 卡标准，功能上集工会服务管理、金融以及市民卡应用功能于一体，既是金融 IC 卡和工会电子会员证，还是一张名副其实的服务卡，具有系列便民、惠民功能。

在生活服务领域：上海、宜昌、深圳、厦门等地推动金融 IC 卡在"标准化菜市场"中的使用；昆明市的肉类蔬菜流通服务金融 IC 卡等为食品安全追溯体系建设提供了新手段；长沙、苏州等地启动了"金融 IC 卡早午餐工程"，得到了地方市民、商户和政府的认可。

在企业服务领域：上海、成都、深圳等地推出了华为园区卡，辽源的东北林业园推出了"园区一卡通"，昆明推出了长水机场园区卡，这些金融 IC 卡为企业及其员工获取综合性金融服务搭建了平台。

各商业银行根据自身特点，在不同领域实现了行业应用。中国工商银行先后推出了小额支付"闪酷卡"，在天津、济南、包头等地开展牡丹交通卡服务，在广州、深圳发行了广深铁路"牡丹爱购卡"。中国农业银行结合农村地区小额现金支付多的市场需求，以新农合、新农保代理业务为抓手，以"金穗惠农通"工程建设为契机，探索金融 IC 卡在农村地区的推广应用。中国银行在上海、济南、镇江等城市针对企业开展了园区服务。中国建设银行推出的 ETC 龙卡 IC 信用卡，使车主经由 ETC 车道无须停车实现自动缴费，大大节省过路时间。中国邮政储蓄银行在上海与小区服务相结合，发行了物业管理联名金融 IC 卡。中国民生银行推出了肉类蔬菜流通服务金融 IC 卡。与此同时，部分区域性商业银行的金融 IC 卡行业应用拓展也很有特色，例如，乌鲁木齐商业银行根据本地特色开展了金融 IC 卡燃气服务，浙江民泰商业银行开展了基于金融 IC 卡的手机信贷服务，桂林银行结合当地人喜欢吃米粉的习惯推出了"米粉卡"。

金融 IC 卡的上述行业应用受到了社会公众的普遍欢迎，取得了明显成效。一是有效带动了城市信息化发展，促进了信息化资源共享及地方机构行业信息化资源的高效利用。二是促进了银行业服务意识提升，一定程度上打破了原有磁条卡的竞争格局，为商业银行开展金融服务创新，提升自身服务能力提供了有效的手段。三是在为群众提供安全便利金融服务的同时，为地方政府和行业管理部门实现管理方式转变提供了工具，如基于金融 IC 卡的市民卡将地方政府开展优质公共服务的愿望和银行业服务社会的意愿相结合，创新了公共服务手段，适应了政府转变管理方式的需要，众多基于金融 IC 卡的行业应用，为不同行业管理部门提供了有效的管理手段，增强了行业管理部门的履职能力和履职效果。四是带动了我国自主芯片产业的发展。在金融 IC 卡推广带动下，在国家发展和改革委员会与工业和信息化部等相关部门的大力支持下，国产芯片安全设计能力、国产 COS 研发水平、卡片封装等技术水平不断提升，同时与金融 IC 卡相关的受理机具不断更新换代、互联网支付终端等新型设备不断出现。金融 IC 卡相关的人才队伍不断扩大，工程技术能力快速提升。

1.1.4 PBOC3.0 编制背景

在中国人民银行、国家发展和改革委员会、工业和信息化部以及地方政府的大力推动下，金融 IC 卡在公共服务领域中的应用得到快速推广，基于金融 IC 卡的各种新应用、新需求不断涌现。为全面支持金融 IC 卡在公共服务领域中的应用，适应当前金融 IC 卡多领域应用需求，顺应 PBOC2.0 规范从国内向境外拓展的新形势，中国人民银行于 2012 年决定着手开展第三次 PBOC 规范修订工作。PBOC 规范修订的必要性主要体现在三个方面。

一是支持行业拓展。适应公共服务领域对电子现金分时、分段计费支付方式的功能需求，促进金融 IC 卡在高铁、公交、地铁等公共服务领域的应用。

二是支持创新支付。实现金融 IC 卡应用与互联网支付、移动支付等创新型应用的整合，促进线下线上渠道融合。

三是支持国际通用。顺应金融 IC 卡应用范围从国内向境外拓展的新形势，满足我国持卡人特别是在港澳地区使用金融 IC 卡进行电子现金支付的需求。

在广泛征求意见和认真分析论证的基础上，中国人民银行于 2013 年 2 月 5

日正式发布并实施了《中国金融集成电路（IC）卡规范（3.0 版）》（以下简称 PBOC3.0）。

1.1.5 PBOC3.0 编制原则

PBOC3.0 标准的编制遵循以下原则：

1. 继承与发展：尊重原标准的总体架构和技术内容，继承原版本的骨干内容，吸收并补充相关技术细节，使其更进一步完善。

2. 实用性及可操作性：标准不追求内容的全面性，而是充分满足业界需求，为应用服务，使修订后的标准适应国内银行卡产业发展需要，具有实际操作指导作用。

3. 先进性和前瞻性：既考虑到目前的需要和技术水平，也考虑到能填补过去规范中空白的先进理念的采用，使修订后的标准满足较长时间需要。

4. 兼容性：参考了相关国家标准、行业标准及有关企业标准，分析比较了各标准的异同，有关数据参数保持与国际标准一致，努力消除标准间的分歧。

5. 简洁性：为使标准内容简洁、重点突出，标准中涉及国际标准、国家标准或者行业标准的内容只作引用，并不包含在本行业标准正文中，相同且应一致的内容也仅作了引用。

1.1.6 PBOC3.0 组成部分

PBOC3.0 规范在 PBOC2.0 规范 2010 年版的基础上进行了增补和修订，如图 1-3 所示。

图 1-3 金融 IC 卡标准修订内容

PBOC 规范增补工作主要体现在以下四个方面：一是为满足金融 IC 卡在公交、地铁、高铁等公共服务领域的应用需求，增补了非接触式金融 IC 卡小额支付扩展应用规范；二是为解决我国持卡人在港澳地区使用金融 IC 卡进行支付的问题，增补了电子现金双币支付应用规范；三是为满足金融 IC 卡在互联网支付、移动支付等创新支付方式中的应用需求，完成线下线上渠道整合，增补了金融 IC 卡互联网终端规范；四是为保证金融交易安全，实现自主可控，增补了借记/贷记应用安全增强规范。

PBOC 规范的修订工作主要体现在以下五个方面：一是删除一些不再适用的内容，例如由于电子钱包/电子存折已废止，故在标准中删除了电子钱包/电子存折应用及其扩展应用规范；二是根据当前先进技术的发展趋势及相应标准的应用情况，对标准进行了补充完善，吸收了先进经验；三是针对目前新的业务需求进行完善，如小额快速支付等应用中对卡片记录圈存日志和 qPBOC 交易日志的需求，在标准中增加圈存日志和 qPBOC 交易日志内容；四是根据在使用过程和检测过程中发现的问题，对标准中一些兼容性问题进行明确，使标准更具有可操作性；五是对原标准中表述不清、依据不充足的内容进行明确，比如在终端规范中明确了终端应当终止及不应当终止交易的若干情况。

与其他国际规范相比，PBOC3.0 规范在实际应用中比国际规范更具特色。PBOC3.0 规范实现了卡片和终端密码算法的国产化，保证金融交易安全，实现自主可控；更好地满足了金融 IC 卡在高铁、公交、地铁等公共服务领域的应用；解决了我国持卡人在港澳地区使用金融 IC 卡进行支付的问题；满足了金融 IC 卡在互联网、手机支付等创新支付方式中的应用。

1.1.7 PBOC3.0 标准体系

PBOC 规范作为银行卡标准的核心规范，与银行卡其他规范共同构建了较为完备的银行卡标准体系架构，如图 1-4 所示。

PBOC 规范在整个银行卡标准体系架构中具有承上的作用。一是遵循了 JR/T 0052《银行卡卡片规范》，在 PBOC 规范第 3 部分中规定了接触式芯片的模块高度、触点的尺寸和位置、触点的分配等接触式芯片卡的相关要求，并在 PBOC 规范第 8 部分中规定了非接触式芯片卡的相关要求；二是遵循了 GB/T 19584—2010《银行卡磁条信息格式和使用规范》中银行卡磁条的信息格式定义，在 PBOC 规范第 5 部分中定义了磁道相关的数据元。

PBOC 规范在整个银行卡标准体系架构中具有基础性作用。一是对金融 IC 卡检测规范来说，PBOC 规范为其提供了借记/贷记应用卡片、终端和个人化等检测案例的技术要求和测试依据；二是对银行卡受理终端规范来说，PBOC 规范对受理终端提出了基础的技术要求；三是对银行卡联网联合技术规范来说，

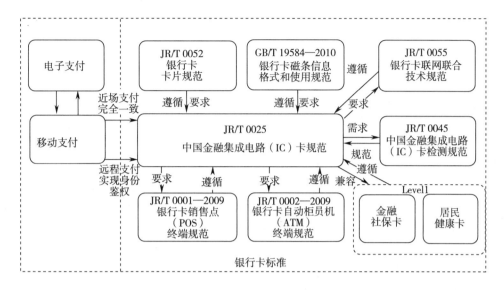

图 1 - 4　标准体系架构关系图

PBOC 规范为报文中 23 域（卡片序列号）和 55 域（基于 PBOC 借记/贷记标准的金融 IC 卡数据）定义了金融 IC 卡的基本信息数据元。

另外，PBOC 规范作为金融行业银行卡核心标准，其与其他行业卡标准如社会保障卡标准、居民健康卡标准在 Level 1 上是相互兼容的。

1.2　PBOC3.0 与 PBOC2.0 的主要差异

与 PBOC2.0 相比，PBOC3.0 进一步完善和优化了非接电子现金的交易流程，丰富了金融 IC 卡的功能，拓展了金融 IC 卡的使用范围，创新了金融 IC 卡在互联网上的使用方式，并引入了对具有我国自主知识产权的 SM 算法的支持。

1.2.1　丰富了金融 IC 卡产品功能

（一）新增《第 14 部分：非接触金融 IC 卡小额支付扩展应用规范》

PBOC 2.0 中的电子现金可以支持快速的小额支付，但对于具有分时、分段计费需求的场合，如公交、地铁、停车等，则具有一定的局限性。PBOC 3.0 新增的非接触小额支付扩展应用产品，可以支持以上的应用，主要包括分时、分段扣费和脱机预授权消费两种应用模式。

在分时、分段扣费的模式下，持卡人预先并不知道本次消费的金额，在消费动作结束时，终端根据卡片中存放的分时、分段等相关信息计算出消费金额，再进行扣款。典型的应用是公交（分段计费）、地铁（分段计费）、高速公路（分段计费）和停车场（分时计费）等。

另外，针对分时分段计费的资金安全需要，提供了脱机预授权模式，允许终端在脱机的环境中预先冻结卡片中的部分金额，再根据实际消费情况对金额进行扣除并解冻剩余金额，典型的应用如高铁、咪表停车等。另外，PBOC 3.0还可以支持在公交、地铁、公园门票等应用中常用的月票、计次票、换乘优惠等功能。

此外，扩展应用还提供了押金抵扣功能，在卡片允许的金额范围内，当卡片扣款余额不足时，允许持卡人正常离开，后续再充值时将首先补入差额，再增加卡片余额。

（二）新增第15部分《金融IC卡互联网终端规范》

PBOC 3.0中定义的互联网终端，在保证了安全性的基础上，支持持卡人在互联网上使用金融IC卡和互联网终端实现购物消费、电子现金圈存、账户查询等功能。除此之外，还可以利用互联网终端和金融IC卡，实现更多的增值功能，如基于互联网上的安全认证、对行业卡充值、电子优惠票券的下载等。

利用互联网终端，可以将线上交易和线下交易结合起来，充分利用金融IC卡高安全性的特点，为持卡人提供更加安全的互联网支付方式，也可为发卡机构提供一个全新的、对相关产品和服务进行整合与创新的平台。

（三）新增第16部分《电子现金双币应用规范》

PBOC 2.0中定义的电子现金产品不能同时支持两个币种，这对于经常来往于多个地区的持卡人，如经常来往于大陆和港澳地区的持卡人，会造成一定的不便。PBOC 3.0中定义的双币电子现金产品可以在一张金融IC卡中同时支持两个币种的电子现金，解决了脱机小额支付时汇率不能实时转换的问题，满足了持卡人在不同地区使用不同币种进行小额支付的需求。

1.2.2　优化了非接电子现金流程

（一）增加电子现金圈存日志

为方便发卡机构和持卡人核对圈存交易账目，在PBOC 3.0中增加了对于圈存日志的支持，持卡人使用金融IC卡进行圈存时，卡片将自动记录相关交易日志。

（二）对于快速借记/贷记（qPBOC）交易，增加了"01"版本的fDDA算法及相关数据元

（三）删除了对MSD的支持

目前qPBOC交易中的MSD方式并未使用，所以在PBOC 3.0中删除了对MSD的支持。

1.2.3　增加了对SM算法的支持

PBOC3.0标准的金融IC卡既可以选择同时支持具有我国自主知识产权的SM算法和国际通用的密码算法，也可以选择仅支持国际通用的密码算法。

1.2.4 废止了对电子钱包的支持

PBOC 3.0 废止了 PBOC 2.0 规范中的第 1 部分《电子钱包/电子存折应用卡片规范》、第 2 部分《电子钱包/电子存折应用规范》和第 9 部分《电子钱包扩展应用指南》三个部分。

1.2.5 完善了原有规范的部分描述

PBOC 3.0 对以前版本中某些文字表述不够清楚、准确的地方做了一些修订，使得规范更加严谨和完善。

1.3 PBOC 标准与金融移动支付标准的关系

近年来，我国大力推进金融 IC 卡、电子商务的普及应用，为移动支付发展奠定了良好的基础。因此，我国移动支付标准很大程度上运用了金融 IC 卡标准，可以说是金融 IC 卡标准的继承和发展，便于最大限度复用金融 IC 卡网络、应用系统和终端资源，充分发挥银行卡受理网络与移动通信网络资源整合的优势，推动应用创新，提供安全、便捷、普惠的金融服务。

1.3.1 金融移动支付标准是 PBOC 标准的继承

金融移动支付技术标准全面继承 PBOC 标准中非接触、安全性、多应用等优点。在近场支付方面，金融 IC 卡的受理终端已经大范围推广，目前已有超过 972 万台的受理终端。移动支付要快速实现规模化发展，必须最大限度利用现有金融 IC 卡受理环境、支付转接清算系统、金融安全保障体系等金融领域丰富的资源。因此，移动支付标准制定过程中与 PBOC 规范修订同步实施，以确保标准的衔接性、一致性，利于金融移动支付的快速稳步发展。

（一）工作模式

移动终端根据应用场合的不同可以采用三种不同的工作模式：卡模拟模式、读卡器模式和点对点模式。金融移动支付标准重点描述了卡模拟模式。在卡模拟模式下，移动终端与其他设备通信时采用被动通信模式，读卡器是主动设备，产生射频场；移动终端为被动设备，模拟成为一张符合 ISO14443 标准的非接触式卡片与读卡器进行交互。这一点，在金融移动支付标准中的描述与 PBOC 标准中相关内容基本一致。

（二）多应用管理

金融 IC 卡和移动支付的多应用管理都通过 SE 上的多应用运行环境实现，多应用运行环境提供了相应管理机制，保证多个不同应用在应用装载、个人化、运行、管理等方面的独立性和安全性，如安全的存储功能、执行环境等，确保每个应用的代码和数据能够安全地独立于其他应用的代码和数据，使多个应用能够共存于同一 SE 上。SE 多应用运行环境还负责 SE 的安全防护，以防止内部代码和数据遭受外部攻击。

（三）安全机制

移动近场支付 CA 系统遵循 PBOC 标准建设，无论采用非接触 PBOC 方式还是 qPBOC 方式都符合 PBOC 标准相关规定，可以实现移动支付终端与受理终端的脱机互认证，并支持发卡机构发行具备金融功能的移动支付终端交易证书。

（四）交易处理流程

PBOC 标准中 JR/T 0025 的第 4 部分、第 5 部分、第 6 部分、第 7 部分、第 12 部分、第 13 部分和第 14 部分一起构成金融 IC 卡借记/贷记和小额支付应用规范，提供了卡和终端之间处理的技术性概述，描述了借记/贷记和小额支付交易流程中的有关要求和步骤。根据移动终端与受理终端之间交互方式的不同，移动近场支付主要分为两类：非接触式借记/贷记应用（非接触 PBOC）和快速借记/贷记应用（qPBOC），二者的要求遵循 PBOC 标准中上述部分内容的要求。

（五）密码算法

移动支付使用的密码算法与 PBOC 标准中关于密码算法的要求一致，主要包括对称加密算法、非对称加密算法和摘要算法。支持的对称加密算法包括 SM4 和 SSF33，支持的非对称加密算法包括 SM2，支持的摘要算法包括 SM3，用于移动近场支付的密码算法应能够实现 JR/T 0025 中所描述的安全机制。

（六）安全载体

PBOC 标准中规定了卡片安全载体的相关要求，包括卡片的机电接口、操作过程、传输协议、文件、命令及相应的安全机制。移动支付安全载体通过终端上的 SE 实现，完全继承 PBOC 标准中关于安全载体的技术要求，确保每个应用的代码和数据能够安全的独立于其他应用的代码和数据，使多个应用能够共存于同一 SE 上，并对于 SIM 卡、SD 卡和嵌入式安全模块（eSE）的通用技术要求进行了规定。包括三类安全载体的封装规格、环境适应性要求、电气特性、SE 与主机的物理接口和逻辑接口、SE 与非接射频前端的物理接口和逻辑接口等。

1.3.2　金融移动支付标准是 PBOC 标准的创新

移动近场支付是从金融 IC 卡非接支付基础之上衍生而来，但相对于金融 IC 卡，移动近场支付产品在支付便捷性、应用扩展性等方面得到了提升，一卡多应用得到了普及和推广，极大地适应了用户的支付习惯。同时，由于 PBOC 规范仅对应用交互流程和报文接口进行了定义，对于接口之上的业务流程和其他移动支付的重要方面并未涉及，而近场支付应用规范则对于 PBOC 中未涉及的移动支付相关重要内容，例如对多应用管理、移动终端的显示设备和输入设备的运用方式进行了补充和定义，并将其较好地融入移动支付的整体框架范围内，保证了逻辑规范上的严密性和内容上的连续性，并提高了规范本身的可读性。

（一）支持应用的多样化

在金融 IC 卡的基础上，移动金融将新增加更多的应用场合。金融移动支付业务在传统金融 IC 卡业务的基础上，通过 NFC – eSE、SIM – SWP、SD 卡等不同技术方案来实现，为在上述方案的基础上继续创新 Online to Offline（O2O）应用提供空间。

（二）拓展转接清算领域

传统的商业银行和清算组织的关系，无非本代他、他代本之类，进入移动金融时代，因为大量非金融机构的加入，原转接清算模式已不能满足现有的业务和应用需求。因此移动近场支付的借记、贷记、电子现金账户转接清算可基于现有银行卡转接网络实现，不需要建立新的转接系统，受理环境方面需对现有的 POS、ATM 终端进行非接改造。而第三方远程支付主要是互联网支付业务的延伸，其账户是以银行备付金账户为基础的中间账户，考虑到银行账户与非金融机构支付账户监管要求和风险等级的差异，在政策明朗的前提下可采用与现有转接系统类似技术架构，但相对独立的体系，以保证金融体系的稳定性、业务兼容性和扩展性。

（三）实现线上线下应用互通

移动支付集智能终端与金融安全芯片于一体，既可依托银行卡受理网络开展金融 IC 卡业务又可接入移动互联网开展线上支付业务，具备实现线上线下互联互通、业务融合发展的天然优势。联网通用是实现移动支付资源共享、产业联合发展的基础和前提，这在银行卡产业发展实践中已经得到证明。只有实现受理终端复用、支付服务系统互联互通、线上线下业务融合发展，走产业联合发展道路，才能充分发挥银行卡受理网络与移动通信网络资源整合的优势。线上线下的互联互通典型应用主要包括用户在移动终端上可以通过另一用户的手机号码，将其在某支付机构账户上的资金转账至另一用户在任意支付机构的账户，也就是用户通过移动终端即可实现不同账户跨支付机构的转接清算。

（四）引导手机银行从软加密向硬加密方式转变

目前各大商业银行基本都已经推出了自己的移动银行，由于移动银行的便捷性，各行的移动银行客户都出现了爆发性地增长，新的渠道为客户交易提供了较大的方便。但同时黑客的技术手段也在发展，其攻击也逐渐向移动互联网渗透，为移动银行的发展带来了新的安全考验。现有的移动银行基本采用的都是纯客户端的软证书认证方式。通过纯软件的方式实现对身份鉴别、抗抵赖、访问控制、用户数据完整性保护、用户数据保密性保护、数据流控制、可信路径等安全措施。采用 https 或类 https 的通讯机制，并采用强加密算法（非对称加密、对称加密结合的方法）。

金融移动支付标准中对于安全认证从软件加密到硬件加密提供了路径，可采用手机中的 SE 模块作为承载用户敏感信息和认证证书等文件的安全载体，大大提高移动银行的安全性，解决远程支付认证安全级别较低的问题，提供基于 SE 的电子认证服务，实现 SE 与受理终端、SE 与公共服务平台、SE 与支付应用、TSM 平台与公共服务平台等之间的实体安全认证。

（五）优化非接触接口磁场强度指标

在非接触受理系统中，非接触受理终端与移动终端通过非接触接口进行通讯，在通讯过程中受理终端产生能量场并通过能量场传输数据，移动终端从能量场中获取工作能量并处理数据。因移动终端的电气结构与金融 IC 卡相比较为复杂，整体的场强性能弱于普通非接触卡片的场强水平。普通非接触金融 IC 卡的相关标准中定义的最小可工作场强为 1.5 A/m，若采用此标准要求移动终端非接触接口的最小可工作场强，在现有技术条件下存在一定难度。而现有受理终端可提供的场强并不能满足现阶段市场中所有移动终端的场强水平要求，导致受理终端提供的场强与现有移动终端正常工作所需的场强存在差距，特别是在非零厘米情况下进行通讯交互时，场强可靠性难以保证。

为了弥补移动终端场强标准的空白，金融移动支付技术标准中明确了移动终端的最小可工作场强大小，以促进移动终端在移动支付领域中的快速普及。在严格保证非接触接口稳定性、场强能力冗余性及充分考虑现有技术水平的条件下，将移动终端的最小可工作场强定义为 2.33A/m，在受理终端于 4 厘米处提供最小场强时移动终端可正常工作，保证场强兼容性。同时，金融移动支付技术标准中提出在移动终端和受理终端的外壳表面增加场强中心识别标志，提高场强匹配性和通讯稳定性。

2 PBOC3.0 主要功能解析

2.1 与应用无关的接触式接口规范

PBOC3.0 规范的第 3 部分《与应用无关的金融 IC 卡与终端接口规范》定义了包括卡片的电特性、卡片操作过程、字符的物理传输、复位应答、传输协议、文件、命令及应用选择机制。主要包括：

✓ 电特性：包括低电压金融 IC 卡移植、金融 IC 卡和终端的电气及机械特性。

✓ 卡片操作过程：包括从卡片插入接口设备、完成交易处理直至卡片拔出的操作过程的所有步骤。

✓ 字符的物理传输：在卡片操作过程中，定义了数据通过 I/O 在终端和金融 IC 卡之间以异步半双工方式进行双向传输的方式。终端向金融 IC 卡提供一个用作数据交换的时序控制时钟信号。

✓ 复位应答：定义了卡片和终端之间建立通讯的握手机制。

✓ 传输协议：在异步半双工传输协议中，终端为实现传输控制和特殊控制而发出的命令的结构及其处理过程。包括两种协议：字符传输协议和块传输协议。

✓ 文件：包括对金融 IC 卡文件的定义、文件的结构以及对文件的引用。

✓ 命令：包括对应用协议数据单元结构的定义以及对 SELECT 和 READ RE-CORD 命令的定义。

✓ 应用选择机制：定义了应用选择的方法、过程以及所使用的命令和数据元。

PBOC3.0 规范的第 3 部分《与应用无关的金融 IC 卡与终端接口规范》定义的金融 IC 卡特性遵从 GB/T 16649 系列标准及 ISO 7816－1/2/3/4 标准，并依据实际需要与技术发展，作了一些细小变动。

2.1.1 文件和命令

2.1.1.1 文件

文件作为一种信息的数据逻辑结构存放在金融 IC 卡的存储器上。

● 文件类型

JR/T 0025.3—2013《中国金融集成电路（IC）卡规范》第 3 部分《与应用无关的金融 IC 卡与终端接口规范》定义的文件类型包括以下两种：

1. 应用定义文件

2. 应用基本文件

➤ 文件结构

从终端的角度来看，金融 IC 卡上的文件是一种树形结构：

1. 树的每一个分支是一个应用定义文件。

2. 一个应用定义文件是一个或者多个应用基本文件的入口点。

3. 一个应用定义文件及其相关的数据文件处于树的同一分支上。

4. 一个 DDF 是其他 ADF 或者 DDF 的入口点。

2.1.1.2 命令

（一）C – APDU

C – APDU 里的 C 是命令的意思，C – APDU 包含一个必备的连续四字节的命令头，用 CLA、INS、P1 和 P2 表示，同时包括一个可变长度的条件体。

命令头定义如下：

➤ CLA：指令类型；除"FF"外可赋任何值。

➤ INS：指令类型的指令码。只有在低半字节为 0，且高半字节既不是"6"也不是"9"时，INS 才有效。

➤ P1 P2：完成 INS 的参数字节。

（二）R – APDU

R – APDU 里的 R 是响应的意思，R – APDU 是一串字节，这一串字节由一个条件体以及必备的两字节状态字 SW1 和 SW2 组成。

条件体是一串数据字节，其最大长度在 C – APDU 中的 Le 中定义。

必备的状态字表明金融 IC 卡在处理完命令后的状态。

2.1.2 卡片操作过程

规范中定义了正常卡片操作过程的操作步骤和金融 IC 卡插入与触点激活时序。

正常卡片操作过程是指执行一个正常交易的操作过程。

操作步骤如下：

1. 将金融 IC 卡插入接口设备，导通并激活触点；

2. 将金融 IC 卡复位，同时在终端和金融 IC 卡之间建立通讯联系；

3. 进行交易处理；

4. 释放触点并从接口设备中取出金融 IC 卡。

2.1.3 复位应答

复位应答的基本含义是终端发出复位信号以后，金融 IC 卡以一串字节作为应答。这些传输到终端的字节规定了卡片和终端之间即将建立的通讯特性。

2.1.4　传输协议

规范中定义了两种协议：字符传输协议和块传输协议。两种协议根据物理层、数据链路层、传输层和应用层进行了传输协议的定义。

应用协议由应用层和传输层之间一组有序的数据交换组成，规范中定义了应用协议。应用层交换的每一步由命令—响应对组成，其中应用层通过传输层给金融 IC 卡发送命令，金融 IC 卡处理该命令后通过传输层返回一个响应给应用层。每一个特定的命令都与一个特定的响应相匹配。一个 APDU 就是一个命令报文或一个响应报文。

命令报文和响应报文都可以包含数据，传输协议通过应用层管理四种命令情况：

➤ 情况 1：无命令数据，无响应数据；

➤ 情况 2：无命令数据，有响应数据；

➤ 情况 3：有命令数据，无响应数据；

➤ 情况 4：有命令数据，有响应数据。

2.2　与应用无关的非接触式接口规范

PBOC3.0 规范的第 8 部分和第 11 部分对非接触卡片和读卡器之间的通讯接口和通讯协议做了定义，主要包括：

● 射频功率与信号接口：包括初始化、功率传送以及 TYPE A/B 通讯信号接口。

● 初始化和防冲突：定义了 TYPE A/B 的初始化和防冲突机制。

● 传输协议：定义了 TYPE A/B 的协议激活，半双工块传输协议。

● 数据元和命令：定义了关闭和激活非接触式通道的命令与所使用的数据元。

JR/T 0025.3—2013《中国金融集成电路（IC）卡规范》第 8 部分《与应用无关的非接触式规范》，对卡片与读写器之间的物理通讯进行了定义，它是一个框架性协议，相关定义具有一定的弹性和可变空间，相关生产企业在产品开发时，有可能采用不同的技术参数，而导致不同生产企业的产品之间得不到完全的兼容，不利于非接触式应用在全国的推广。为此，中国人民银行在第 8 部分的基础上增加了第 11 部分《非接触式金融 IC 卡通讯规范》，作为统一的卡片与读写器之间的标准，实现了一个终端可以受理不同生产企业的卡片。

JR/T 0025.3—2013《中国金融集成电路（IC）卡规范》第 11 部分《非接触式金融 IC 卡通讯规范》详细定义了卡片与终端之间的数据通讯的接口标准，便于生产企业依据此标准进行产品开发，以解决不同生产企业产品之间的不兼容问题，并为国内非接触式卡片和国际上的读写器、国内非接触式读写器与国际上的卡片之间的兼容通用打下硬件基础。

2.2.1　工作原理

在 PCD 和 PICC 之间的初始对话通过下列连续操作进行：

➤ PCD 产生 RF 工作场，激活 PICC；

➤ PICC 静待来自 PCD 的命令；

➤ PCD 传输命令；

➤ PICC 传输响应。

2.2.1.1　能量获取（电感耦合）

电感耦合是目前使用最广泛的技术，它既可以传送电能，也可以传送数据。

对于某些场合，通常只要能读卡内数据就足够了，因而可以使用简单的技术。由于消耗的电能很低（几十微瓦），这些卡的有效距离被限制在大约 1 米的范围内。

如果还必须写入数据，那么功耗将超过 100 微瓦，在写模式下，其有效距离被限制在大约 10 厘米内。非接触式 CPU 卡的功耗甚至高达 100 毫瓦。

所有采用电感耦合的卡，其工作原理都是相同的，与其作用范围和功耗无关。

电能传送基于耦合变压器原理，在终端里用线圈产生强大的高频磁场以便传送能量。最常用的频率是 125kHz 和 13.56MHz。

如果非接触卡被放到终端附近，终端设备的磁场的一部分会穿过卡的线圈，在卡的线圈里感生电压，这个电压被整流后用来对芯片供电。

在卡里感应的电压正比于信号频率、线圈匝数和线圈围绕的面积，这意味着增加信号频率可以降低线圈匝数。

读写器 PCD 产生耦合到 PICC 的 RF 电磁场，用来传送能量和通信（经过调制和解调）。PICC 获得能量后将其转换成直流电压。

RF 工作场频率应为 13.56MHz ±7kHz。

RF 工作场的强度为 1.5A/m 到 7.5A/m。

2.2.1.2　数据传输（负载调制）

终端到卡：可以使用已知的数字调制技术，有频移监控、振幅监控和相移键控。后二者常被使用，因为它们特别容易解调。

卡到终端：使用幅度调制，用数据信号对卡里的负载进行数字调节。

2.2.2　初始化和防冲突

当多张卡同时处于能量区域时，PCD 和 PICC 通过初始化与防冲突选择其中一张卡进行通信。

利用空间的差异，力图使终端设备的作用范围受到限制，以致在给定的时刻只有单独一张卡可以进行访问，也可进行卡扫描。

利用时间的差异，采取措施使得各个卡由不同的时间响应，从而可以识别它们并由终端单独寻址。

2.3 借记/贷记应用规范

2.3.1 标准借记/贷记内容

借记/贷记应用分布在规范的第3部分、第4部分、第5部分、第6部分、第7部分和第17部分，参与制定规范的技术人员在制定规范前均已充分学习了EMV4.3、Visa的VIS标准、MasterCard的M/Chip标准，以保证制定出的PBOC标准不与国际上现行的标准相矛盾。

1. 第4部分：借记/贷记应用规范

应用规范描述了卡片和终端之间处理的技术概述，提出了基于智能卡借记/贷记应用的最低要求。应用规范适用于商业银行、供应商、开发商等对借记/贷记应用有总体了解需求的读者。

2. 第5部分：借记/贷记卡片规范

借记/贷记卡片规范从卡片的角度描述了借记/贷记交易流程，包括卡片内部的处理细节、卡片所使用的数据元、卡片所支持的指令集等。适用于发卡银行、收单银行、卡片生产企业和个人化服务提供商等。

3. 第6部分：借记/贷记终端规范

借记/贷记终端规范从终端的角度描述了借记/贷记交易流程，包括终端的基本硬件需求、终端内部的处理细节、终端所使用的数据元、终端所支持的指令集等。适用于发卡银行、收单银行、终端生产企业、收单服务专业化提供商。

4. 第7部分：借记/贷记应用安全规范

安全规范描述了借记/贷记应用安全功能方面的要求以及为实现这些安全功能所涉及的安全机制和获准使用的加密算法。

5. 第17部分：借记/贷记应用安全增强规范

安全增强规范介绍了认证中心、发卡行和金融IC卡使用SM2算法进行数字签名，使用SM3算法计算哈希值，使用SM4算法进行数据加密及安全报文计算的实现方法。

2.3.2 交易流程概述

借记/贷记应用的交易流程图如图2-1所示。

1. 应用选择

应用选择确定了终端和卡片所支持的应用，并对两者所支持的应用进行匹配，产生如下结果：

- 没有应用匹配：交易终止；

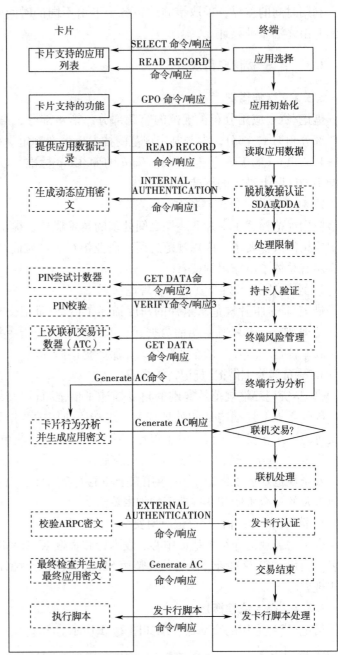

图 2-1　借记/贷记交易流程图

- 有一个应用匹配：该应用即被选择；
- 多个应用匹配：有持卡人根据提示选择或按优先级来选择。

所使用的命令：SELECT、READ RECORD。

每一个卡组织的应用都有一个应用标识符，它由 Registered Application Provider Identifier 和 Proprietary Application Identifier Extension 组成。

2. 应用初始化

在应用初始化处理中，终端向卡片发送 GET PROCESSING OPTIONS 命令，表示交易处理开始。当发此命令时，终端向卡提供 PDOL 请求的数据元。PDOL 是卡片在应用选择时提供给终端的标签和数据元长度的列表，PDOL 是可选数据元。

卡片在 GPO 命令的响应中提供了应用文件定位器和应用交互特征。应用文件定位器是终端需要从卡片读取的文件和记录的列表。应用交互特征是处理交易时卡片所执行功能的列表，比如卡片支持 SDA 还是 DDA，是否支持发卡行认证等功能。

3. 读应用数据

终端使用 READ RECORD 命令读出交易处理中使用的卡片数据，卡片在应用初始化的响应中提供的应用文件定位器标记了这些数据所在的文件与记录号，终端应该存储读出的所有可以识别的数据对象，不论是必备还是可选数据，以备将来交易使用。这些数据还包括在脱机数据认证中所使用到的卡片数据。

4. 脱机数据认证

脱机数据认证是终端对卡片进行真伪识别的重要步骤。PBOC 定义了两种认证方式：静态数据认证和动态数据认证。

静态数据认证验证卡片在个人化以后重要的应用数据是否被非法修改。终端使用卡片上的发卡行公钥验证卡片静态数据，同时卡片上还包括发卡行公钥证书以及数字签名，数字签名中包括一个用发卡行私钥加密重要应用数据得到的哈希值。如果用实际数据产生的哈希值与从卡片中恢复出的哈希值相匹配，则证实了卡片数据并未被修改。

动态数据认证主要用于防止伪造卡片。动态数据认证有标准动态数据认证和复合动态数据认证两种。终端要求卡片提供由金融 IC 卡私钥加密动态交易数据生成的密文，动态交易数据是由终端和卡片为当前交易产生的唯一数据。终端用从卡片数据中获取的金融 IC 卡公钥来解密动态签名。还原的数据与原始数据匹配来验证卡片的真伪。复合动态数据认证/应用密文生成把动态签名生成与卡片的应用密文生成相结合，确保卡片行为分析时返回的应用密文来自于有效卡。

静态数据认证只能确保卡片中的重要数据没有被篡改，但无法识别数据一模一样的复制卡，而动态数据认证能识别出数据一模一样的复制卡，因此在推广金融 IC 卡时发卡行应选择更安全的支持动态数据认证的卡片。特别是小额支付交易采用脱机交易的方式，发卡行应采用动态数据认证。

5. 处理限制

终端通过处理限制来检查应用交易是否允许继续。检查内容包括应用生效期、应用失效期、应用版本号以及其他发卡行定义的限制控制条件。发卡行可以使用应用用途控制来限定卡用于国内还是国际，或能否用于取现、消费等。

6. 持卡人认证

终端必须具备持卡人身份验证功能。持卡人身份验证用来确认持卡人的合法性，以防止丢失或被盗卡片的使用。终端通过检查卡片的持卡人验证方法列表确定使用何种验证方法。有以下几种方法：

—— 脱机明文 PIN 验证；

—— 联机 PIN 验证；

—— 在纸上签名；

—— 签名与脱机明文 PIN 验证组合；

—— 持卡人证件验证。

7. 终端风险管理

终端必须具备风险管理功能，但其中的检查项是可以选择的。终端通过终端和卡片提供的数据可以进行最低限额检查、交易频度检查、新卡检查、终端异常文件检查、商户强制交易联机、随机选择联机交易等方式完成风险管理。

8. 终端行为分析

终端必须具备终端行为分析功能。终端行为分析根据脱机数据认证、处理限制、持卡人验证、终端风险管理的结果以及终端和卡片中设置的风险管理参数决定如何继续交易（脱机批准、脱机拒绝和联机授权）。决定交易走向之后，终端向卡片请求应用密文。不同的应用密文对应不同的交易处理：以交易证书为批准，授权请求密文为联机请求，应用认证密文为拒绝。

9. 卡片行为分析

金融 IC 卡可以执行发卡行定义的风险管理算法以防止发卡行被欺诈。当卡片收到终端的应用密文请求时，卡片就执行卡风险管理检查，来决定是否要改变终端决定的交易走向，检查可能包括：先前未完成的联机交易、上一笔交易发卡行认证失败或脱机数据认证失败、达到了交易笔数或金额的限制等。金融 IC 卡可以决定以下方式继续交易：

—— 同意脱机完成；

—— 联机授权；

—— 拒绝交易。

完成检查后，卡片使用应用数据及一个存储在卡上的应用密文子密钥生成应用密文。它再将这个密文返回到终端。对于脱机批准的交易，终端将本笔交易的所有数据保存，事后在适当时机再上送给发卡行。

10. 联机处理

如果卡片和终端共同决定本笔交易要联机完成，同时终端具备联机能力，终端会立即将本笔交易所有的数据上送至发卡行，并等待发卡行作出答复。在联机处理中，发卡行可以执行各种复杂的风险管理策略并给出最终结果。得出结论后，发卡行传送回终端的授权响应信息包括发卡行生成的授权响应密文，卡片验证此密文后可以得知该授权响应来自真正的发卡行，此响应也可以包括发卡行脚本，发卡行脚本用于对卡片中的数据进行更新。

如果授权响应包含授权响应密文而且卡片支持发卡行认证，卡片校验响应是否是来自真实的发卡行或其授权的代理机构。这阻止了犯罪者通过模拟联机处理来剽窃卡片的安全特性，以及通过欺诈性地批准交易来重设卡片的计数器和指示器。如果发卡行认证失败，随后的卡片交易将发送联机授权，直到发卡行认证成功。发卡行还有权设置卡片，使得发卡行认证失败的交易总是被卡片拒绝。

11. 发卡行脚本处理

如果发卡行在授权响应报文中包含了脚本，终端是不知道这些脚本命令的含义的，终端也无须了解这些命令的含义，终端仅须将这些脚本命令发送给金融 IC 卡。在执行这些命令之前，卡片执行安全检查以确保脚本来自真正的发卡行，且命令未被篡改。这些命令对当前交易并不产生影响，修改后的内容通常是从下一笔交易开始生效，如卡片应用解锁、卡片锁定、修改 PIN 等。

12. 交易结束

除非交易在前几个步骤因处理异常被终止，否则终端必须执行此功能用来结束交易。

卡和终端执行最后处理来完成交易。一个经发卡行认可的交易可能根据卡片中的发卡行认证结果和发卡行写入的参数而被拒绝。卡片使用交易处理、发卡行校验结果以及发卡行写入的规则来决定是否重设芯片卡计数器和指示器。卡片生成 TC 来认可交易，生成 AAC 来拒绝交易。

如果终端在授权消息之后传送清算信息，则 TC 应包括在该清算信息里。对于发卡行批准而卡片拒绝的交易，终端必须发起冲正。

2.3.3 交易流程说明

2.3.3.1 应用选择

1. 应用选择作用及实现方式

应用选择处理决定了选择一个卡片和终端都支持的应用来完成交易。这一处理过程可分为两个步骤：

步骤1：终端建立终端和卡片都支持的应用列表；

步骤2：从列表中确定一个应用来处理交易。

面对一张借记/贷记卡片，终端要找出哪些是卡片和终端都支持的应用。一般情况下终端显示所有共同支持的应用，由持卡人选择使用哪一个应用。如果终端不支持将这些应用显示出来（例如终端是不含有显示屏的自动售货机），终端自动选择由发卡行在卡片个人化时指定的优先级最高的应用。

2. 应用选择的方式及方法

按照选择方式分类，可分为目录选择方式和 AID 列表选择方式。在建立候选应用列表时，终端使用两种方法建立卡片和终端都支持的应用列表。目录选择方式对于终端是必备要求，对于卡片是可选的。终端应优先选择此方式。终端从卡片中读取支付系统环境文件。此文件列出卡片支持的所有支付应用。终端将卡片列表和终端列表中都有的应用加入候选列表中。AID 列表选择方式是卡片和终端都必备要求的。终端为每一个终端支持的应用发送一个 SELECT 命令给卡片。如果卡片响应指出卡片支持此应用，终端加此应用到候选列表。

从卡片角度来看，目录选择方式处理包括下列步骤：

步骤1：卡片接收一个来自终端的 SELECT 命令，该命令请求选择 PSE。

➤ 如果卡片被锁定，卡片响应 SW1 SW2 = "6A81"；

➤ 如果卡片中没有 PSE，卡片响应 SW1 SW2 = "6A82" 表示文件不存在；

➤ 如果一切都正常，则卡片响应 "9000" 并返回 PSE 的 FCI。

步骤2：如果 PSE 找到，卡片接收终端发出的表明短文件标识和记录号的 READ RECORD 命令，卡片对每一个 READ RECORD 命令响应请求的记录内容和返回状态字 SW1 SW2 = "9000"。当请求的记录不存在，卡片返回 SW1 SW2 = "6A83"。

步骤3：终端处理记录中的每一个入口。如果入口表明一个 DDF，终端发一个有此 DDF 名字的 SELECT 命令，卡片响应 DDF 的 FCI。FCI 包括一个目录文件的 SFI。

终端读取属于此 DDF 目录文件中的所有记录，卡片对每个 READ RECORD 命令返回请求的记录和状态字 "9000"。当请求的记录不存在，卡片响应 "6A83"，终端返回步骤2继续读 PSE 下的目录文件。

终端执行的步骤：

步骤 1：从支付系统目录读记录 1；

步骤 2：检查 ADF 入口 1 或入口 2 中的 AID 是否和终端 AID 匹配。如果匹配，加入候选列表；

步骤 3：从支付系统目录读记录 2；

步骤 4：选择记录 2 中入口 1 指出的 DDF 目录；

步骤 5：读 DDF 目录文件中的记录 1；

步骤 6：检查记录 1 中 ADF 入口 1 或入口 2 中的 AID 是否和终端 AID 匹配。如果匹配，加入候选列表；

步骤 7：当卡片响应目录中没有其他记录时，返回前一个目录的处理入口和记录；

步骤 8：检查支付系统目录文件中记录 2 内入口 2 是否和终端 AID 匹配。如果匹配，加入候选列表；

步骤 9：当卡片响应支付系统目录中没有其他记录，建立候选列表结束。

- AID 列表选择方式

从卡片的角度来看，AID 列表选择方式包括下列步骤：

步骤 1：卡片收到终端发来的 SELECT 命令，命令包括终端所支持应用的 AID 列表。卡片检查自身是否存在与上述 AID 列表匹配的应用。

➤ 如果 AID 匹配，卡片响应 SW1 SW2 = "9000" 指明卡片支持此应用；

➤ 如果卡片找不到匹配的 AID，卡片响应状态字 SW1 SW2 = "6A82" 指明应用没找到；

➤ 如果卡片锁定或不支持 SELECT 命令，卡片响应状态字 SW1 SW2 = "6A81" 指明交易应被中止。

步骤 2：如果匹配的卡片 AID 长度比终端 AID 长，卡片在 SELECT 命令响应信息中返回完整的 AID 给终端。

➤ 卡片接收终端发来的第 2 个 SELECT 命令，参数 P2 设置为 "02" 表明卡片要选择有同样 AID 的下一个应用；

➤ 卡片选择下一个应用并在 SELECT 命令响应中提供这一应用给终端；

➤ 当卡片不再有应用有此 AID，卡片响应 "6A82" 表明所有匹配的应用都已经选择。

- 确定和选择应用

如果候选列表中至少有一个双方都支持的应用，终端和持卡人决定选择哪个应用。终端发一个 SELECT 命令给卡片指出此应用确认用来处理交易。如果卡片决定此应用可以处理交易，响应 "9000"。如果应用锁定，卡片响应 "6283"。

2.3.3.2　应用初始化

应用初始化是整个借记/贷记应用流程中必须存在的一个步骤，它从卡片、终端以及非接触方式三个方面分别对应用初始化的过程和相关数据进行规范。

1. 借记/贷记卡片规范中对于应用初始化的要求

在应用初始化处理中，终端通过发送 GPO 命令给卡片通知卡片交易处理开始。在命令中，终端提供给卡片在 PDOL 中请求的数据元。PDOL 是在应用选择处理中由卡片返回给终端的可选数据项。

卡片对 GPO 命令的响应信息包括 AIP 和 AFL。

AIP 列出了交易在处理过程中执行的功能；

AFL 列出交易需要读出的数据存放的短文件标识符、记录号、记录个数以及脱机数据认证需要的静态签名数据的存放位置。

（1）卡片数据

应用初始化处理中使用的卡片数据参见 JR/T 0025.5—2013 的 7.1 条。

（2）终端数据

应用初始化处理中使用的终端数据参见 JR/T 0025.5—2013 的 7.2 条。

（3）应用初始化命令

GPO 命令编码及响应报文参见 JR/T 0025 的附录 B，终端使用 GPO 命令通知卡片交易开始。GPO 命令用来启动金融 IC 卡内的交易。金融 IC 卡的响应报文中包含应用交互特征和应用文件定位器。

命令中包含卡片在 PDOL 中列出的终端数据元的值，PDOL 是卡片在应用选择阶段返回的可选数据。卡片响应数据内容为 AIP 和 AFL。AIP 列出了交易在处理过程中执行的功能；AFL 列出交易需要的数据存放的短文件标识符、记录号、记录个数以及脱机数据认证需要的静态签名数据的存放位置。

（4）应用初始化的处理流程

卡片收到终端发送的 GPO 命令后，开始以下操作：

步骤 1：如果卡片支持自定义限制检查并且处理选项命令中包括 PDOL 中指定的终端数据，卡片执行自定义的限制检查。如果限制检查不通过，卡片响应"使用条件不满足"（SW1 SW2 = "6985"）提示终端将当前应用从候选列表中删除并返回应用选择步骤选择另一个应用；

步骤 2：决定要读取的文件记录，文件位置，建立 AFL。针对交易的不同情况可以返回不同 AFL 和 AIP；

步骤 3：如果自定义限制检查通过，开始以下操作：

- ATC 加 1，如果此时 ATC 达到 65535，则卡片应永久锁定应用；
- 密文信息数据置零；
- 卡片验证结果置零，长度指示位除外；
- 卡片返回 AIP 和 AFL。

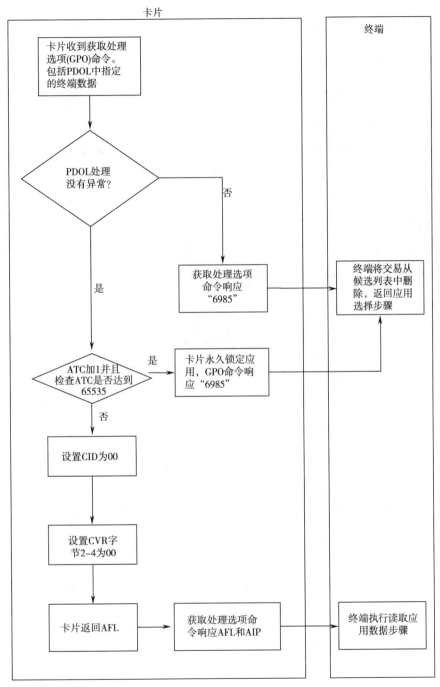

图 2-2　应用初始化流程图（卡片）

2. 借记/贷记终端规范中对于应用初始化的要求

终端发送到卡的 GPO 命令包括 PDOL 指定的所有终端数据元。如果卡片支持 PDOL，则应用选择时 PDOL 会被包含在 SELECT 响应里。如果卡片不允许执行所选择的应用，终端就退出当前应用处理，并返回应用选择过程再选择另一个应用。

终端读取所选应用的 SELECT 命令返回的、包含在 FCI 中的 PDOL。

终端处理 PDOL，根据 DOL 的处理规则填入终端数据。

终端向卡片发送 GPO 命令，将处理 PDOL 得到的终端数据作为命令数据以 TLV 格式送给卡片。如果 PDOL 不存在，则命令数据域为"8300"。

如果卡片返回成功，终端读取 AIP 和 AFL，然后进行后面的读取应用数据处理。

如果卡片返回"6985"，表明卡片不支持该应用，终端应从本次交易的应用候选列表中删除该应用，返回到应用选择过程重新选择应用。

应用初始化流程如图 2-3 所示。

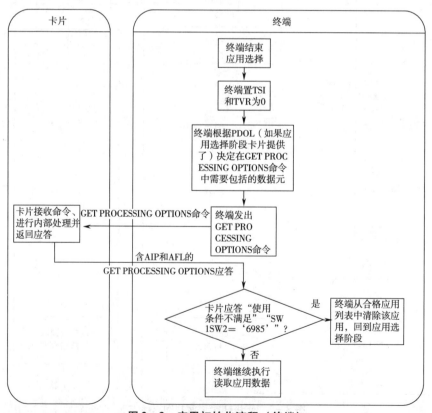

图 2-3 应用初始化流程（终端）

2.3.3.3 读应用数据

终端通过 AFL 决定要从卡片中读取哪些交易数据记录，每个 AFL 项代表了卡片一个文件中的连续记录。对每个 AFL 项，从第 1 条记录开始，终端依次对每条记录向卡片发送一个 READ RECORD 命令读取记录数据，一直到最后一条记录。如此将所有 AFL 项处理完。读到的交易数据中可以识别的应存储在终端上供交易使用。如果读取到终端无法理解的数据，将其忽略。对于 AFL 指明要用于脱机数据认证的记录，则将其数据加到脱机认证的数据列表中供脱机数据认证使用。

读数据处理中如果出现如下情况，交易将中止：

——一个基本数据对象在卡片中出现超过一次；

——卡片中缺少必须有的数据；

——数据格式错；

——READ RECORD 命令返回状态字不是"9000"。

2.3.3.4 处理限制

在处理限制过程中卡片不执行任何操作。终端根据读取的数据依次执行应用版本号检查、应用用途控制检查、应用生效日期检查、应用失效日期检查等。

- 应用版本号检查

终端检查终端上的借记/贷记应用版本号与卡片上的应用版本号是否一致。应用版本号由支付系统制定区分遵循不同版本规范的应用。应用版本号为两字节二进制变量。如果终端与卡片上的应用版本号不一样，则终端设置 TVR 中的"金融 IC 卡和终端应用版本不一致"位为"1"。

- 应用用途控制检查

AUC 为两字节的二进制变量，定义了卡片上应用的交易能够进行的条件。可以限定卡片在哪些区域（国内、国际）、哪些类型终端（ATM、非 ATM）、进行哪些类型（取现、返现、消费）的交易。

- 应用生效日期检查

如果卡片上应用生效日期存在，则终端应进行应用生效日期检查，通过比较应用生效日期与当前日期，判断卡片上的应用是否已开始生效。如果卡片上的应用生效日期晚于终端当前日期，则终端将 TVR 中的"应用尚未生效"位设为"1"。

- 应用失效日期检查

应用失效日期是卡片上必须存在的数据，因此终端必须进行应用失效日期检查，比较应用失效日期与当前日期，判断卡片上的应用是否已过期。如果卡片上的应用失效日期早于终端当前日期，则终端将 TVR 中的"应用已经失效"位设为"1"。

2.3.3.5 持卡人验证

持卡人验证用来确保持卡人是卡片合法的所有人，卡片不是遗失的或被盗用的。终端通过处理卡片提供的持卡人验证方法列表，根据卡片和终端对持卡人验证方法的支持能力，执行相应的持卡人验证方法。

PBOC 目前支持的持卡人验证方法有：

——脱机明文 PIN 验证；

——联机 PIN 验证；

——在纸上签名；

——签名与脱机明文 PIN 验证组合；

——持卡人证件出示。

持卡人验证方法列表中的选择准则可包括交易类型、交易金额以及终端性能。如果某一 CVM 失败，持卡人验证方法列表会指示终端下一步的行为。具体过程可参见 3.1.5 和 JR/T 0025.6 的第 11 章。

2.3.3.6 终端风险管理

终端风险管理为大额交易提供了发卡行授权，确保芯片交易可以周期性地进行联机处理，防止过度欠款和在脱机环境中不易察觉的攻击。发卡行需要支持终端风险管理。无论卡片是否支持，终端都需要支持终端风险管理。在终端频度检查和新卡检查中，除了响应取数据命令，卡片不做操作。终端在终端风险管理处理过程中主要执行以下检查：

● 终端异常文件检查

如果终端异常文件存在，则终端检查应用主账号是否在异常文件列表中。如果卡片出现在异常文件中，终端将 TVR 中的"卡片出现在终端异常文件中"位设为"1"。

● 商户强制交易联机

在有联机能力的终端上，商户可以指示终端进行联机交易。

● 最低限额检查

最低限额用于控制当前交易金额或同一张卡片连续几笔交易累积金额超过某个数值时要求联机授权。如果终端不支持交易日志，则终端直接比较授权金额和最低限额。如果交易授权金额大于或等于最低限额，终端将 TVR 中的"交易超过最低限额"位设为"1"。即使最低限额为 0，终端也进行同样检查，这种情况会导致所有交易的 TVR 中的"交易超过最低限额"位都设为"1"。如果终端支持交易日志，则终端在交易日志中寻找与当前交易的 PAN 和 PAN 序列号相同的所有交易记录，将这些记录对应的授权金额累加，再把累加后的和与当前交易的授权金额相加，如果最后得到的和大于或等于最低限额，则 TVR 中的"交易超过最低限额"位设为"1"。

- 随机交易选择

有脱机和联机能力的终端要执行随机选择交易联机处理。此步骤不需要卡片数据。

- 频度检查

在连续脱机次数达到一个特定的次数后，频度检查允许发卡行请求交易联机处理。发卡行可以选择不支持终端频度检查，则在个人化时，连续脱机交易的上限和下限数据不写入卡中。在频度检查处理中，终端发送 GET DATA 命令读取卡片中的上次联机 ATC 寄存器和 ATC 值。

卡片返回数据。连续脱机交易的次数是 ATC 和上次联机 ATC 寄存器的差值。

- 新卡检查

如果终端执行新卡检查，终端检查上次联机 ATC 寄存器值是否为零。终端发 GET DATA 命令给卡片读出上次联机 ATC 寄存器值。

2.3.3.7　脱机数据认证相关

1. 脱机数据认证的分类

脱机数据认证是终端使用公钥技术认证卡片中的数据的操作，脱机数据认证有两种类型：静态脱机数据认证和动态脱机数据认证。SDA 是终端校验卡片中静态数据。SDA 可以检查出卡片在个人化之后，卡片中的数据是否被篡改。DDA 不仅有 SDA 的功能，还可以检查出是否为数据一模一样的复制卡。在快速借记/贷记中，为了实现可以在 500 毫秒内完成动态数据认证，又定义了 fDDA 认证，f 是 fast 的意思，即快速 DDA，将 DDA 数据认证与 GPO 命令的处理合并，取消内部认证命令，从而加快 qPBOC 交易的完成。

2. 静态脱机数据认证 SDA 的过程

在静态脱机数据认证 SDA 过程中，卡片不需要终端数据，终端使用公钥认证技术和验证发卡行公钥，进行卡片 SDA 验证。概括步骤如下：

步骤 1：检索 CA 公钥

终端使用卡片中的 PKI 和 RID 确定使用哪一个 CA 公钥。

步骤 2：恢复发卡行公钥

终端使用 CA 公钥验证卡片中的发卡行证书并恢复证书中的发卡行公钥。

步骤 3：验证签名的静态应用数据

（1）恢复哈希结果；

（2）计算哈希值；

（3）比较哈希结果。

如果所有的 SDA 步骤都成功，SDA 通过。

3. 标准 DDA 认证的过程

在标准 DDA 处理过程中，终端发送内部认证命令。命令包括 DDOL 或缺省 DDOL 中指明的终端动态数据。

为了确保内部认证命令返回数据在 256 字节限制内，签名的动态应用数据加上可选的 TLV 格式编码的长度应该限制在 JR/T 0025.7 中定义的范围内。

当卡片收到内部认证命令，使用金融 IC 卡私钥对终端随机数和来自卡片的动态数据进行签名，生成一个数字签名，叫做签名动态应用数据。在内部认证命令的返回中包含此签名动态应用数据。以表 2-1 定义的编码格式进行发送数据：

表 2-1 内部认证命令报文

编码	值
CLA	"00"
INS	"88"
P1	"00"
P2	"00"
Lc	认证相关数据长度
数据域	认证相关数据
Le	"00"

在内部认证命令中的算法引用 P1 域值为 "00"，这表示该值无意义。命令报文的数据域包括该应用专有的与认证有关的数据。它是根据 JR/T 0025.7 中定义的动态数据认证数据对象列表规则来编码的。

为了确保内部认证命令返回数据在 256 字节限制内，签名的动态应用数据加上可选的 TLV 格式编码的长度应该限制在 JR/T 0025.7 中定义的范围内。响应报文的数据域包括一个标签为 "80" 的 BER-TLV 编码数据对象。数据域中包括签名动态应用数据。签名动态应用数据按照 JR/T 0025.7 中的规则定义。

标准 DDA 的处理有以下步骤：

步骤 1：检索 CA 公钥

终端使用卡片中的 PKI 和 RID 确定使用哪一个 CA 公钥。

步骤 2：恢复发卡行公钥

终端使用 CA 公钥验证卡片中的发卡行证书并恢复证书中的发卡行公钥。

步骤 3：恢复金融 IC 卡公钥

终端使用发卡行公钥验证卡片中的金融 IC 卡公钥证书并恢复证书中的金融 IC 卡公钥和静态数据哈希结果。金融 IC 卡公钥证书确保金融 IC 卡公钥的合法性。终端用卡片中的实际数据元重新计算哈希值，检查是否和恢复的哈希值匹配。

步骤 4：生成动态签名

终端发送内部认证命令请求一个动态签名。命令中包括 DDOL 中指定的数据。

收到内部认证命令后，卡片开始以下操作：

（1）设置 CVR 中脱机动态数据认证执行位为 "1"；

（2）连接内部认证命令中的终端数据和在金融 IC 卡动态数据中指定的卡片数据。见 JR/T 0025.7 部分 5.3.5；

（3）用上一步连接的数据做哈希值；

（4）将哈希包括在签名的动态应用数据中；

（5）使用金融 IC 卡私钥给签名的动态应用数据做签名；

（6）在内部认证命令的响应信息中返回签名的动态应用数据。

步骤 5：动态签名验证

终端执行下列步骤验证动态签名：

a）使用金融 IC 卡公钥解密动态签名恢复数据元哈希值；

b）使用动态数据元重新计算哈希值；

c）比较两个哈希是否匹配。

如果所有上述步骤成功，标准 DDA 通过。

4. 复合动态数据认证的过程

CDA 处理包括下列步骤：

终端在读取应用数据后终端行为分析之前，执行标准 DDA 中步骤 1 到步骤 3；

CDA 剩下的卡片步骤是生成一个包括应用密文的动态签名。这一步在卡片收到生成应用密文命令时执行。只有当交易符合 CDA 的执行条件，而且应用密文类型是 TC 或 ARQC 时发生；

终端在收到了 GENERATE AC 响应之后，如果 CDA 认证失败，则见 JR/T 0025.7 中 5.3.6 的相关规定，终端必须将 TVR 的"复合动态数据认证/应用密文生成失败"位设为 "1"。如果 CDA 验证失败是发生在第 1 次 GENERATE

AC 后：

——如果卡片返回 TC，终端应拒绝该交易；

——如果卡片返回 ARQC，终端应立即执行第 2 次 GENERATE AC 并结束交易。

如果是发生在第 2 次 GENERATE AC 后，则终端必须拒绝该交易。

2.3.3.8　终端行为分析

在终端行为分析过程中，终端分别应用发卡行在卡片中和收单行在终端中设定的规则，判断脱机处理的结果，以决定交易是否可以脱机批准、脱机拒绝或者联机索取授权。

终端行为分析包括两个步骤：

——检查脱机处理结果—终端检查 TVR 中的脱机处理结果，以决定交易是否脱机批准、脱机拒绝或者请求联机授权。本过程终端需要将 TVR 与由发卡行设定在卡片中的规则—发卡行行为代码和收单行设定在终端中的规则—终端行为代码进行比较；

——请求密文处理—终端根据第 1 步的判断结果向卡片请求相应的应用密文。

2.3.3.9　卡片行为分析

借记/贷记交易的流程包括：应用选择，应用初始化，读记录，脱机数据认证，风险管理和行为分析，内部认证与外部认证，持卡人认证，生成应用密文，发卡行脚本处理，结束交易等内容。

在借记/贷记交易过程中，终端会通过读记录命令得到发卡行写在卡中的相关数据，这些数据包括 IAC、CDOL1 等，以帮助终端做出行为分析从而决定当笔交易是交易拒绝、交易接受或联机上送的决定。同时卡片也执行卡片的行为分析过程。所谓卡片的行为分析就是卡根据发卡行设置在卡片内部的各种个人化数据参数来决定执行哪些频度检查和风险管理。最终确定是否同意终端作出的交易拒绝、交易接受或联机上送的决定。

卡片行为分析结束后，卡片返回一个结果给终端。可能是拒绝，可能请求联机，也可能脱机交易接受。

表 2-2 总结了所有卡片风险管理检查，并标明这些检查是否强制或可选，同时描述了检查的结果。

如果发卡行选择执行任意一个可选的卡片风险管理检查，发卡行需要确保执行检查的数据在卡片个人化时被写入卡中，同时确保在 CDOL1 中列出了需要的终端数据的标签和长度。

如果指定的终端数据无效，卡片将跳过去处理下一个卡片风险管理检查。如果卡片中没有应用缺省行为，卡片认为该值缺省为全零。

表 2－2　　　　　　　　　　　　　　卡片风险管理检查

风险管理检查	执行条件	结果（如果条件满足）
联机授权没有完成（上次交易）	有条件：如果支持发卡行脚本命令或发卡行认证则执行	请求联机处理，设置 CVR 指示位
上次交易发卡行认证失败（或上次交易发卡行认证强制但是没有执行）	有条件：如果支持发卡行认证则执行	设置 CVR 指示位 检查 ADA 如果指明则请求联机处理
上次交易 SDA 失败	有条件：如果支持 SDA 则执行	设置 CVR 指示位
上次交易 DDA 失败	有条件：如果支持 DDA 则执行	设置 CVR 指示位
上次联机交易发卡行脚本处理	有条件：如果支持二次发卡则执行	在 CVR 中保存脚本命令的个数 如果脚本处理失败（使用卡片内的发卡行脚本失败指示位），设置 CVR 指示位。ADA 中的设置决定交易是否联机处理
连续脱机交易下限频度检查	可选	如果限制数超过，请求联机处理 设置 CVR 中指示位
连续国际脱机交易（基于货币）频度检查	可选	如果限制数超过，请求联机处理 设置 CVR 中指示位
连续国际脱机交易（基于国家）频度检查	可选	如果限制数超过，请求联机处理 设置 CVR 中指示位
使用指定货币的累计脱机交易金额频度检查	可选	如果限制数超过，请求联机处理 设置 CVR 中指示位
累计脱机交易金额（双货币）频度检查	可选	如果限制数超过，请求联机处理 设置 CVR 中指示位 如果使用的货币是第二货币，需要先进行货币转换
新卡检查	可选	如果以前没有请求过联机本次可以申请联机 设置 CVR 中指示位
脱机 PIN 验证没有执行（PIN 尝试限制数超过）	可选	设置 CVR 中如果本次交易脱机 PIN 验证没有执行而且 PIN 尝试限制数在之前已经超过指示位 ADA 中设置这种情况下交易拒绝或请求联机

卡片第一次风险管理流程具体如下：

卡片执行每一个卡片风险管理检查确定预设的情况是否发生，看是否有情况满足，然后执行下一个。如果有检查不被支持，卡片继续执行下一个检查。

（1）联机授权没有完成检查

如果卡支持发卡行认证或发卡行脚本命令，需要执行此检查。检查上次交易中，在卡片请求一个联机授权之后，终端接收到联机响应进行处理之前或无法联机的终端处理之前，卡片是否离开了终端设备。卡片中的联机授权指示位在上次交易请求联机授权的时候设为"1"。

如果指示位设置了，卡片将请求联机处理，直到交易联机并且满足以下条件之一：

- 发卡行认证成功
- 发卡行认证可选并且没执行
- 不支持发卡行认证

注意：这些指示位在结束阶段根据发卡行认证的状态和卡片参数被重新设置。

如果联机授权指示位设为"1"，卡片需进行以下设置：

- 设置卡片请求联机指示位为"1"。
- 设置 CVR 中"上次联机交易没完成"位为"1"。

（2）上次交易发卡行认证失败（或强制未执行）检查

如果卡片支持发卡行认证，则必须执行此检查。如果上次交易发卡行认证失败或强制但是没有执行，卡片请求联机处理。

如果发卡行认证失败指示位设为"1"，卡片需进行以下设置：

设置 CVR 中"上次联机交易发卡行认证失败"位为"1"。

如果应用缺省行为中"发卡行认证失败，下次交易联机上送"位为"1"，设置卡片请求联机指示位为"1"。

（3）上次交易静态数据认证失败检查

如果支持 SDA，此检查强制执行。检查上次脱机拒绝的交易中 SDA 是否失败。

如果 SDA 失败指示位为"1"，卡片设置 CVR 中"上次交易 SDA 失败而且交易拒绝"位为"1"。

（4）上次交易动态数据认证失败检查

如果支持 DDA，此检查强制执行。检查上次脱机拒绝的交易中 DDA 是否失败。

如果 DDA 失败指示位为"1"，卡片设置 CVR 中"上次交易 DDA 失败而且交易拒绝"位为"1"。

（5）上次联机交易发卡行脚本处理检查

如果支持发卡行脚本处理，此检查强制执行。使用上次联机交易处理的发卡行脚本命令计数器和脚本处理失败指示位数据元。

卡片设置 CVR 中第 4 字节的第 8 – 5 位为发卡行脚本命令计数器的值。

如果发卡行脚本失败指示位为"1"，卡片设置 CVR 中"上次交易发卡行脚本处理失败"位为"1"。

如果发卡行脚本失败指示位为"1"，如果 ADA 中"如果上次交易发卡行脚本失败，交易联机上送"位是"1"，设置卡片请求联机指示位为"1"。

（6）连续脱机交易下限频度检查

此检查可选。如果连续脱机交易次数超过此下限，卡片请求联机授权。

如果上次联机 ATC 寄存器和"PBOC 专有数据：连续脱机交易下限"存在，卡片可以执行此检查。

如果 ATC 和上次联机 ATC 寄存器的差值大于连续脱机交易下限，卡片需进行以下设置：

设置 CVR 中"频度检查超过"位为"1"。

设置卡片请求联机指示位为"1"。在卡片风险管理结束时，卡片返回联机请求。

（7）连续国际脱机交易（基于货币）限制数频度检查

此检查可选。如果连续脱机交易计数器（国际 – 货币）超过连续脱机交易限制数（国际 – 货币），卡片请求联机授权。此检查定义的国际脱机交易是终端发送的交易货币代码和卡片中的应用货币代码不同的交易。

如果数据应用货币代码、连续脱机交易计数器（国际 – 货币）、连续脱机交易限制次数（国际 – 货币）存在，卡片执行此检查。

卡片比较交易货币代码和应用货币代码，如果不等，而且连续脱机交易计数器（国际 – 货币）加 1 的值大于连续脱机交易限制次数（国际 – 货币），卡片需进行以下设置：

设置 CVR 中"频度检查超过"位为"1"。

设置卡片请求联机指示位为"1"。

（8）连续国际脱机交易（基于国家）限制数频度检查

此检查可选。如果连续脱机交易计数器（国际 – 国家）超过连续脱机交易限制数（国际 – 国家），卡片请求联机授权。此检查定义的国际脱机交易是终端送进的终端国家代码和卡片中的发卡行国家代码不同的交易。

如果数据发卡行国家代码、连续脱机交易计数器（国际 – 国家）、连续脱机交易限制次数（国际－国家）存在，卡片执行此检查。

如果下面两个条件都满足：

- 终端国家代码和发卡行国家代码不同；
- 连续脱机交易计数器（国际－国家）加 1 的值大于连续脱机交易限制次数（国际－国家）。

卡片则需进行以下设置：

- 设置 CVR 中"频度检查超过"位为"1"；
- 设置卡片请求联机指示位为"1"。

（9）使用指定货币的脱机交易累计金额频度检查

此检查可选。如果使用应用指定货币的累计脱机交易金额超过累计脱机交易金额限制，卡片请求联机授权。

如果数据应用货币代码、累计脱机交易金额、累计脱机交易金额限制存在，卡片执行此检查。

如果下面两个条件都满足：

- 交易货币代码等于应用货币代码；
- 累计脱机交易金额加本次授权金额大于累计脱机交易金额限制。

卡片则：

- 设置 CVR 中"频度检查超过"位为"1"；
- 设置卡片请求联机指示位为"1"。

（10）交易累计金额（双货币）频度检查

此检查可选。如果使用应用指定货币和第二应用货币并接受脱机的累计脱机交易金额超过累计脱机交易金额限制（双货币），卡片请求联机授权。

如果数据应用货币代码、第二应用货币代码、货币转换因子、累计脱机交易金额（双货币）、累计脱机交易金额限制（双货币）存在，卡片执行此检查。

如果交易货币代码等于应用货币代码，累计脱机交易金额（双货币）加本次授权金额和累计脱机交易金额限制（双货币）将进行比较。

如果交易货币代码等于第二应用货币代码，使用货币转换因子将授权金额转换为近似的应用货币代码金额。累计脱机交易金额（双货币）加这个近似的授权金额和累计脱机交易金额限制（双货币）将进行比较。

如果比较的结果大于限制数，卡片则需进行以下设置：

- 设置 CVR 中"频度检查超过"位为"1"。
- 设置卡片请求联机指示位为"1"。

（11）新卡检查

此检查可选。如果卡片是新卡，交易请求联机。新卡是指从来没有接受过联机的卡片。

如果数据上次联机 ATC 寄存器、应用缺省行为存在，卡片执行此检查。

如果上次联机 ATC 寄存器值为零，卡片则需进行以下设置：

设置 CVR 中"新卡"位为"1"。

如果 ADA 中"如果新卡，交易联机"位为"1"，设置卡片请求联机指示位为"1"。

注意：如果卡片要求发卡行认证强制执行，除非发卡行认证成功，否则上次联机 ATC 寄存器值一直为零。

（12）脱机 PIN 验证没有执行检查

当卡片支持脱机 PIN 验证，此检查可选。如果 PIN 尝试限制数在上次交易中就已超过，交易请求联机。如果执行此检查，卡片中要有应用缺省行为数据。

如果下列所有条件成立：

- 卡片支持脱机 PIN 验证；
- 卡片没有收到过校验命令；
- PIN 尝试次数计数器已经为零。

卡片要执行下列操作：

- 设置 CVR 中"PIN 尝试限制数超过"位为"1"；
- 如果 ADA 中"如果上次交易 PIN 尝试限制数超过，交易拒绝"位为"1"，设置卡片请求拒绝指示位为"1"；
- 如果 ADA 中"如果上次交易 PIN 尝试限制数超过，交易联机"位为"1"，设置卡片请求联机指示位为"1"；
- 如果 ADA 中"如果上次交易 PIN 尝试限制数超过，交易拒绝并锁应用"位为"1"，拒绝交易并锁应用。

根据卡片风险管理的结果，卡片响应 GENERATE AC 命令。卡片的响应可能会修改终端在终端行为分析中所做出的交易结果。修改要遵循下列原则：

- 卡片可以把终端做出的接受交易决定改为交易联机上送或交易拒绝；
- 卡片可以把终端做出的交易联机决定改为交易拒绝。

卡片中的卡片请求脱机拒绝指示位为"1"表明卡片决定交易拒绝。卡片中的卡片请求联机指示位为"1"表明卡片决定交易联机上送。卡片设置 CVR 中第一个生成应用密文响应 TC，AAC 或 ARQC 指示位，卡片还设置 CVR 中"还没有请求第二个生成应用密文"指示位。

（1）当交易被脱机拒绝，卡片则开始以下操作：

—— 检查应用缺省行为：

● 在 ADA 中"如果交易脱机拒绝，生成通知"位为"1"，设置 CID 中需要通知位为"1"；

● 如果 PIN 尝试限制数超过，而且 ADA 中标明需要通知，设置 CID 中"需要通知"位为"1"；

● 如果 CID 中的原因代码不是"服务不允许"，设置为"PIN 尝试限制数超过"。

注意：在 CID 中，"服务不被允许"原因代码比其他原因代码优先。

——检查在 GENERATE AC 命令中提供的数据 TVR

● 如果 SDA 失败位为"1"，设置卡片中 SDA 失败指示位为"1"；

● 如果 DDA 失败位为"1"或者 CDA 失败位为"1"，设置卡片中 DDA 失败指示位为"1"。

在下列情况下，相关计数器加 1：

——如果终端国家代码和发卡行国家代码不同，连续脱机交易计数器（国际-国家）加 1；

——如果交易货币代码和应用货币代码不同，连续脱机交易计数器（国际-货币）加 1。

（2）当交易联机上送做授权，卡片设置卡片内联机授权指示位为"1"。

注意：此时下面的计数器不增加：连续脱机交易计数器（国际-货币），连续脱机交易计数器（国际-国家），累计脱机交易金额，累计脱机交易金额（双货币）。

（3）当脱机接受交易，卡片内相关计数器加 1：

——如果终端国家代码不等于发卡行国家代码，连续脱机交易计数器（国际-国家）加 1；

——如果交易货币代码等于应用货币代码：

● 累计脱机交易金额累加授权金额；

● 累计脱机交易金额（双货币）累加授权金额。

——如果交易货币代码不等于应用货币代码，连续脱机交易计数器（国际-货币）加 1；

——如果交易货币代码等于第二应用货币代码，使用货币转换因子将授权金额转换为指定应用货币的近似授权金额后累加到累计脱机交易金额（双货币）；

——卡片记录交易明细。

图 2-4、图 2-5、图 2-6、图 2-7、图 2-8 和图 2-9 卡片行为分析处理流程图。

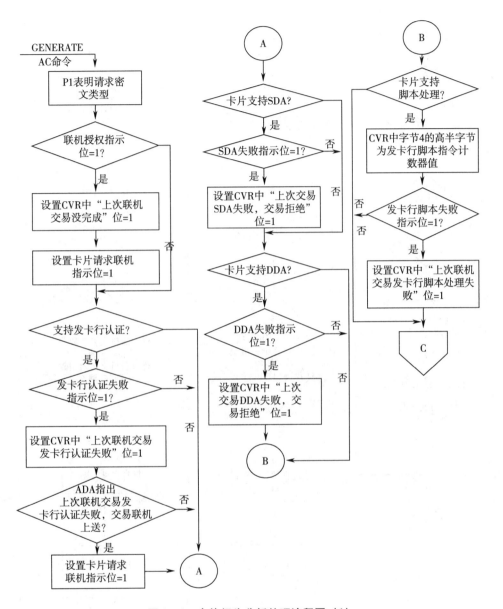

图 2-4 卡片行为分析处理流程图 (1)

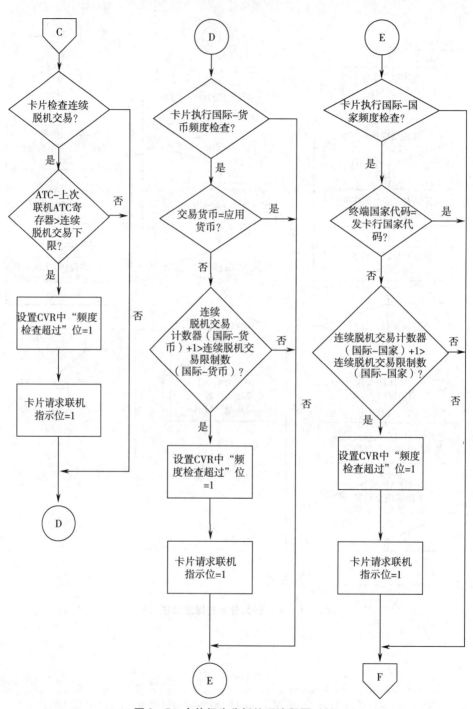

图2-5 卡片行为分析处理流程图（2）

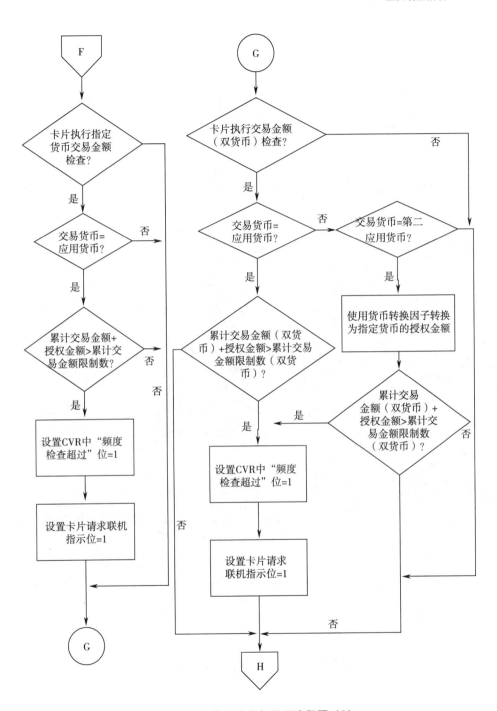

图2－6 卡片行为分析处理流程图（3）

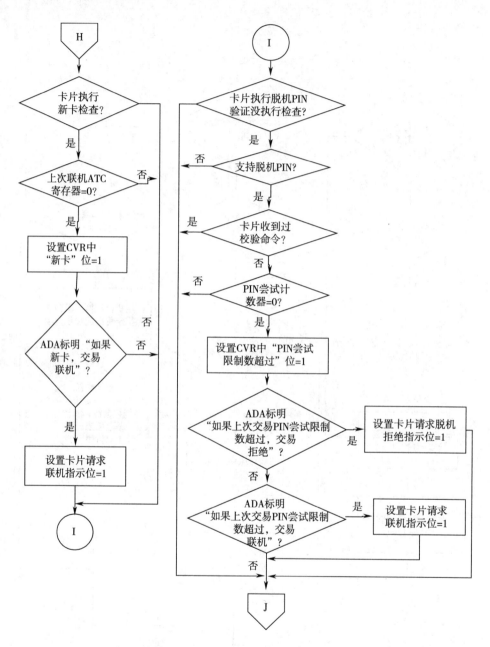

图2-7 卡片行为分析处理流程图（4）

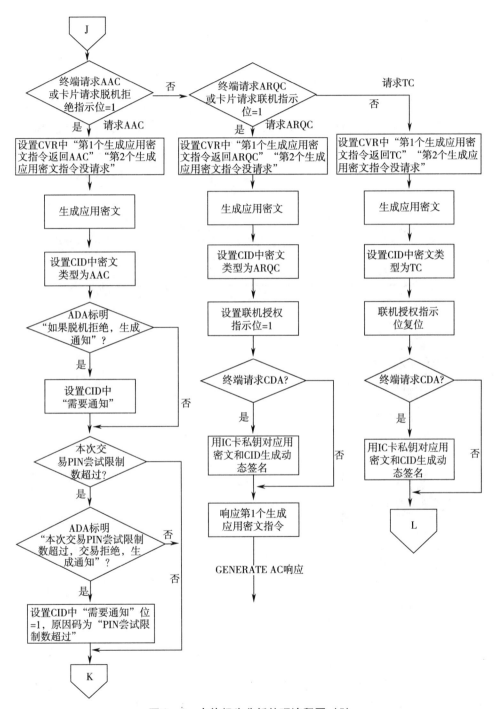

图 2-8 卡片行为分析处理流程图 (5)

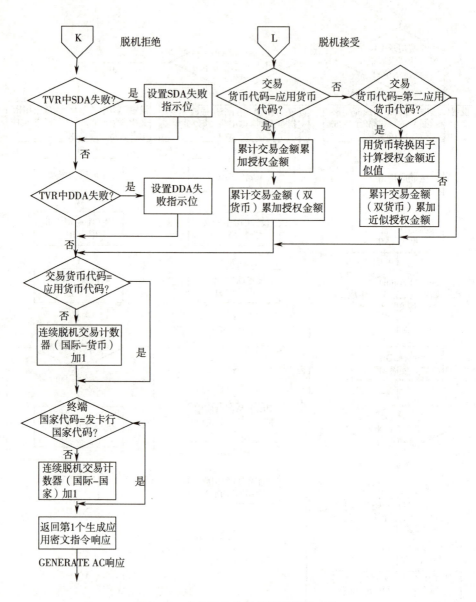

图 2 – 9　卡片行为分析处理流程图（6）

2.3.3.10　联机处理

在第一次风险管理执行后如果决定是联机处理，即允许发卡行使用发卡行主机系统中的风险管理参数对交易进行检查，作出批准或拒绝交易的决定。发卡行的响应可以包括给卡片的二次发卡更新和一个发卡行生成的密文。

联机处理由三部分组成：联机请求处理，联机响应处理和发卡行认证。卡片只在发卡行认证过程中有操作。

卡片验证密文确保响应来自一个有效的发卡行。此验证叫发卡行认证。如果卡片支持发卡行认证，而且终端收到的联机响应中包括发卡行认证数据，终端会发送一个外部认证命令给卡片。

当卡片收到外部认证命令，卡片执行发卡行认证，步骤如下：

如果在当前交易里，收到过外部认证命令：

—— 设置发卡行认证失败指示位为"1"。

—— 返回状态码 SW1 SW2 = "6985"。

将发卡行认证数据中的授权响应码分离出来保存，将来在交易结束阶段使用。使用第一次 GENERATE AC 命令响应时生成的 ARQC 和授权响应码生成一个授权响应密文。将新生成的 ARPC 和外部认证命令里送进来的 ARPC 进行比较，如果相同，发卡行认证成功。

如果发卡行认证成功，卡片开始以下操作：

● 设置发卡行认证失败指示位为"0"；

● 外部认证命令响应"9000"。

如果发卡行认证失败，卡片开始以下操作：

● 设置发卡行认证失败指示位为"1"；

● 设置 CVR 中"发卡行认证执行但失败"位为"1"；

● 外部认证命令响应"6300"。

注意：卡片要确保当交易结束，卡片从终端中取出后，发卡行认证失败指示位继续设置为"1"。在下一个交易中，卡片行为分析过程中要检查此指示位来决定交易是否要联机上送。

在交易结束过程中，卡片在处理第二个 GENERATE AC 命令时，要检查发卡行认证是否执行以及是否成功。

图 2-10 为联机处理流程图。

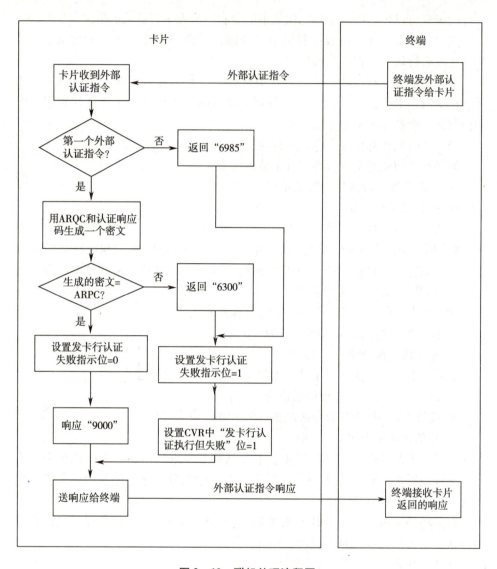

图2-10 联机处理流程图

2.3.3.11 交易结束

图2-11是第二个 GENERATE AC 命令处理的流程图。

卡片在收到第二个 GENERATE AC 命令后，进行交易结束处理。根据命令中的授权响应码类型，结束操作分为两条线路执行：联机授权的交易和联机授权没有完成的交易。

（一）首先当交易进行了联机授权（联机成功，授权响应码不是 Y3 或 Z3），卡片作如下处理：

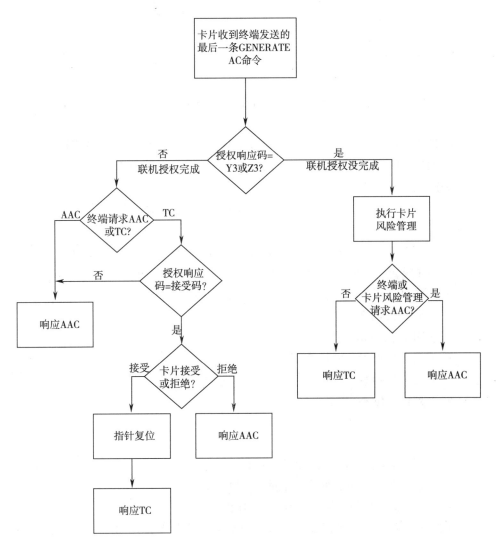

图 2-11 交易结束处理流程图

如果发卡行认证执行，检查在外部认证命令中送来的授权响应码：

—— 授权响应码表明发卡行接受交易，终端请求 TC；

—— 授权响应码表明发卡行请求参考，则终端提示操作员打电话请求授权，根据发卡行授权结果（批准或拒绝）请求相应的密文。如果终端不支持参考，则终端请求 AAC；

—— 其他值表明发卡行拒绝。终端要请求交易拒绝 AAC。

检查终端发送的第二个生成应用密文命令中的 P1 参数：

——如果 P1 表明请求 TC 而且认证响应码表明发卡行接受，执行交易接受处理；

——如果 P1 表明请求 AAC 或者认证响应码表明发卡行拒绝，执行交易拒绝处理。

（1）当联机授权后请求 AAC，卡片要响应 AAC，在响应之前，卡片开始以下操作：

● 设置 CVR 中"第二个 GENERATE AC 命令返回 AAC 位"为"1"；

● 如果 AIP 中标明支持发卡行认证但是没有执行，设置 CVR 中"联机授权后，发卡行认证没有执行"位为"1"；

● 如果发卡行认证强制但是没有执行，设置发卡行认证失败指示位为"1"；

● 如果发卡行认证：（1）不支持，或者（2）可选而且没有执行，或者（3）执行并成功。下列指示位归零：

——联机授权指示位；

——SDA 失败指示位；

——DDA 失败指示位；

——发卡行脚本命令计数器；

——发卡行脚本失败指示位。

● 下列指示位不变：

——上次联机 ATC 寄存器；

——累计脱机交易金额；

——累计脱机交易金额（双货币）；

——连续脱机交易计数器（国际 – 货币）；

——连续脱机交易计数器（国际 – 国家）。

生成应用密文，设置密文信息数据中密文类型为 AAC，响应第二个 GENERATE AC 命令。

（2）当联机授权后请求 TC 卡片执行下列步骤：

如果卡支持发卡行认证但是没有执行，设置 CVR 中"联机授权后，发卡行认证没有执行"位为"1"，卡片可以根据发卡行认证的设置情况决定是接受交易还是拒绝交易。

如果下面条件满足一条，卡片接受交易：

——发卡行认证成功；

——AIP 中标明发卡行认证不支持；

——发卡行认证可选而且没有执行；

　　—— 发卡行认证失败，但是 ADA 中"如果发卡行认证失败，交易拒绝位"为"0"；

　　—— 发卡行认证强制但是没有执行，但是 ADA 中"如果发卡行认证强制但没有 ARPC 收到，交易拒绝位"为"0"。

　　执行卡片接受交易的后续步骤。卡片开始以下操作：

- 设置 CVR 中"第二个 GENERATE AC 命令返回 TC"位为"1"；
- 设置 CID 中密文类型为 TC；
- 根据发卡行认证的状态复位计数器。

　　如果发卡行认证（1）失败，（2）强制但是没有执行，卡片下列计数器值不变：

　　—— 上次联机 ATC 寄存器；

　　—— 累计脱机交易金额；

　　—— 累计脱机交易金额（双货币）；

　　—— 连续脱机交易计数器（国际 – 货币）；

　　—— 连续脱机交易计数器（国际 – 国家）；

　　—— 联机授权指示位；

　　—— SDA 失败指示位；

　　—— DDA 失败指示位；

　　—— 发卡行脚本命令计数器；

　　—— 发卡行脚本失败指示位。

　　如果发卡行认证强制但是没有执行：

- 设置发卡行认证失败指示位为"1"；
- 设置 CVR 中"联机授权以后，发卡行认证没有执行位"为"1"。

　　如果发卡行认证（1）成功（2）可选且没有执行（3）不支持，卡片执行以下操作：

- 如果卡支持发卡行认证但是卡片没有收到外部认证命令，设置 CVR 中"联机授权以后，发卡行认证没有执行位"为"1"。

- 下列计数器和指示位复位：

　　—— 联机授权指示位；

　　—— SDA 失败指示位；

　　—— DDA 失败指示位；

　　—— 发卡行脚本命令计数器；

　　—— 发卡行脚本失败指示器；

　　—— 累计脱机交易金额；

　　—— 累计脱机交易金额（双货币）；

　　—— 连续脱机交易计数器（国际－货币）；

　　—— 连续脱机交易计数器（国际－国家）。

　　修改上次联机 ATC 寄存器的值为当前交易 ATC。卡片生成应用密文响应第二个 GENERATE AC 命令并记录交易明细。

　　（二）如果请求联机操作，但是联机授权没有完成（授权响应码是 Y3 或 Z3），卡片执行可选的第二次卡片风险管理：

　　卡片风险管理执行的检查是可选的，包括检查连续脱机交易的次数是否超过了连续脱机交易上限，连续脱机累计金额是否超过限制数，卡片是否新卡和 PIN 尝试限制数是否在上次交易中超过。如果卡片中没有 ADA 数据，卡片认为 ADA 值缺省为零。

　　（1）连续脱机交易上限频度检查

　　此检查可选。检查连续脱机交易次数是否超过了最大限制。

　　如果上次联机 ATC 寄存器和"PBOC 专有数据：连续脱机交易上限"存在，卡片执行此检查。

　　如果 ATC 和上次联机 ATC 寄存器的差值大于连续脱机交易上限，卡片开始以下操作：

　　● 设置 CVR 中"频度检查超过"位为"1"；

　　● 设置卡片请求脱机拒绝指示位为"1"。在卡片风险管理后，卡片返回交易拒绝。

　　（2）新卡检查

　　此检查可选。检查以前是否有过联机接受的交易；

　　如果卡片中上次联机 ATC 寄存器存在，卡片执行此检查；

　　如果上次联机 ATC 寄存器值为零，卡片开始以下操作：

　　● 设置 CVR 中"新卡"位为"1"；

　　● 如果 ADA 中"如果是新卡而且交易无法联机，交易拒绝"位为"1"，设置卡片请求脱机拒绝指示位为"1"。在卡片风险管理后，卡片返回交易拒绝。

　　（3）PIN 尝试限制数超过

　　此项检查可选，检查 PIN 尝试限制数是否在之前的交易中就已经超过。

　　如果卡片支持脱机 PIN 验证，而且在本次交易中，卡片没有收到过校验命令，卡片开始以下操作：

　　如果 PIN 尝试计数器已经为零，而且如果 ADA 中"如果上次交易 PIN 尝试限制数超过而且交易无法联机，交易拒绝"位为"1"：

　　● 设置卡片请求脱机拒绝指示位为"1"；

- 设置 CVR 中"PIN 尝试限制数超过"位为"1"。

（4）累计脱机交易金额上限频度检查

此检查可选。检查使用指定货币的连续脱机交易累计金额是否超过了最大限制数。

如果累计脱机交易金额和累计脱机交易金额上限数据存在，卡片执行此检查。

如果累计脱机交易金额加本次授权金额大于累计脱机交易金额上限，卡片开始以下操作：

- 设置 CVR 中频度检查超过位为"1"；
- 设置卡片请求脱机拒绝指示位为"1"。

（5）累计脱机交易金额上限（双货币）频度检查

此检查可选。检查使用指定货币和第二应用货币的连续脱机交易累计金额是否超过了最大限制数。如果累计脱机交易金额（双货币）和累计脱机交易金额上限数据存在，卡片执行此检查。

如果累计脱机交易金额加本次授权金额（如果使用第二应用货币要先使用货币转换因子转换）大于累计脱机交易金额上限，卡片开始以下操作：

- 设置 CVR 中频度检查超过位为"1"；
- 设置卡片请求脱机拒绝指示位为"1"。

根据终端请求的应用密文类型和卡片第二次风险管理的结果，卡片响应第二个 GENERATE AC 命令。

（a）如果下面的条件满足一条，卡片拒绝交易：

- 终端在生成应用密文命令中请求 AAC；
- 卡片风险管理的结果是卡片请求脱机拒绝指示位设置为"1"。

当交易请求联机但是联机授权无法完成（授权响应码为 Y3 或 Z3），卡片拒绝交易的处理过程。卡片执行以下操作：

—— 设置 CVR 中的下列指示位：

- 第二个 GENERATE AC 命令返回 AAC；
- 终端不能联机上送；
- 如果 TVR 中"SDA 失败"位为"1"，设置 SDA 失败指示位为"1"；
- 如果 TVR 中"DDA 失败"位为"1"，设置 DDA 失败指示位为"1"；
- 如果 TVR 中"CDA 失败"位为"1"，设置 DDA 失败指示位为"1"；
- 如果终端国家代码和发卡行国家代码不同，连续脱机交易计数器（国际 - 国家）加 1；
- 如果交易货币代码和应用货币代码不同，连续脱机交易计数器（国际 -

货币）加1；

- 如果 ADA 中"如果交易拒绝，生成通知"位为"1"，设置 CID 中"需要通知"位为"1"；
- 上次联机 ATC 寄存器值不变；
- 生成应用密文；
- 设置 CID 中应用密文类型；
- 响应 GENERATE AC 命令。

（b）如果下面的条件都满足，卡片接受交易：

- 终端在生成应用密文命令中请求 TC；
- 卡片风险管理的结果是卡片请求脱机拒绝指示位设置为"0"。

当交易请求联机但是联机授权无法完成（授权响应码为 Y3 或 Z3），卡片接受交易的处理过程。卡片设置 CVR 中的下列指示位：

- 第二个生成应用密文命令返回 TC；
- 终端不能联机上送；
- 如果终端国家代码和发卡行国家代码不同，连续脱机交易计数器（国际 – 国家）加1；
- 如果交易货币代码和应用货币代码相同，
- 累计脱机交易金额累加授权金额；
- 累计脱机交易金额（双货币）累加授权金额。
- 如果交易货币代码和应用货币代码不同，连续脱机交易计数器（国际 – 货币）加1；
- 如果交易货币代码和第二应用货币代码相同，累计脱机交易金额（双货币）累加转换后的授权金额；
- 上次联机 ATC 寄存器值不变；
- 生成应用密文；
- 设置 CID 中密文类型为 TC；
- 卡片记录交易明细，响应生成应用密文命令。

图 2 – 12、图 2 – 14、图 2 – 15 和图 2 – 16 是卡片执行第二次风险管理的处理流程图。

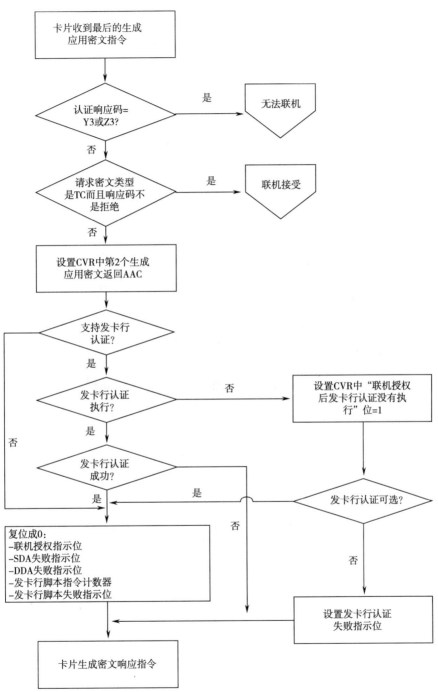

图 2 –12　交易流程图（1）

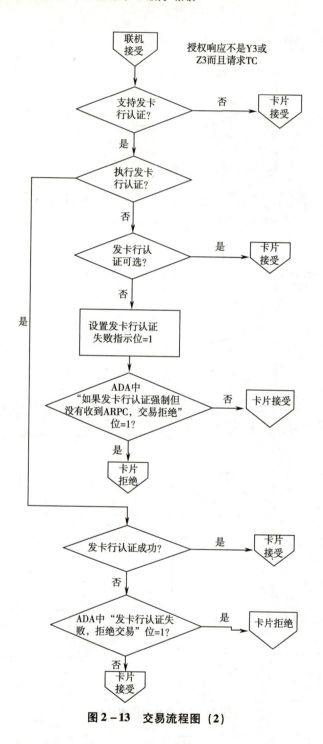

图 2 – 13 交易流程图（2）

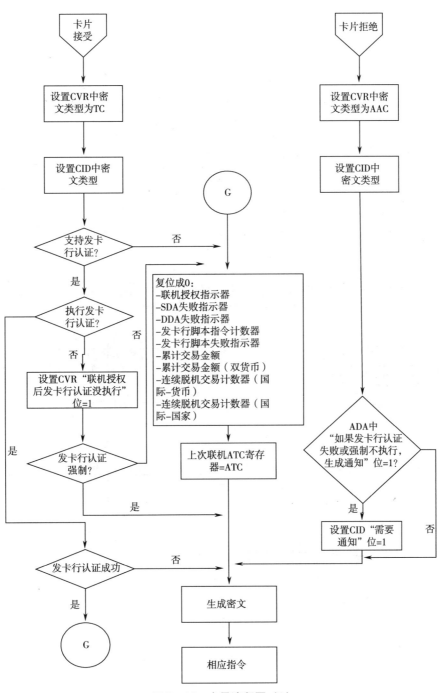

图 2 - 14   交易流程图（3）

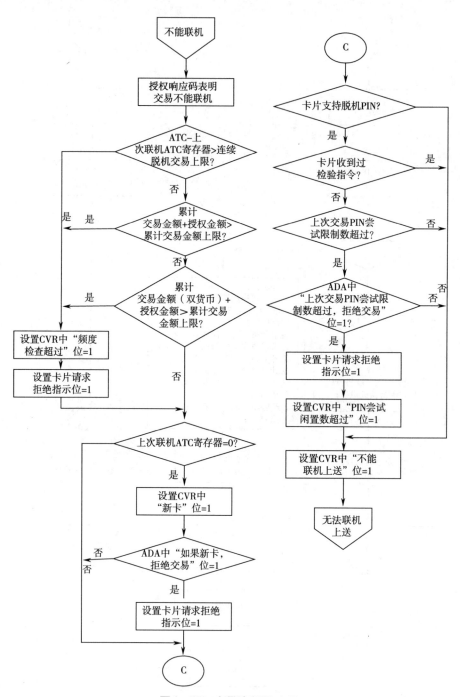

图 2-15　交易流程图（4）

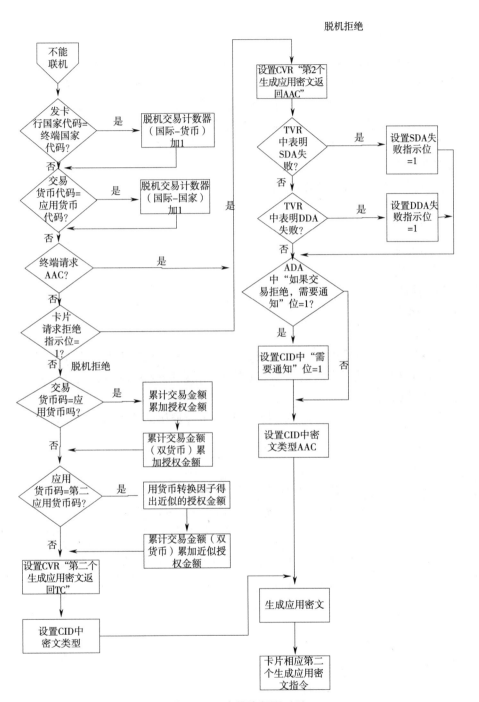

图 2-16   交易流程图（5）

2.3.3.12 发卡行脚本命令的处理

脚本处理通过锁定恶意透支和失窃的卡片来限制信用和伪卡风险。发卡行可以不用重新发卡而是通过发卡行脚本处理来修改卡片中的部分个人化数据。发卡行将脚本命令放在授权响应报文中传送给终端，终端将命令转发给卡片。当满足安全要求以后，卡片执行命令。在处理更新之前，卡片执行安全验证确保脚本来自认证过的发卡行而且在传输过程中没有被修改。支持的脚本命令允许更新脱机处理参数、锁定和解锁应用、锁卡、重新设置脱机 PIN 尝试计数器以及修改脱机 PIN 值。

发卡行脚本命令的处理是可选的。

支持的命令有：

应用锁定；

应用解锁；

卡片锁定；

PIN 修改/解锁；

设置数据；

修改记录。

脚本处理通过锁定恶意透支和失窃的卡片来限制信用和伪卡风险。卡片参数可以在不需要重新发卡的情况下根据持卡人情况的变化而修改。

1. 卡片数据

表 2-3 描述了在发卡行脚本处理过程中卡片使用的计数器和指示位。

表 2-3　　　　　　　　发卡行脚本处理——卡片数据

数据元	描述
应用交易计数器	每次交易加 1 的计数器。在脚本处理中用于计算过程密钥
卡片验证结果	在后续交易的卡片行为分析处理中，CVR 中的一些内容被设置： 上次联机交易，第 2 次生成应用密文命令后卡片收到的有安全报文的命令的个数，值来自发卡行脚本命令计数器 发卡行脚本命令失败位设置为"1"——如果发卡行脚本失败指示位为"1"
发卡行脚本命令计数器	记录第 2 次生成应用密文后卡片收到的有安全报文的命令的个数。在下次交易中的结束处理步骤中可能被复位
发卡行脚本失败指示位	在第 2 次生成应用密文命令后，如果脚本命令执行失败，指示位置"1"，失败的情况有： 安全报文错误 安全报文通过但是命令执行失败 需要安全报文但是不存在 不含安全报文的脚本命令执行失败不影响这个指示位。在下次交易中的结束处理步骤中可能被复位

2. 终端数据

表2-4列出了发卡行脚本处理过程中使用的终端数据。

表2-4　　　　　　　　　　**发卡行脚本处理——终端数据**

数据元	描述
发卡行脚本结果	记录卡片对发卡行脚本命令处理的结果，此结果要包括在清算报文和下次联机授权中
终端验证结果	TVR 中包括和脚本有关的两个指示位 最后一个生成应用密文命令之前，发卡行脚本失败 最后一个生成应用密文命令之后，发卡行脚本失败 JR/T 0025 只支持在最后一个生成应用密文命令之后，处理发卡行脚本
交易状态信息	TSI 中包括一个表明执行发卡行脚本处理标记

3. 发卡行脚本操作中的密钥管理

发卡行脚本操作中的密钥包含：安全报文鉴别密钥和安全报文加密密钥。

图2-17是安全报文鉴别密钥的生成和使用。

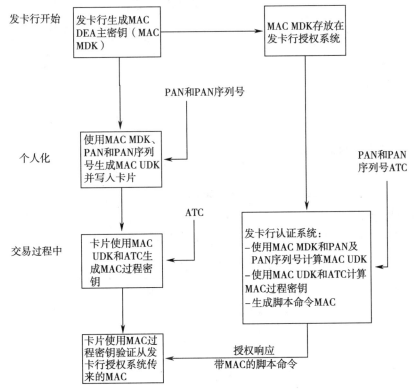

图2-17　安全报文鉴别密钥的生成和使用

图 2 - 18 是安全报文加密密钥的生成和使用。

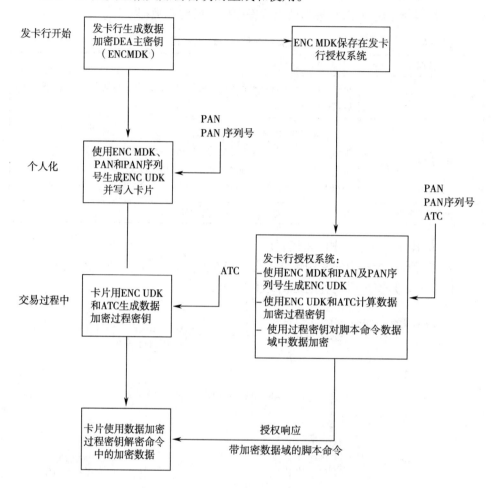

图 2 - 18　安全报文加密密钥的生成和使用

4. 认证响应数据

表 2 - 5 列出的是授权响应中发卡行脚本数据。

表 2 - 5　　　　　　发卡行脚本处理——联机响应数据

数据元	描述
发卡行脚本模板	JR/T 0025 规范仅支持发卡行脚本模板 2。标签"72"标识模板 2，模板中包括在第 2 次生成应用密文命令后，传送给卡片的发卡行专有脚本数据
发卡行脚本标识符	发卡行用来唯一标识发卡行脚本
发卡行脚本命令	脚本中的每一个发卡行脚本命令都按照 BER - TLV 格式，用标签"86"开始

5. 命令

下文列出的功能是发卡行脚本处理过程中可以执行的功能。推荐使用发卡行脚本命令处理这些功能。

除了卡片锁定命令，所有命令处理的都是当前选择应用。

（1）应用锁定

如果发卡行决定当前使用的应用无效，执行应用锁定功能。此时锁定的应用可以在后面由发卡行解锁。

使用应用锁定命令锁应用。应用锁定后，和应用有关的文件状态指示器要指明应用已经锁定。即使应用锁定，卡片内部数据访问仍然有效。一个锁定的应用，卡片对生成应用密文命令总是返回 AAC。

如果应用在交易过程中锁定，卡片和终端允许交易继续执行到结束处理步骤。但是在后续交易时，卡片不允许锁定的应用被选择进行金融交易（终端可能选择一个锁定的应用进行解锁，因此卡片应对生成应用密文命令响应 AAC）。

命令报文如表 2-6 所示。

表 2-6　　　　　　　　　　　　应用锁定命令报文

编码	值
CLA	"84"
INS	"1E"
P1	"00"；其他值保留
P2	"00"；其他值保留
Lc	数据域字节长度
数据域	4 字节 MAC 值
Le	不存在

命令报文的数据域中包含 MAC 数据。

响应报文没有数据域。

不论应用是否有效，"9000"编码总表示命令成功执行。

（2）应用解锁

应用解锁解除了应用的锁定状态。应用解锁要在发卡行指定的特殊设备上执行。

因为应用解锁要在特殊设备上执行。处理流程不需要采用正常授权或金融交易的处理规则。在卡片对第 1 个生成应用密文命令响应 AAC 后，设备要能将交易联机上送。即使卡片支持发卡行认证，也不需要执行。卡片风险管理和终端风险管理都不是应进行的。也不需要第 2 个生成应用密文命令（如果由于一些原因，卡片在第 2 个生成应用密文命令发送之前解锁了，设备要将响应的密文当做 AAC 处理）。

命令报文见表 2－7。

表 2－7　　　　　　　　　　　　　　应用解锁命令报文

编码	值
CLA	"84"
INS	"18"
P1	"00"；其他值保留
P2	"00"；其他值保留
Lc	数据域字节长度
数据域	4 字节 MAC 值
Le	不存在

命令报文的数据域中包含 MAC 数据。

响应报文没有数据域。

不论应用是否有效，"9000" 编码总表示命令成功执行。

（3）卡片锁定

卡片锁定命令是一个二次发卡命令，使得卡片上的所有应用永久失效。

卡片锁定命令使卡片上所有应用无效而且实行卡片下电。除非卡片锁定，支付系统环境不会无效而且总是可以访问。

如果卡片在交易处理过程中锁定，卡片和终端允许交易继续进行到交易结束步骤。一个锁定的卡片不能用发卡行脚本命令或其他命令解锁，因此卡片已经失效。此时 PSE 也无效。卡片对选择命令响应 "功能不支持"（SW1 SW2 = "6A81"）。卡片也不允许任何其他形式的应用选择。

当发卡行决定对卡片禁止使用任何功能，则执行卡片锁定。例如丢失或被偷窃的卡片。在卡片锁定后，卡片上的应用都不能被解锁。

发卡行脚本中的卡片锁定命令用来实现锁卡功能。

命令报文如表 2－8 所示。

表 2－8　　　　　　　　　　　　　　卡片锁定命令报文

编码	值
CLA	"84"
INS	"16"
P1	"00"；其他值保留
P2	"00"；其他值保留
Lc	数据域字节长度
数据域	4 字节 MAC 值
Le	不存在

命令报文的数据域中包含 MAC 数据。

响应报文没有数据域。

不论应用是否有效，"9000"编码总表示命令成功执行。

（4）PIN 修改/解锁

PIN 修改/解锁命令用来对 PIN 解锁或解锁同时修改 PIN 值，卡片通过重新设置 PIN 尝试计数器到最大值实现 PIN 解锁。

PIN 解锁

PIN 修改/解锁命令执行成功，PIN 尝试计数器复位成 PIN 尝试限制数；

修改 PIN 值；

如果要修改 PIN 值，PIN 数据要用对称算法加密。当 PIN 值修改时，PIN 的尝试次数计数器自动复位成 PIN 尝试限制数；

修改 PIN 值应在一个发卡行控制的安全环境中执行。

表 2−9   PIN 修改/解锁命令报文

编码	值
CLA	"84"
INS	"24"
P1	"00"
P2	"00"、"01" 或 "02"
Lc	数据字节数
数据	加密 PIN 数据成员（如果存在）和 MAC 数据
Le	不存在

当 P2 为 "00"，PIN 尝试计数器复位。

当 P2 为 "01"，PIN 尝试计数器复位同时 PIN 修改，PIN 修改时使用当前的 PIN。

当 P2 为 "02"，PIN 尝试计数器复位同时 PIN 修改，PIN 修改时不使用当前的 PIN。

本命令报文的数据域包括 PIN 加密数据，后面可以加上 4 字节到 8 字节的安全报文 MAC 数据。

如果 P2 等于 "00"，参考 PIN 解锁，PIN 尝试计数器被复位到 PIN 尝试限制数。命令数据域只包含 MAC。因为 PIN 修改/解锁命令中不包含新的 PIN 值，所以 PIN 不会更新。

如果命令中的 P2 参数等于 "01"，命令数据域包括 PIN 加密数据和 MAC，PIN 加密数据的产生过程按照下列步骤进行：

步骤 1：发卡行确定用来给数据进行加密的安全报文加密主密钥，并分散生成卡片的安全报文加密子密钥：ENC UDK – A 和 ENC UDK – B；

步骤 2：生成过程密钥 Ks；

步骤 3：生成 8 字节 PIN 数据块 D3：

（a）生成一个 8 字节数据块 D1；

表 2 – 10　　　　　　　　　　　　　　8 字节数据块 D1

字节 1	字节 2	字节 3	字节 4	字节 5	字节 6	字节 7	字节 8
0	0	0	0	0	0	0	0	ENC UDK – A 的最右边 4 个字节

（b）生成第 2 个 8 字节数据块 D2；

表 2 – 11　　　　　　　　　　　　　　8 字节数据块 D2

字节 1	字节 2	字节 3	字节 4	字节 5	字节 6	字节 7	字节 8
0	N	P	P	P	P	P/F	P/F	P/F	P/F	P/F	P/F	P/F	P/F	F	F

N：新 PIN 的数字个数（16 进制）；

P：新 PIN 值，长度 4~12 个数字（2~6 字节）。

（c）D1 和 D2 执行异或得到 D3。

步骤 4：使用当前 PIN 生成 8 字节数据块 D4；

表 2 – 12　　　　　　　　　　　　　　8 字节数据块 D4

字节 1	字节 2	字节 3	字节 4	字节 5	字节 6	字节 7	字节 8
P	P	P	P	P/0	P/0	P/0	P/0	P/0	P/0	P/0	P/0	0	0	0	0

步骤 5：将数据块 D3 和 D4 执行异或得到 D；

步骤 6：用 Ks 对 D 进行加密，得到 PIN 加密数据。

如果命令中的 P2 参数等于"02"，命令数据域包括 PIN 加密数据和 MAC，PIN 加密数据的产生过程按照下列步骤进行：

步骤 1：发卡行确定用来给数据进行加密的安全报文加密主密钥，并分散生成卡片的安全报文加密子密钥：ENC UDK – A 和 ENC UDK – B；

步骤 2：生成过程密钥 Ks；

步骤 3：生成 8 字节 PIN 数据块 D3：

（a）生成一个 8 字节数据块 D1；

表 2 – 13　　　　　　　　　　　　　　8 字节数据块 D1

字节 1	字节 2	字节 3	字节 4	字节 5	字节 6	字节 7	字节 8
0	0	0	0	0	0	0	0	ENC UDK – A 的最右边 4 个字节

（b）生成第 2 个 8 字节数据块 D2；

表 2－14　　　　　　　　　　　第 2 个 8 字节数据块 D2

字节 1		字节 2		字节 3		字节 4		字节 5		字节 6		字节 7		字节 8	
0	N	P	P	P	P	P/F	P/F	P/F	P/F	P/F	P/F	P/F	P/F	F	F

N：新 PIN 的数字个数（16 进制）；

P：新 PIN 值，长度 4～12 个数字（2～6 字节）。

（c）D1 和 D2 执行异或得到 D。

步骤 4：用 Ks 对 D 进行加密，得到 PIN 加密数据。

响应报文没有数据域。

不论应用是否有效，"9000" 编码总表示命令成功执行。

（5）设置数据

卡片中的专有基本数据对象允许使用设置数据命令修改。只有有标签的基本数据对象才允许使用此命令修改。

在本部分中，下列数据可以使用设置数据命令修改，这些数据放在卡片内部专有文件中：

连续脱机交易上限；

连续脱机交易下限；

连续脱机交易限制数（国际－国家）；

连续脱机交易限制数（国际－货币）；

累计脱机交易金额限制数；

累计脱机交易金额限制数（双货币）；

累计脱机交易金额上限；

货币转换因子。

JR/T 0025 定义的连续脱机交易上限和连续脱机交易下限存放在短文件标识符 SFI1～10 之间，使用发卡行脚本命令中的修改记录命令修改。

命令报文如表 2－15 所示。

表 2－15　　　　　　　　　　　设置数据命令报文

编码	值
CLA	"04"
INS	"DA"
P1 P2	要修改的数据对象的标签
Lc	数据域字节数
数据域	数据对象的新值（不包括标签和长度）和 MAC 数据
Le	不存在

命令数据域中包括的是要修改的数据对象的值，后面加一个 4 字节到 8 字节的 MAC。

响应报文没有数据域。

"9000" 编码表示命令成功执行。

表 2 - 16 列出了命令可能返回的警告信息。

表 2 - 16　　　　　　　　命令可能返回的警告信息

SW1	SW2	含义
62	00	没有信息返回
62	81	数据可能被破坏

表 2 - 17 列出了命令可能返回的错误信息。

表 2 - 17　　　　　　　　命令可能返回的错误信息

SW1	SW2	含义
64	00	没有准确诊断
65	81	内存失败
67	00	长度错误
68	82	不支持安全报文
69	82	安全状态不满足
69	86	命令不允许
69	87	安全报文数据对象丢失
69	88	安全报文数据对象不正确
6A	80	错误的参数
6A	81	功能不支持
6A	84	文件中没有足够空间
6A	85	Lc 和 TLV 结构不一致

（6）修改记录

修改记录命令用来修改文件中的一条记录内容，修改的内容在修改记录命令的数据域中。

命令报文如表 2 - 18 所示。

表 2 - 18　　　　　　　　修改记录命令报文

代码	值
CLA	"04"
INS	"DC"
P1	记录号
P2	引用控制参数
Lc	记录数据加 MAC 的长度
Data	记录数据和 MAC
Le	不存在

表2-19定义了命令报文的引用控制参数。

表2-19　　　　　　　命令报文的引用控制参数

b8	b7	b6	b5	b4	b3	b2	b1	意义
x	x	x	x	x				SFI
					1	0	0	P1 为记录号

数据域中是要修改的新记录内容。MAC 长度为 4 字节到 8 字节。

响应报文没有数据域。

"9000"编码表示命令成功执行。

表2-20列出了命令可能返回的警告信息。

表2-20　　　　　　　命令可能返回的警告信息

SW1	SW2	含义
62	00	没有信息返回
62	81	数据可能被破坏

表2-21列出了命令可能返回的错误信息。

表2-21　　　　　　　命令可能返回的错误信息

SW1	SW2	含义
64	00	没有准确诊断
65	81	内存失败
67	00	长度错误
68	82	不支持安全报文
69	81	命令与文件结构不匹配
69	82	安全状态不满足
69	86	命令不允许
69	87	安全报文数据对象丢失
69	88	安全报文数据对象不正确
6A	81	功能不支持
6A	82	文件没找到
6A	83	记录没找到
6A	84	文件中没有足够空间
6A	85	Lc 和 TLV 结构不一致

6. 处理流程

图 2－19 是卡片在发卡行脚本处理过程中，卡片处理每个命令的流程。

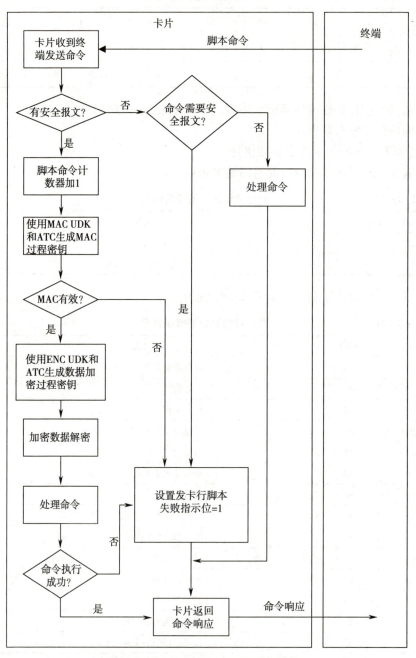

图 2－19　卡片处理发卡行脚本命令流程图

授权响应报文中的标签"72"表明，在第 2 个生成应用密文命令后，执行发卡行脚本处理。一个脚本中可以包含多个命令。

有用来修改、复位卡片内容的命令都应包括安全报文。

因为卡片不能识别命令是发卡行脚本命令还是其他命令，因此，卡片不能拒绝在第 2 个生成应用密文命令之前送来的命令。

在执行一个发卡行脚本命令之前，卡片使用安全报文认证发卡行。在脚本处理时不进行联机处理中描述的发卡行认证方法。

安全规范中描述了安全报文的执行方法。

使用安全报文的基本目的是保证数据的机密性、信息完整性和认证发卡行。信息完整和鉴别发卡行可以使用 MAC，数据机密通过加密数据实现，例如 PIN 加密。

报文鉴别

报文鉴别用来认证发卡行是发卡行脚本命令的合法发出方，并且保证命令在发出后没有被修改；

MAC 用命令中的所有数据计算而成，包括命令头。先进行数据加密（如果需要）后生成 MAC。

数据加密

数据加密用来保证命令中的明文数据的机密性。在生成命令的 MAC 之前进行。发卡行和卡片中的应用都要知道数据加密方法。

卡片使用发卡行脚本命令计数器记录第 2 个生成应用密文命令后收到的有安全报文的命令个数。

在卡片处理第 2 个生成应用密文命令后收到的命令时，如果下面列出的错误出现一种，卡片设置发卡行脚本失败指示位为"1"：

需要安全报文但是没有提供；

安全报文验证失败；

安全报文通过但是命令执行失败；

不需要安全报文的命令执行失败时，不设置指示位。

7. 前期相关处理

联机操作

终端收到的联机响应中可以包括发卡行脚本。

交易结束

如果终端收到的联机响应中包括发卡行脚本，在交易结束处理后，执行发卡行脚本处理。

8. 后续相关处理

卡片行为分析

在下次交易的卡片行为分析阶段：

卡片设置 CVR 中第 4 字节第 8 – 5 位值为发卡行脚本命令计数器的值；

如果发卡行脚本失败指示位为"1"，卡片设置 CVR 中"上次交易发卡行脚本处理失败"位为"1"。

交易结束

一个联机交易以后，如果下列条件满足一条，发卡行脚本失败指示位和发卡行脚本计数器复位成"0"：

发卡行认证成功；

发卡行认证可选并且没有执行；

发卡行认证不支持。

9. CVR 脚本计数器如何统计

卡片设置 CVR 中第 4 字节第 8 – 5 位值为发卡行脚本命令计数器的值。

卡片使用发卡行脚本命令计数器记录第 2 个生成应用密文命令后收到的有安全报文的命令个数。

必须满足两个条件：第二次 GAC 之后的；带 MAC 的。

一个联机交易以后，如果下列条件满足一条，发卡行脚本失败指示位和发卡行脚本计数器复位成"0"：

发卡行认证成功；

发卡行认证可选并且没有执行；

发卡行认证不支持。

注意：即使交易拒绝也要统计，MAC 错误也要统计，只要带 MAC 就要统计。

10. 执行发卡行脚本命令无须外部认证成功

推荐外部认证成功与否，不影响执行发卡行脚本命令，只要 MAC 正确，卡片就应允许执行发卡行脚本命令。

但是，出于安全考虑，有些卡片设计成"如果 AIP 指明卡片支持发卡行认证，那么执行发卡行脚本命令一定要外部认证成功"，也是可以的。但是，卡片对所有命令应统一设计，即要么所有的发卡行脚本命令都需要外部认证成功才能执行，要么执行所有的发卡行脚本命令与外部认证成功与否无关。不能有些命令需要，但有些命令不需要。

11. 允许执行发卡行脚本的特殊情况

试想这样一种情况，在之前的交易中，因为某种原因，应用被锁定。那么此时的卡片在收到 GAC 命令时会无条件响应 AAC。如果此时判交易已经脱机完成，不允许执行发卡行脚本，应用将永远无法被解锁。所以，COS/Applet 设计人员，应当考虑到这种情况。当借记/贷记应用被锁定，当第一次 GAC 卡返回 AAC 后，仍然应该允许执行应用解锁命令。出于安全考虑，可以要求外部认证成功才允许执行应用解锁。这是规范所没有涉及的内容。

2.3.4 基于借记/贷记的小额支付应用规范

PBOC3.0 规范第 13 部分规定了基于借记/贷记小额支付的应用。利用借记/贷记应用架构，在卡片中设置相应的数据元，构造卡片中的余额实现小额脱机支付功能。安全模式上与借记/贷记应用相同采用非对称密钥算法。对终端安全模块要求低，减少了对对称密钥算法安全模块攻击的隐患。

新增数据元包括：电子现金余额、电子现金余额上限、电子现金单笔交易限额、电子现金重置阈值。

1. 消费交易

卡片使用内部风险管理判断交易是否满足电子现金使用条件，包括交易是否以应用货币（由发卡行在个人化时向卡应用指定）进行，当前电子现金余额是否足够。如果当前余额不足，则不进行电子现金交易，进行标准借记/贷记交易请求联机授权。如果卡请求联机授权但终端不支持联机功能，则卡拒绝交易。如果交易被脱机批准，电子现金余额将减少。交易明细通过批量上送发卡行清算，实现芯片与发卡行账户的"余额"一致。

2. 充值交易（或称圈存交易）

将持卡人主账户的额度或者金额转移至电子现金预授权账户中，同时通过脚本命令将电子现金账户中的额度反应至卡片脱机余额中。

充值可以分为手工充值和自动充值。

手工充值由持卡人发起，交易立即执行。可以是现金、转账等方式向电子现金账户中增加额度，主机通过发送脚本指令更新卡片中的余额。

当余额快用尽时，如果发卡行与持卡人事先进行了约定，则可以通过在交易过程中发送脚本触发自动充值交易。

2.4 非接触式支付应用主要内容

PBOC3.0 规范的第 12 部分《非接触式金融 IC 卡支付规范》定义了基于非接触式接口的借记/贷记应用，可以实现：

- 快速借记/贷记应用；
- 标准非接触式借记/贷记应用。

非接触式借记/贷记方式的处理流程与标准借记/贷记应用处理流程完全一

致，仅通讯方式不同。

qPBOC 对标准的借记/贷记指令和交易流程进行了优化，体现在：（1）把多条借记/贷记应用命令压缩成尽可能少的命令，以减少交易的时间；（2）将卡片和终端的交互过程集中完成，当卡片离开终端的感应范围后，终端再进行脱机数据认证、终端风险管理和终端行为分析，并允许卡片离开终端的感应范围之前或之后进行密码操作，使卡片在终端感应范围停留的时间尽可能短。

2.4.1 交易预处理

为了使卡片保持在感应区的时间最小化，终端在提示持卡人出卡和激活非接触应用前，应执行交易预处理，以减少交易的时间。终端交易预处理完成以下几项工作：

（1）获取授权金额

（2）判断授权金额是否为零

➤ 如为零，则终端在"终端交易属性"中请求联机

➤ 如终端不支持联机，则终止交易，提示更换另一种应用

（3）判断授权金额是否超过非接触交易限额

➤ 如超过，则终端提示采用另一种应用

（4）判断授权金额是否超过 CVM 限额

➤ 如超过，则终端在终端交易属性中要求 CVM

（5）判断授权金额是否超过终端脱机最低限额或可用的终端最低限额

➤ 如超过，则终端在终端交易属性中请求联机密文

终端交易预处理结束后，提示持卡人出示卡片，非接触应用上电，开始检测处理。

2.4.2 交易路径选择

交易预处理结束后，终端应提示持卡人出示卡片，并将非接触应用启动。在本阶段的处理中，终端应选择卡上的应用，并向卡片表明终端所支持的交易路径，最后由卡片做出交易路径的选择。

2.4.2.1 应用选择

所有非接触终端应使用 PPSE 目录选择方法，终端采用文件名称"2PAY. SYS. DDF01"来选择 PPSE。通过选择 PPSE，卡片将卡上所支持的应用标识（AID）、应用优先指示器通过相应的形式返回给终端，终端据此形成共同支持的应用列表，该列表包括所有目录的入口。

如果仅有一个共同支持的应用，则终端直接选择该应用；如果有多个共同支持的应用，则终端根据应用优先指示器，选择优先级最高的应用来处理交易。

2.4.2.2 应用初始化

终端选择应用后，应用将卡上个人化的 FCI 信息返回给终端。FCI 信息中的

PDOL 中，应至少包含终端交易属性。终端通过此数据向卡片表明终端所支持的交易类型及交易预处理判断的结果。卡片使用此数据选择交易路径，以及返回卡片数据。

在初始应用处理阶段，终端向卡片发出 GPO 命令，命令中包括卡片在应用选择时返回 PDOL 中所要求的所有数据，包括终端交易属性。

2.4.2.3　交易路径选择

符合本规范的非接触终端和卡片可同时选择支持以下一个或多个交易路径，即：

qPBOC 路径：利用定义在 JR/T 0025 借记/贷记应用中的命令、功能和风险管理特征，但不严格遵循这些规范；

非接触 PBOC 路径：符合 JR/T 0025 借记/贷记应用。

（一）卡片交易路径选择

终端在应用初始化阶段，通过 GPO 命令在终端交易属性中向卡片表明其可以支持的非接触的应用类型（qPBOC 或非接触式借记/贷记）。卡片在收到 GPO 命令后，根据终端支持的交易类型和卡片本身支持的交易类型，选择唯一的交易路径进行处理。

（二）终端交易路径选择

终端根据卡片在 GPO 命令的返回数据中的应用交互特征及其他数据，来判断卡片的交易路径，从而做相应的处理。终端可根据以下方法判断卡片的交易路径：

（1）如果卡片对 GPO 命令的响应中包括应用密文，则终端按照 qPBOC 处理交易；

（2）如果卡片对 GPO 命令的响应中未包括应用密文，则终端按照非接触借记/贷记处理交易。

2.4.3　非接触 PBOC 应用

非接触式借记/贷记方式的处理流程与标准借记/贷记应用处理流程完全一致，仅通讯方式不同。可参考 JR/T 0025 第 5 部分。

2.4.4　qPBOC 应用

为了符合非接触支付应用方便、快速的要求，必须既要使非接触卡片在终端非接触磁场中停留的时间尽可能短，同时也要完成相应的交易处理。为此，qPBOC 在原有借记/贷记应用的基础上对借记/贷记的交易流程，命令进行了精简，使得大部分工作在终端上完成，尽量减少卡片的工作量。相对借记/贷记应用，qPBOC 在交易流程，交易命令以及预处理方面做了精简。以下分别予以描述。

qPBOC 应用可以进行借记或者贷记的联机交易，也进行电子现金脱机交易，同时还支持电子现金脱机参数与标准借记/贷记脱机参数相结合的脱机交易。

2.4.4.1 交易流程

qPBOC 应用流程虽既可满足联机，也可满足脱机交易的需求，但此部分讲述的流程更多的是以 qPBOC 小额脱机交易的流程为参考的。

步骤 1：交易预处理

在脱机交易预处理中，不需要卡片参与。终端获取授权金额并进行相应处理。

步骤 2：应用选择

该步骤中需要终端向卡片发送两次 SELECT 命令。第一次 SELECT 命令为选择 PPSE，通过卡片对 SELECT 的返回，终端建立共同支持应用列表。第二次 SELECT 命令，终端选中卡上的一个应用进行处理。

步骤 3：应用初始化/读应用数据

该步骤中，卡片需要根据终端、卡片的参数配置和卡片自身的一些状态进行一系列的风险检查，以决定当前交易是脱机批准、脱机拒绝还是发起联机。卡片处理的结果可能有四种，即：

（1）卡片脱机批准：卡片将电子现金余额减去授权金额，并返回 AFL 和金融 IC 卡动态签名数据。终端根据 AFL 将所有的数据通过 READ RECORD 命令从卡片读出后，卡片将最新的电子现金余额保存在静态存储区。终端提示持卡人可移开卡片。

（2）卡片脱机拒绝：卡片返回 AAC，卡片可移开。终端提示交易失败。

（3）卡片脱机请求联机，卡片返回 ARQC，卡片可移开。终端发起联机交易，并根据卡片和终端支持的持卡人认证方法验证持卡人身份，随后转入后台处理。

（4）终止交易：终端提示更换接触式应用进行交易。

步骤 4：脱机数据认证

该步骤仅当卡片返回 TC 时存在。终端根据在步骤 3 中读出的公钥数据，对金融 IC 卡返回的动态签名进行验证。如脱机数据认证成功，则提示交易成功，如脱机数据认证失败，则提示交易失败。

2.4.4.2 流程精简

qPBOC 基于借记/贷记应用，并在借记/贷记应用的基础上进行了精简。又因为 qPBOC 的交易流程主要是为非接触小额脱机交易的快速完成设计的，所以表 2-22 将 qPBOC 的交易流程与基于借记/贷记的脱机交易流程逐一比较，读者可直观感受到 qPBOC 应用在交易流程方面的优化。

表 2 –22   qPBOC 的交易流程与基于借记/贷记的脱机交易流程比较

qPBOC 应用	借记/贷记应用
交易预处理（终端）	处理限制 终端风险管理 终端行为分析
应用选择（终端、卡片）	应用选择
应用初始化/读应用数据（终端、卡片）	应用初始化/读应用数据 卡片行为分析
脱机数据认证（终端）	脱机数据认证

需要指出的是，虽然 qPBOC 应用和借记/贷记应用都包含了应用选择的功能模块，但是 qPBOC 在应用选择中进行了大量的优化。

2.4.4.3 命令精简

正是因为 qPBOC 在交易流程方面对借记/贷记交易进行了优化，所以在交易命令方面也有相应的优化，即精简了借记/贷记原有交易的命令集，将多条命令完成的功能集合在一条命令中完成。如表 2 –23 所示。

表 2 –23   qPBOC 的交易流程优化

qPBOC 应用	借记/贷记应用
应用选择	应用选择
读记录	读记录
应用初始化	应用初始化 内部认证 产生应用密文

2.4.4.4 顺序优化

为了使卡片在终端感应区中停留的时间尽可能地少，qPBOC 交易将终端风险管理、终端行为分析等功能提前到交易预处理完成，将脱机数据认证延后到卡片移开后进行。使得卡片停留在终端感应区中的时间尽可能地少。

2.4.4.5 脱机数据认证流程优化

在借记/贷记中，终端需要发送内部认证命令给卡片，卡片生成金融 IC 卡动态签名并返回给终端，终端根据读应用数据阶段读到的公钥数据对金融 IC 卡动态签名进行验证。

而在 qPBOC 交易中，为了适应"快速挥卡"的需要，一方面将金融 IC 卡生成动态签名的操作集成到了 GPO 命令中完成，另一方面，终端对金融 IC 卡动态签名验证的操作放在卡片移出终端感应区后进行，减少了终端和卡片的交互时间。

2.4.4.6　密文计算算法优化

在 qPBOC 中，卡片支持密文版本为 01 和 17 的中应用密文的算法。密文版本 01 与借记/贷记中的密文版本相同，采用与借记/贷记相同的应用密文计算方法。而密文版本 17 则在密文版本 01 的基础上进行了优化，对参与密文计算的数据进行了精简。

表 2-24　　　　　　　　密文版本 17 中参与密文计算的数据元

标签	数据源	来源
9F02	授权金额	终端
9F37	不可预知数	终端
9F36	交易计数器	卡片
9F10	发卡行应用数据	卡片

表 2-25　　　　　　　　密文版本 01 中参与密文计算的数据元

标签	数据源	来源
9F02	授权金额	终端
9F03	其他金额	终端
9F1A	终端国家代码	终端
95	终端验证结果	终端
5F2A	交易货币代码	终端
9A	交易日期	终端
9F21	交易类型	终端
9F37	不可预知数	终端
82	应用交互特征	卡片
9F36	应用交易计数器	卡片
9F10	发卡应用数据中的卡片验证结果	卡片

2.4.4.7　fDDA 的认证

fDDA 是快速 DDA 的意思，用于 qPBOC 交易，允许读写器发出 READ RE-CORD 命令从卡片获取动态数据认证相关的数据，在卡片离开感应区后执行 DDA 计算。在非接触支付环境中，快速交易速度（500 毫秒或者更低）是业务上的需要。DDA 作为一种可选方法，用于脱机预防伪卡。对于脱机交易，卡片通过 GPO 的随机数和 ATC 生成动态签名，并将动态签名通过 GPO 的响应返回。之后如果终端决定进行 fDDA，从 GPO 数据中读取标签 94，决定通过读取哪个文件，从而得到用于 fDDA 数据认证的数据。最后进行 fDDA 数据认证，来判别是否为伪卡。

2.4.4.8 fDDA 与 DDA 的区别

在 qPBOC 交易中，使用 fDDA 进行脱机数据认证，在 GPO 阶段就返回动态签名数据；而完整的 PBOC 交易中，使用外部认证命令返回动态签名数据。

2.5 非接小额扩展应用

非接触小额支付扩展应用在快速借记/贷记的基础上，主要增加了分段扣费功能、预授权和押金抵扣功能。

扩展应用中的分段扣费功能，实现分段/计时/计次的支付消费，是脱机消费交易与分段扣费专用文件读写的结合。在扩展应用规范中定义了分段扣费专用文件，用来在进入消费区域时记录一段信息，在离开消费区域后再记录另一段信息，依据两段信息比对计算出最终的消费金额并扣除。同时，可通过日志记录专用文件记录用户乘车等历史交易信息，根据文件中的数据，终端能够根据用户规则给予用户换乘优惠。

扩展应用中的预授权功能是指行业应用方预估持卡人将要支付的金额，冻结卡片中的相应余额，作为交易后索取付款的承诺。预授权功能，包括预授权和预授权完成两个交易，这两个交易通常成对使用。预授权交易，就是在分段扣费的基础上，增加了脱机状态下金额的冻结操作；预授权完成交易，就是在分段扣费的基础上，增加了对于预授权的状态检查，金额检查，扣款和解冻部分金额的操作。

扩展应用的押金抵扣功能，支持在用户电子现金余额不足以支付消费金额时，可以通过卡中预设的可透支消费限额进行透支消费。

基于非接触小额支付的扩展应用可以替代目前在各个行业中广泛使用的基于 PBOC1.0 电子钱包/电子存折的扩展应用，以及基于交通运输部、住建部等行业规范所定义的各种应用。

2.5.1 新增文件和数据项

- 新增的文件和作用

扩展应用中定义两种专用文件——变长记录文件与循环记录文件，其中变长记录文件用来记录进入消费区域和离开消费区域的时间、路程或其他信息，后续通过两信息的比对计算出实际的消费金额，完成扣款交易。循环记录文件一般用来记录日志文件，例如换乘信息，作为换乘优惠的依据。

- 新增数据项和作用

扩展应用新增数据元 DF60/DF61/DF62/DF63，其中 DF60 为扩展交易指示位，指出终端请求的扩展应用交易类型；DF61 为分段扣费应用标识，用于区别卡片支持扩展应用的能力；DF62 为电子现金分段扣费限额，用于表示卡片在分段扣费交易中可抵扣的最大限额；DF63 为电子现金分段扣费已抵扣额，用于表示卡片当前已抵扣的额度。

2.5.2 主要交易流程

扩展应用的交易流程，是以标准的 qPBOC 支付交易为基础，在特定的行业信息专用文件中记录进出站、进出闸的信息，以作为行业终端校验和计算扣款金额的依据，从而实现分段/计时/计次的收费。

以下对扩展应用的分段计费、预授权、押金抵扣功能的交易流程进行解读，详细应用流程可参考扩展应用规范。

1. 图 2-20 为分段扣费的交易流程简图

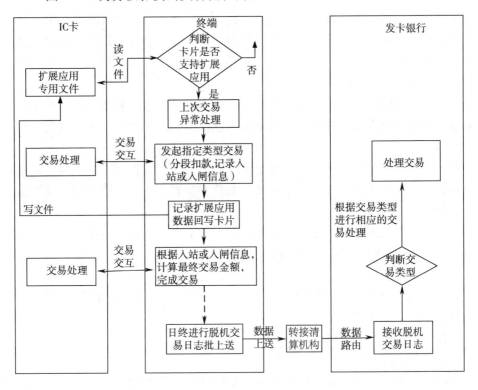

图 2-20　分段扣费的交易流程简图

流程说明：

（1）终端设备寻卡，通过读取卡片上的扩展应用专用文件，判断是否支持扩展应用功能。

（2）对扩展应用专用文件进行校验，以判定卡片是否支持具体某一行业应用功能（比如具体支持高速公路不停车收费还是地铁支付），并校验上次交易是否正常结束（例如是否未刷卡出闸或者入闸信息记录有误等），对于上次交易异常的，可由行业方自定规则处理（例如扣除全程票款后清除卡中的不完整记录），也可转由人工处理。

（3）在交易过程中需要在专用文件中记录消费开始和消费结束信息，主要交易流程与标准 qPBOC 交易流程基本一致。

（4）交易完成后，依据终端开始信息和结束信息，计算出实际交易金额，并相应扣款。

在交易完成后，终端按照标准格式记录脱机交易日志，并在日终完成批上送，通过转接清算机构的网络路由到发卡银行，完成最终清算。

2. 图 2-21 为支持押金抵扣的分段扣费交易流程简图

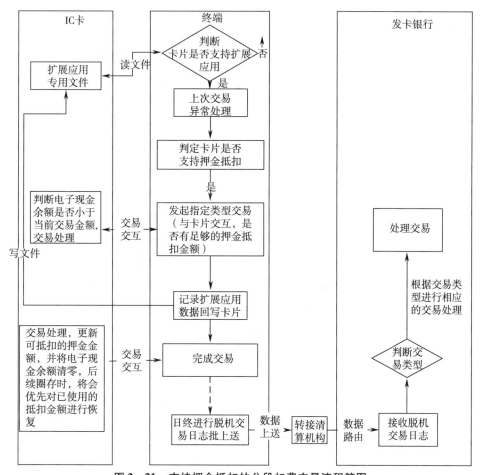

图 2-21 支持押金抵扣的分段扣费交易流程简图

支持押金抵扣的分段扣费流程与上述分段扣费的流程基本相似。如果卡片支持押金抵扣功能，卡片内会记录押金抵扣限额。当电子现金余额不足时，依据发卡行在个人化时设定的押金抵扣限额，在限额范围内进行脱机交易。同时，扣除卡片中之前记录的已发生的押金抵扣金额。

后续进行圈存时，将会对已经使用的押金抵扣金额进行恢复，再对电子现金余额进行充值。

3. 图2-22为支持脱机预授权的交易流程简图

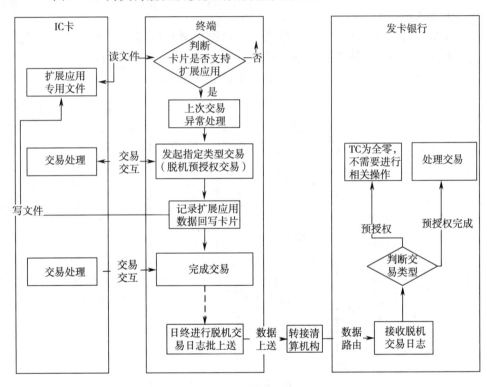

图2-22　支持脱机预授权的交易流程简图

第一步，终端设备寻卡，通过读取卡片上的扩展应用专用文件，判断是否支持扩展应用功能。

第二步，对扩展应用专用文件进行校验，以判定卡片是否支持具体某一行业应用功能（比如具体是高速公路不停车收费还是地铁支付的金融IC卡，要进行判别），并校验上次交易是否正常结束（例如是否未刷卡出闸或者入闸信息记录有误等），对于上次交易异常的，可由行业方自定规则处理（例如扣除全程票款后清除卡中的不完整记录），也可转由人工处理。

第三步，开始主要的交易流程，交易流程与标准qPBOC交易流程基本一致，只是增加了一个数据元来标识当前进行的是扩展应用的脱机预授权交易，交易过程中冻结卡片中的相应余额，并在专用文件中记录相关的开始和结束信息。

第四步，在交易完成后，依据开始信息和结束信息，终端计算出实际交易金额，并请求预授权完成。卡片解冻原先预授权的金额，按多退少补的原则自动计算交易后的电子现金金额。

第五步，在交易完成后，终端按照标准格式记录脱机交易日志，并在日终完成批上送，通过转接清算机构的网络路由到发卡银行，由银行完成最终清算。

发卡银行后台在清算处理中，也需要识别当前上送的脱机交易报文中的交易类型具体是扩展应用的何种具体交易，从而进行不同的操作处理。

2.5.3 业务场合

扩展应用拓展了电子现金的应用范围，如在公交、地铁、高铁、城际收费、高速公路等领域的收费应用适合分段收费模式；停车咪表应用适合分时收费模式，以上所有应用其交易流程基本一致。在这些特定的应用场合中，持卡人在进入收费区时，终端将在金融 IC 卡中写入特定信息；当持卡人离开收费区时，终端根据从金融 IC 卡中读取的特定信息计算所需支付费用，并扣除相应金额。

2.6 双币电子现金应用

2.6.1 新增数据元

基于借记/贷记的小额支付和 qPBOC 中使用到的数据元（以下简称第一币种相关数据元）如表 2-26 所示。

表 2-26　　　　　　　　　标准电子现金定义的卡片数据元

数据元名称	标签	长度	格式
应用货币代码	9F51	2	n4
电子现金余额	9F79	6	n12
电子现金余额上限	9F77	6	n12
电子现金发卡行授权码	9F74	6	a
电子现金单笔交易限额	9F78	6	n12
电子现金重置阈值	9F6D	6	n12
卡片 CVM 限额	9F6B	6	n12

第二币种相关数据元如表 2-27 所示。

表 2 – 27　　　　　　　　　双币电子现金新增的卡片数据元

数据元名称	标签	长度	格式
第二币种电子现金应用货币代码	DF71	2	n4
第二币种电子现金余额	DF79	6	n12
第二币种电子现金余额上限	DF77	6	n12
第二币种电子现金单笔交易限额	DF78	6	n12
第二币种电子现金重置阈值	DF76	6	n12
第二币种卡片 CVM 限额	DF72	6	n12

　　第二币种相关数据元与第一币种相关数据元一一对应，具体定义和使用方法可按照 JR/T 0025.13 和 JR/T 0025.12 的定义。

2.6.2　基于借记/贷记应用的双币小额支付

　　按照 JR/T 0025.13 中的定义，卡片在接收到 GPO 命令后，应根据一系列条件判断交易是否为电子现金交易。如卡片支持双币电子现金，则应首先判断交易货币代码与应用货币代码是否匹配。具体判断过程如图 2 – 23 所示。

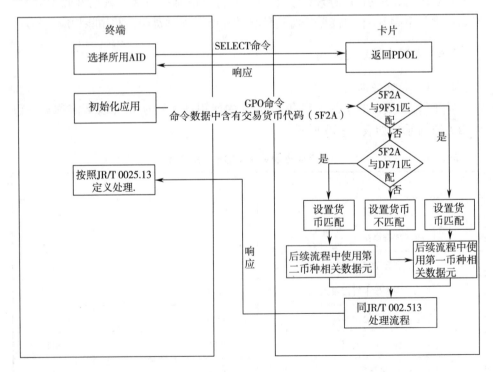

图 2 – 23　基于借记/贷记的双币电子现金初始化交易流程

　　卡片在接收到 GPO 命令后，首先将交易货币代码与应用货币代码进行比较，如果匹配，则在后续流程中使用第一币种相关数据元进行处理；如果不匹配，则将交易货币代码与第二币种电子现金应用货币代码进行比较：如果与第二币种电子现金应用货币代码匹配，则在后续流程中使用第二币种相关数据元代替第一币种相关数据元进行处理，否则仍然使用第一币种相关数据元按照标准电子现金流程中币种不匹配的情况处理。

后续处理流程与标准电子现金交易流程保持一致。

2.6.3　基于 qPBOC 的双币电子现金

卡片在接收到 GPO 命令后开始进行风险管理。在卡片风险管理的第一步"设置货币匹配或不匹配"中，卡片应使用交易货币代码进行电子现金的币种匹配和数据元选择。具体过程如图 2-24 所示。

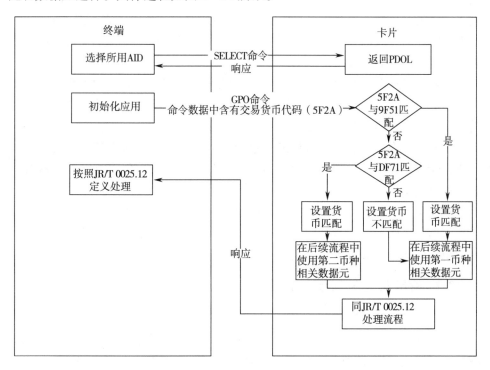

图 2-24　基于 qPBOC 的双币电子现金卡片风险管理流程

卡片在接收到 GPO 命令后，首先将交易货币代码与应用货币代码进行比较，如果匹配，则在后续流程中使用第一币种相关数据元进行处理；如果不匹配，则将交易货币代码与第二币种电子现金应用货币代码进行比较：如果与第二币种电子现金应用货币代码匹配，则在后续流程中使用第二币种相关数据元代替第一币种相关数据元进行处理，否则仍然使用第一币种相关数据元按照标准 qP-BOC 流程中币种不匹配的情况处理。

卡片在风险管理结束后，返回 GPO 命令的响应数据时：

——如响应数据中包括可用脱机消费金额，则卡片应根据卡片风险管理过程中币种匹配的结果选择使用电子现金余额或第二币种电子现金余额参与可用脱机消费金额的计算；

——如卡片需要在发卡行自定义数据中返回电子现金余额或脱机可用余额，则卡片应根据卡片风险管理过程中币种匹配的结果选择电子现金余额或第二币种电子现金余额参与计算。

2.6.4 业务场合

小额脱机支付是通过电子现金产品来实现的。受电子现金产品自身特点和清算方式的限制，目前还无法实现跨境使用。随着境内芯片卡发卡工作的推进，越来越多的境内持卡人产生在境外使用电子现金产品进行小额脱机支付的需求。与此同时，周边地区（如港澳）的持卡人，也希望持有一张当地发行的电子现金卡，在中国内地的非接终端上通过挥卡完成快速支付。

为此，根据电子现金产品的特点，并考虑到系统、清算方面的限制，本着"境外动，境内不动"的基本原则，通过双币种电子现金产品解决境外卡境内用的问题，通过终端加载汇率解决境内卡境外用的问题。

在发卡方面，鼓励境外机构发行双币种电子现金卡，在大陆地区通过人民币进行受理，在发卡行当地通过当地币种受理，在其他境外市场通过终端加载汇率的方式受理。

在收单方面，维持境内市场只能通过人民币受理电子现金的现状不变，在境外市场的终端上必须增加汇率转换功能，可同时受理本地货币电子现金卡和非当地币种的电子现金卡。

2.7 金融 IC 卡互联网终端规范

2.7.1 应用背景

金融 IC 卡互联网终端（以下简称终端）是为方便持卡人安全地在互联网上享受金融 IC 卡多应用所提供的便捷性而设计的一款多用途个人终端，其可以兼容金融 IC 卡借记/贷记应用、电子现金应用和证书应用等金融应用，以及行业金融 IC 卡应用，也可以结合商业银行网银或行业商户网站提供私有和通用的金融便利服务和行业便民服务。

符合 PBOC3.0 金融 IC 卡互联网终端规范的终端首先是一台标准金融 IC 卡读卡器，它可以有接触、非接触或者两者兼容的形态。通过终端，可以与金融 IC 卡交互，获取卡片信息，获取持卡人输入的个人 PIN 密文，通过控件与个人电脑通讯，显示交易相关信息等。金融 IC 卡互联网终端产品主要业务功能是通过授权的商业银行、第三方支付网站或行业商户与持卡人个人终端，在交互认证机制、密钥生成机制和安全报文交换机制下，建立一条互联网与线下金融IC卡之间的安全传输通道，来保证金融用户认证信息、金融支付交易信息或其他需安全保护信息在互联网上传输不被窃取或篡改。

2.7.2　证书体系

金融IC卡互联网终端规范证书体系如图2-25所示。

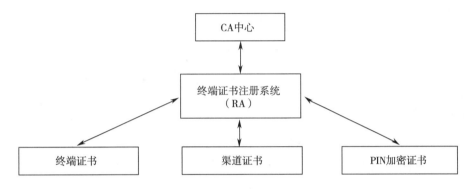

图2-25　终端CA系统结构

2.7.2.1　终端证书

终端证书应由终端所属机构向CA中心申请，并由CA中心签发。该证书是用于标识终端合法身份的唯一公钥证书。

终端公私钥在终端下载终端证书过程中由终端产生。终端产生的公钥提交CA参与制作证书，终端私钥应保存在终端的安全模块中，不允许导出。

2.7.2.2　CA根证书

CA根证书应由CA中心签发并管理，需要从CA中心服务器下载，主要用于在交易过程中验证终端证书、渠道证书、PIN加密证书的合法性。

2.7.2.3　PIN加密证书

PIN加密证书应由处理中心向CA中心申请并下载，主要用于联机PIN的加密。如终端中存在不止一个PIN加密证书，则终端根据渠道证书中的DN域选择对应的PIN加密证书对联机PIN进行加密。具体方法见JR/T 0025.16附录D。

2.7.3　安全通道

金融IC卡互联网终端通过与其连接的主机等联网设备接入到处理中心，并通过联网设备采用4.7.2.5节描述的握手协议工作原理与处理中心建立端到端的逻辑安全通道。其总体架构见图2-26。

安全通道的建立协议由握手协议和记录协议两部分组成。其中握手协议用于完成终端与处理中心的双向身份认证和会话密钥的交换过程。记录协议用于

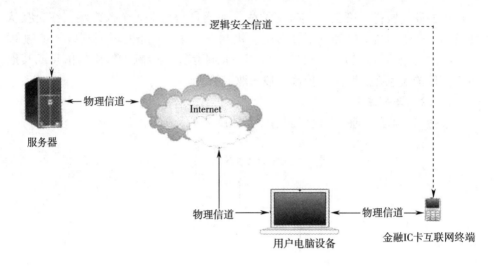

图 2 - 26　安全通道示意图

完成应用数据的加密传输。

安全通道的建立示例参见 JR/T 0025.16 附录 C。

2.7.4　应用模式

在统一的 CA 认证体系下，商业银行的互联网终端产品可以通过银行卡转接清算组织实现互联网上的跨行业务，也可以通过建立自有的系统，增加特色业务。如图 2 - 27 所示，用户可以通过金融 IC 卡互联网终端选择银行、银行卡清算组织以及网上商城/第三方支付机构等提供的服务。既实现了网上银行卡的联网通用，又保证了商业银行开展网上特色银行业务的独立性。

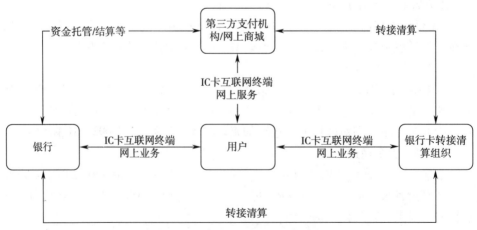

图 2 - 27　银行开展网上业务流程

2.8 增强型安全算法

2.8.1 应用背景

金融IC卡应用事关国家金融体系安全和公民合法利益。目前金融IC卡密钥主要采用3DES、RSA等国际算法和安全体系，算法安全强度已不能满足当前金融领域应用安全的需求，核心技术也受制于人，给国家金融体系安全稳定运行造成诸多隐患。因此，在金融信息系统中推进国产密码算法应用已经成为国家在信息安全方面的战略要求。本规范制订的目的在于遵循国家的战略要求、实现国家金融安全体系自主可控，满足国家标准的密码算法在金融IC卡中的应用。

2.8.2 认可的算法

JR/T 0025.17 是对 JR/T 0025.7 的扩展，以支持 SM2、SM3 和 SM4 等算法在借记/贷记应用中的使用。本部分介绍了认证中心、发卡行和金融IC卡使用 SM2 算法进行数字签名，使用 SM3 算法计算哈希值，使用 SM4 算法进行数据加密及安全报文计算的实现。

2.8.2.1 对称加密算法

本部分使用的对称加密算法为 SM4 算法，算法定义见 GM/T 0002。

表2-28　　　　　　　　　DES 和 3DES 算法的密钥长度与分组长度

	DES	3-DES
密钥长度	8 字节	16 字节
分组长度	8 字节	8 字节

2.8.2.2 非对称算法

本部分使用的非对称算法为 SM2 算法，算法定义见 GM/T 0003。SM2 算法是由国家密码管理局发布的我国商用公钥密码算法，是基于椭圆曲线离散对数问题的公钥密码算法。目前，我国在商用密码领域推荐的 SM2 密码算法的模长是 256 比特。

表2-29　　　　　　　　　SM2 和 RSA 算法的私钥与公钥

	私钥	公钥
SM2	私钥 d 满足 $1 < d < n-1$，其中 n 为 256 位的大素数	公钥 $P = dG = (x, y)$ 为椭圆曲线上的一个点，其中 x、y 为小于 256 位大素数 p 的正整数
RSA	私钥包括 p、q 和 d，其中 p 和 q 为位数相当的大素数，d 为与公钥模 n 位数相同的正整数	公钥包括模 n 和指数 e，其中 $n = pq$，e 为 3 或 $2^{16}+1$ 且满足 $ed \equiv 1 \bmod (p-1)(q-1)$

2.8.2.3 哈希算法

本部分使用的哈希算法为 SM3 算法，算法定义见 GM/T 0004。

表 2-30   **SM3 和 SHA-1 算法比较**

	SHA-1	SM3
哈希结果长度	20 字节	32 字节

2.8.3 SM 算法应用方案

JR/T 0025.17 包括了单 SM 算法卡和双算法卡两种方案的技术要求。单 SM 算法卡指一张金融 IC 卡支持 SM2/SM3/SM4 算法；双算法卡指一张金融 IC 卡同时支持 SM2/SM3/SM4 与 RSA/SHA-1/3DES 两套算法。

如采用单 SM 算法卡方案，在卡片个人化阶段，在卡内写入支持 SM2 算法所需的相关数据元；如采用双算法卡方案，在卡片个人化阶段，在卡内写入支持 RSA 算法和 SM2 算法两种算法所需的相关数据元。卡片个人化完成之后，卡片交易时应通过和终端之间的交互确定使用的算法。技术要求主要包括如下：

JR/T 0025.17 所支持的 SM 算法的终端应同时支持 RSA/SHA-1/3DES 及 SM2/SM3/SM4 两套算法环境，并使用 SM 算法支持指示器进行算法选择。

2.8.3.1 卡片个人化阶段

（1）单 SM 算法卡：卡片个人化数据包括了 SM2 算法所需的所有数据元。

（2）双算法卡：卡片个人化数据既包括了 RSA 算法所需的所有数据元，同时又包括了 SM2 算法所需的所有数据元。

两种算法数据元及在卡内的存储、芯片系统的访问等相关要求，本部分不做具体要求。

2.8.3.2 卡片应用阶段

不同类型终端和卡片在标准借记/贷记应用的执行情况如表 2-31 所示，不同类型终端和卡片在 qPBOC 应用的执行情况如表 2-32 所示。相应的算法选择过程可参见 JR/T 0025.17 中的内容。

表 2-31   **标准借记/贷记应用和基于借记/贷记应用的小额支付的执行情况**

终端 ＼ 卡片	仅支持 RSA/SHA-1/3DES 算法的卡片	双算法卡	单 SM 算法卡
仅支持 RSA/SHA-1/3DES 算法的终端	RSA/SHA-1/3DES 算法流程	RSA/SHA-1/3DES 算法流程	脱机认证失败，可能尝试进行联机交易
支持双算法的终端	RSA/SHA-1/3DES 算法流程	SM 算法流程	SM 算法流程

表 2 – 32　　　　　　　　　　　**qPBOC 应用的执行情况**

终端 ＼ 卡片	仅支持 RSA/SHA – 1/3DES 算法的卡片	双算法卡	单 SM 算法卡
仅支持 RSA/SHA – 1/3DES 算法的终端	RSA/SHA – 1/3DES 算法流程	RSA/SHA – 1/3DES 算法流程	拒绝交易
支持双算法的终端	RSA/SHA – 1/3DES 算法流程	SM 算法流程	SM 算法流程

3　PBOC3.0 重点难点解析

3.1　借记/贷记难点分析

3.1.1　部分应用选择

SELECT 命令中 P2 等于 02 的时候，代表选同一 AID 的下一个 ADF。如果终端没有选"第一个"ADF，直接选"下一个"ADF 时，卡片此时的处理方式是规范没有规定的。有的制卡商认为，如果没有选"第一个"直接选"下一个"视为选择"第一个"，有的制卡商认为如果没有选择"第一个"卡片不知道哪个才是"下一个"，所以应不允许直接选择"下一个"。相关检测实验室比较偏向于后者。

3.1.2　接触式借记/贷记与非接触借记/贷记

接触式借记/贷记与非接触式借记/贷记在交易流程上基本相同，但由于通信接口不同，所以在目录选择及 PDOL 选项中有所差别。具体体现在：

（一）目录选择方式不同

在目录选择方式中，按照使用目录名可分为：PSE 和 PPSE。PSE 为支付系统环境，从名为"1PAY. SYS. DDF01"的 DDF 开始。此 DDF 的相关目录文件叫支付系统目录，一般通过接触应用访问。PPSE 为近距离支付系统环境，所支持的应用标识、应用标签和应用优先指示器在一个列表里，该列表包括所有目录的入口，由卡片在名为"2PAY. SYS. DDF01"的文件的 FCI 中返回。一般通过非接触应用访问。

选择 PSE 后，卡片返回的 FCI 中包含 Tag88，该标签的值就是目录基本文件的短文件标识符。然后终端从该文件的一号记录开始读，直至读到某条记录卡返回 6A83 后停止。

选择 PPSE，卡片返回的 FCI 中不包含 Tag88，终端也不需要去读记录。PPSE 的 FCI 中直接用 61 模板返回了各个 AID，加速交易流程。

（二）PDOL 内容不同

在接触式接口下，通过 PSE 选择进入目录，并选择了应用后，应用返回的 PDOL 中不含有终端交易属性。

在非接触接口下，通过 PPSE 选择进入目录，并选择了应用后，应用返回的 PDOL 中含有终端交易属性。

3.1.3 CDA/DDA/SDA 区别

SDA/DDA/CDA 是三种不同的脱机数据认证方法。SDA 是静态脱机数据认证，DDA 是动态脱机数据认证。CDA 是复合动态数据认证。这三种认证方法的具体实现方式和原理参考本书第 4 部分 PBOC3.0 安全体系介绍。它们的区别体现在五个方面：

（一）目的不同

SDA 的目的是确认存放在金融 IC 卡中由"应用文件定位器"和"可选的静态数据认证标签列表"所标识的关键静态数据的合法性，用于检查金融 IC 卡中的数据在个人化以后是否被篡改。

DDA 的目的是确认存放在金融 IC 卡中和由金融 IC 卡生成的关键数据以及从终端收到的数据的合法性。DDA 除了执行同 SDA 类似的静态数据认证过程，检查金融 IC 卡中发卡行数据在个人化以后是否被篡改，还能辨别数据完全相同的复制卡。

（二）是否生成动态签名

SDA 是静态签名认证，卡片不生成动态签名。终端验证在个人化阶段写入卡片发卡行私钥签名的静态数据签名，来保证关键数据没有被篡改。

DDA 和 CDA 是动态数据认证，卡片生成动态签名。终端验证卡片生成的每次交易都不同的动态签名来验证卡片的合法性。

（三）是否包含命令

SDA 因为不需要金融 IC 卡生成动态签名，所以不需要给卡片发命令，仅需要将静态签名和公钥从卡片读取到终端，由终端完成对静态签名的验证。

DDA 因为需要金融 IC 卡生成动态签名，所以需要给卡片发送内部认证命令，卡片生成金融 IC 卡动态签名并返回。

CDA 因为需要金融 IC 卡生成动态签名，所以需要给卡片发送生成应用密文命令，由于生成应用密文命令是交易过程中必须使用到的，在执行 CDA 过程时，生成应用密文命令既完成它本身原有的功能，又完成生成动态签名的功能，所以称为复合动态数据认证。

（四）执行时间不同

SDA 和 DDA 在卡片行为分析前执行。

CDA 在生成应用密文命令发出后执行，金融 IC 卡签名在生成应用密文命令的响应数据中返回。

（五）金融 IC 卡动态签名使用数据的不同

SDA 不生成动态签名数据。

DDA 在生成动态签名数据时，使用到了金融 IC 卡动态数据和终端动态数据。

CDA 在生成动态签名数据时，使用到了金融 IC 卡动态数据、终端动态数据、还使用到了终端根据 PDOL、CDOL1、CDOL2 发送给卡片的数据元。

3.1.4 终端行为分析

终端行为分析，就是终端根据交易处理限制、脱机数据认证、持卡人认证以及终端风险管理的结果，使用发卡行设定在卡片中的规则和收单行设定在终端中的规则，判断当前交易走向。终端行为分析后决定的交易走向，可以是交易脱机批准、脱机拒绝或者联机完成。

终端行为分析包括两个步骤：

（一）检查脱机处理结果。本过程终端需要将 TVR 与由发卡行设定在卡片中的规则——发卡行行为代码和收单行设定在终端中的规则——终端行为代码进行比较。关于 IAC 和 TAC 的分析，请参考 JR/T 0025.6。

（二）请求密文处理。终端根据第 1 步的判断结果向卡片请求相应的应用密文。

3.1.5 持卡人认证处理

持卡人验证用来确保持卡人身份的认证，确认持卡人是卡片合法的所有人。终端通过处理卡片提供的持卡人验证方法列表，根据卡片和终端对持卡人验证方法的支持能力，执行相应的持卡人验证方法。

3.1.5.1 CVM 列表解析

CVM 列表中包括了多项持卡人认证方法，以及应用这些认证方法的规则，通过这些规则终端可以选择其中的一个认证方法，并允许终端根据交易授权金额的大小选择不同的认证方法。

表 3 - 1　　　　　　　　　　CVM 列表

CVM 列表				
字节 1 - 4	字节 5 - 8	字节 9	字节 10	字节 n
金额 X	金额 Y	CVM 代码	CVM 条件码	下一个 CVM 代码和 CVM 条件码

表 3 - 1 为一个 CVM 列表，其中：

（1）金额 X 是 CVM 条件码中可能用到的第一个金额；

（2）金额 Y 是 CVM 条件码中可能用到的第二个金额；

（3）CVM 代码和 CVM 条件码作为一组 CVM 认证方法配合使用，CVM 代码表示了持卡人认证方法的种类，包括脱机明文 PIN 验证、联机 PIN 验证、签名、无须 CVM、签名与脱机明文 PIN 验证组合和持卡人证件出示；

（4）CVM 条件码表示使用 CVM 代码所表明的持卡人认证方法的条件；

（5）字节 n 表示，下一组由 CVM 代码和 CVM 条件码组成认证方法。

CVM 处理流程：

步骤1：选择CVM。从CVM列表中的第1个CVM认证方法开始，逐个判断CVM执行条件是否成立。如果下面这些条件都成立，则执行该CVM。

步骤2：处理CVM。如果CVM执行的条件满足，终端就处理该CVM。每种CVM的详细处理过程见后面描述。

步骤3：CVM成功。如果CVM执行成功，则持卡人验证成功。

步骤4：CVM失败。如果CVM失败，则终端将检查"CVM代码"来确认终端是认为持卡人验证失败还是继续下一个CVM处理。如果"CVM代码"指示"CVM失败"，终端设置TVR中的"持卡人验证失败"位为持卡人验证处理；如果"CVM代码"指示"应用下一个CVM"，终端处理下一个CVM。

步骤5：CVM列表处理完毕。如果终端处理到达CVM列表的结尾，终端设置TVR中持卡人验证结果相应位。

3.1.5.2　CVM列表示例

在持卡人验证处理中，终端决定要使用的持卡人验证方法并执行选定的持卡人验证。CVM处理允许增加其他持卡人验证方法，如生物识别等。如果使用脱机PIN方式，卡片要验证卡片内部的脱机PIN。脱机PIN验证结果包括在联机授权信息中，发卡行作授权决定的时候要考虑其验证结果。

终端使用卡片中的CVM列表规则选择持卡人验证方式。选择原则包括交易类型，交易金额，终端能力等。CVM列表还给终端指明如果持卡人验证失败该如何处理。

CVM　List实例：

数据：8E　10　00　00　00　00　00　00　00　00　41　03　42　03　5E　03　1F　00。

解析：CVM　List标签为"8E"，长度为"0x10"，值域中前4字节为金额 $X = 00000000$，第5至8字节为金额 $Y = 00000000$，此时金额X和金额Y都为0，则表示不进行金额检查；其具体解析详见表3-2。

表3-2　　　　　　　　　　　　　　　　　CVM List 解析

入口	值/含义	注释
金额X	0	CVM列表中不检查金额
金额Y	0	CVM列表中不检查金额
CVM 入口 1:41 03 = 0100 0001 0000 0011		
CVM 条件	03——如果终端支持	如果终端支持则首先使用脱机密码，成功则通过，失败则应用后续
CVM 类型	000010b——脱机明文 PIN 验证	
CVM 代码	1b——如果失败则应用后续方法	

续表

入口	值/含义	注释
CVM 入口 2：42 03 = 0100 0010 0000 0011		如果终端不支持脱机明文 PIN，执行此入口
CVM 条件	03——如果终端支持	
CVM 类型	000010b——联机加密 PIN 验证	
CVM 代码	1b——如果失败则应用后续方法	
CVM 入口 3：5E 03 = 0101 1110 0000 0011		如果终端不支持脱机明文 PIN 核对和联机密文 PIN，执行此入口
CVM 条件	03——如果终端支持	
CVM 类型	011110b——签名	如果终端支持收集签名，执行此 CVM
CVM 代码	1b——如果失败则应用后续方法	
CVM 入口 4：1F 00 = 0001 1111 0000 0000		如果终端不支持脱机明文 PIN 核对、联机密文 PIN 和签名，执行此入口 CVM，持卡人验证总是成功，不会失败
CVM 条件	00——总是	
CVM 类型	011111b——无须 CVM	
CVM 代码	0b——如果失败则持卡人验证失败	

3.1.6 发卡行脚本执行限制

依据 JR/T 0025.5，设置数据命令用来修改卡片中的一些基本数据对象的值。只有有标签的数据才能使用这条命令修改。此命令不能用来修改结构数据对象。使用设置数据命令能修改放在卡片内部专有文件中的如下数据：

—— 连续脱机交易上限；

—— 连续脱机交易下限；

—— 连续脱机交易限制数（国际－国家）；

—— 连续脱机交易限制数（国际－货币）；

—— 累计脱机交易金额限制数；

—— 累计脱机交易金额限制数（双货币）；

—— 累计脱机交易金额上限；

—— 货币转换因子。

卡片不应当因发卡行认证未执行而拒绝执行发卡行脚本。若发卡行认证执行但失败，则卡片应当拒绝执行发卡行脚本，推荐此时卡片以"6985"响应发卡行脚本命令。在执行一个发卡行脚本命令之前，卡片使用安全报文认证发卡行。如果卡片收到安全报文校验失败的脚本命令，后续脚本命令不再执行，直接返回状态码"6985"。

3.1.7 密钥种类说明

在借记/贷记应用中，交易中涉及的安全密钥体系大概分两类：一类是用于脱机认证，使用非对称密钥算法；另一类是用于联机认证，使用对称密钥算法。

涉及金融 IC 卡的对称密钥有 ARQC UDK，MAC UDK，ENC UDK。这三个密钥分别由银行交易主密钥 ARQC MDK，MAC MDK，ENC MDK 对主账户及主账号序列号进行分散得到，在个人化写卡的过程将其写入到金融 IC 卡中；涉及金融 IC 卡非对称密钥的有金融 IC 卡私钥，它由发卡行密管系统生成，并经过加密传输写入到金融 IC 卡中。

这些密钥用法见表 3 - 3。

表 3 - 3　　　　　　　　　　金融 IC 卡相关密钥用法

密钥种类	密钥用途
ARQC UDK	用于应用密文的生成和验证； 用于 ARPC 的生成和验证
MAC UDK	用于发卡行脚本命令的完整性保证
ENC UDK	用于发卡行脚本命令数据的加密
金融 IC 卡私钥	用于在 DDA 中，金融 IC 卡生成动态签名

3.1.8　TLV 数据元编码规则

TLV 是 Tag、Length 和 Value 的缩写，一个基本的数据元就包括上面三个域，Tag 唯一标识该数据元，Length 是 Value 域的长度，Value 就是数据本身。而在 PBOC 和 EMV 中卡和终端之间传送的数据都是 TLV 编码。

3.1.8.1　Tag 域编码

表 3 - 4 详细叙述了 TLV 编码 Tag 域的前两字节的编码规则。

表 3 - 4　　　　　　　　TLV 编码 Tag 域的前两字节的编码规则

b8	b7	b6	b5	b4	b3	b2	b1	含义
0	0							通用 Class
0	1							应用 Class
1	0							特殊内容 Class
1	1							私有 Class
		0						原始数据对象
		1						构造数据对象
			1	1	1	1	1	看后续字节
		其他小于 31 的值						Tag 序号

依据 ISO/IEC 8825，表 3 - 5 详细叙述了 TLV 编码中当 Tag 序号大于 31（即比特 5 至比特 1 的值为 "11111" 时）时 Tag 域后续字节的编码。

表 3 – 5　　　　TLV 编码中当 Tag 序号大于 31 时 Tag 域后续字节的编码

b8	b7	b6	b5	b4	b3	b2	b1	含义
1								存在其他后续字节
0								最后一个 Tag 字节
			任何其他大于 0 的数值					Tag 序号的一部分

在 TLV 编码之前，中间或之后的数据中，"00" 和 "FF" 都是没有解析意义的。

3.1.8.2　Length 域编码

当数据域的标志比特 8 值为 "0" 时，表示长度域只有一个字节，此时比特 7 至比特 1 的数值表示了值域的长度数值。它的范围是从 1 到 127。

当数据域的标志比特 8 值为 "1" 时，此时比特 7 到比特 1 的数值表示了长度域后续的字节数。后续的长度字节表示了值域的长度数值。尤其是当后续值域的数值字节数大于或等于 128 时，如仅用一个字节的长度域将无法满足需求，便需要如前所述，将第一个字节的比特 8 设置为 1，比特 7 至比特 1 设置为 "0000001"，第二个字节为后续实际值域长度字节数，长度域便为 "81 × ×"，可以表示 128 至 255 字节的长度。

3.1.8.3　Value 域编码

数据元素是 TLV 编码中的基本单元，一个数据元素是值域当中的最小单位，亦即一个 Tag。一个基本的 Tag 分为以下三部分：Tag 值，长度值，数据值，而一个值域可能包括一个或多个连续的 Tag。AEF 中的一条记录就都是一个构造好的 TLV 编码规范。其组成如表 3 – 6 所示。

表 3 – 6　　　　　　　　　　TLV 编码规范

Tag	长度	值域 Tag 元素	……	值域 Tag 元素

3.1.8.4　数据元编码扩展

表 3 – 7　　　　　　　BER – TLV 标签第一字节定义

B8	B7	B6	B5	B4	B3	B2	B1	定义
0	0							通用级
0	1							应用级
1	0							规范级
1	1							私有级
		0						基本数据对象
		1						结构数据对象
			1	1	1	1	1	有后续字节
			小于 31 的值					标签号码

表 3 - 8   BER - TLV 标签后续字节定义

B8	B7	B6	B5	B4	B3	B2	B1	定义
1								有后续字节
0								本字节为标签的最后一个字节
			任意大于零的值					标签号码的一部分

使用到的应用级数据对象如果在 GB/T 16649 中有定义，那么应当遵循 GB/T 16649 中的定义与使用方法。

"61" 至 "6F"，作为应用级模板，在 GB/T 16649 中被定义。

"70" 至 "7F"，作为应用级模板，在 JR/T 0025 中被定义。"78"，"79"，"7D" 和 "7E"，在 GB/T 16649.6 中被定义，但 JR/T 0025 未使用。

使用到的规范级数据对象，应遵循本规范的定义。

"80" 至 "9E" 和 "9F01" 至 "9F4F"，国际标准组织保留。

"9F50" 至 "9F7F"，本规范保留。

"BF20" 至 "BF4F" 和 "BF0C"，国际标准组织保留。

"BF10" 至 "BF1F" 和 "BF50" 至 "BF6F"，支付系统保留。

"BF01" 至 "BF0B"，"BF0D" 至 "BF0F" 和 "BF70" 至 "BF7F"，保留给发卡机构使用。

"DF01" 至 "DF7F"，支付系统保留。

3.1.9　AID 编码规则

在原规范基础上新增 "13 AID 的预留与使用" 本规范采用 GB/T 16649.5 规定的应用标识符基本结构，应用标识符长度为 5 ~ 16 个字节，由 5 个字节的注册应用提供者标识符和 0 ~ 11 个字节的专有应用标识符扩展组成。PIX 的定义参见表 3 - 9。

表 3 - 9   专有应用标识符扩展（PIX）编码

应用类型代码	保留位	专有定义标识	专有定义字节
3 个字节	0 ~ 1 个字节 保留给发卡机构	0 ~ 1 个字节 00 表示专有定义字节中的内容由本规范保留定义 01 ~ FF 保留	0 ~ 6 个字节

应用类型代码第 1 字节为 00 ~ FE 的应用类型代码，保留给本规范使用。其取值的部分定义见表 3 - 10。应用类型代码第 1 字节为 FF 的应用类型代码，保留给发卡机构使用。

表 3 – 10　　　　　　　　　　　　　　　应用类型代码定义

值	定义
01 01 01	借记
01 01 02	贷记
01 01 03	准贷记

3.2　基于借记/贷记的小额支付难点分析

3.2.1　小额支付概念对比解析

小额支付实际上是一个比较概括的概念，泛指所有交易金额比较小的交易。一般来说，小额交易是采用更经济的脱机方式完成的。规范的第 13 部分定义了基于借记/贷记的小额支付的相关内容，规范的第 12 部分定义了快速借记/贷记，又称 qPBOC。

3.2.2　卡片行为分析

对于基于借记/贷记的小额支付交易而言，在卡片行为分析阶段卡片会跳过联机授权未完成检查、上次交易发卡行认证失败检查、上次联机交易发卡行脚本处理检查、新卡检查、脱机 PIN 尝试次数检查及各类频度检查，只进行上次交易 SDA 失败检查和上次交易 DDA 失败检查；需要注意的是虽然卡片跳过了这些检查，但卡片中的相应寄存器的值不应该改变。电子现金交易的结果，不应影响借记/贷记中各类计数器的值。

3.2.3　电子现金充值流程

当进行了若干笔脱机电子现金交易后，卡上的电子现金余额会不断减少，减少到一定程度时，则会出现余额不足以完成脱机交易的情况，这时便需要通过联机给卡片进行圈存。

圈存交易包括了资金转移和卡充值交易两步：第 1 步将资金转移至电子现金账户中；第 2 步通过充值交易将电子现金账户的金额同步到卡的电子现金余额。

充值交易使用设置数据命令更新电子现金余额。联机返回的脚本命令由终端发送给卡，此时卡片首先应比较待更新的电子现金余额数值和现有电子现金余额上限，若更新的电子现金余额值大于电子现金余额上限，则卡片应拒绝此脚本命令并返回"6985"，终端记录并存储脚本执行结果，在下一个脚本通知报文中上送脚本结果至发卡行，至此发卡行知道此充值交易失败并进行相应处理；若待更新的电子现金余额值小于电子现金余额上限，则卡片接受此命令并返回"9000"，则此充值成功，卡片更新卡内电子现金余额为新数值，终端记录并存储脚本处理结果并在下一个脚本通知报文中上送脚本结果至发卡行。

3.2.4　电子现金参数的修改

依据 JR/T 0025.13—2013，使用设置数据命令可以更新电子现金卡中的部分参数。发卡行主机在授权响应中以脚本形式构造并发送该命令。可以通过脚本命令更新的卡片电子现金参数有四个：电子现金余额、电子现金余额上限、电子现金单笔交易限额和电子现金重置阈值。其中，电子现金余额保存了可供脱机消费的剩余总额，对于每一笔成功的电子现金交易，卡片从中减去相应的授权金额，一旦授权金额超过了电子现金余额，则交易按照标准借记/贷记处理；电子现金余额上限表示在电子现金应用中，卡片充值所能达到的最高金额。

3.2.5　电子现金圈存日志

圈存日志是区别于交易日志的独立日志，它由卡片负责记录并保存。当卡片中的电子现金余额被设置数据命令成功改写时，卡片应当记录一条圈存日志。

写交易日志的记录时，采用循环覆盖方式，不会影响圈存日志；反之写圈存日志也不会影响交易日志。

记录圈存日志与设置数据命令应同时成功。若二者之一失败，则另一个操作应同时失败。

3.2.5.1　圈存日志的入口

圈存日志记录文件是一个定长循环记录文件。该文件的短文件标识符和记录个数在圈存日志入口数据元中规定。圈存日志入口的第 1 个字节定义了圈存日志记录文件的短文件标识符，圈存日志记录文件的短文件标识符取值范围应在 11 ～ 30 之间。JR/T 0025 推荐圈存日志的短文件标识符为 0x0C，圈存日志入口数据元应在选择应用的时候，由卡片在 ADF 的 FCI 中的 BF0C 模板返回。圈存日志入口的第 2 个字节定义了圈存日志记录个数。卡片应支持存储至少十条圈存日志。

圈存日志的内容在 JR/T 0025.13—2013 第 10.2 条中定义。

圈存日志格式和圈存日志记录在应用锁定后应仍可以被访问。

3.2.5.2　圈存日志的读取

圈存日志信息的读取包括逐条读取和一次性读取全部圈存日志信息两种：逐条读取可用于持卡人或发卡行查询圈存明细；一次性读取全部圈存日志可用于自助设备或者发卡行柜台获取由 MAC 保护的完整圈存日志，以便发生账户差错时为调账提供参考。两种方式分别使用下列步骤：

● 逐条读取

——执行应用选择，在 FCI 的发卡行自定义数据处获得圈存日志入口数据元。如果圈存日志入口数据元不存在，则表明应用不支持圈存日志功能；

——发送一条 GET DATA 命令取得圈存日志格式数据元；

——发送 READ RECORD 命令读圈存日志记录。

● 一次性读取全部圈存日志

——执行应用选择，在 FCI 的发卡行自定义数据处获得圈存日志入口数据元。如果圈存日志入口数据元不存在，则表明应用不支持圈存日志功能；

——发送 READ RECORD 命令读圈存日志记录。

圈存日志记录文件的读权限为自由读，写权限不公开，由卡片操作系统控制。

3.3　快速借记/贷记难点分析

3.3.1　可用脱机消费金额

可用脱机消费金额是卡片根据附加处理指明的脱机小额选项，动态计算得出的。

卡片附加处理要求卡片返回可用脱机消费金额，则卡要通过卡片附加处理指明的脱机小额选项（小额、小额和 CTTA、小额或 CTTA）计算可用脱机消费金额。如果没有指明任何一个选项，则卡要将可用脱机消费金额设置为零。

3.3.2　与通讯接口有关的判断

卡片应可以判断接触或非接触应用，根据应用给出不同的 PDOL，如借记/贷记在不同的应用下会有不同的 PDOL。

3.3.3　卡片附件处理中的风险检查

卡片附加处理支持三种检查：

（一）小额检查

检查交易是否能够脱机处理。

如果授权金额小于或等于电子现金单笔交易限额，同时在交易的电子现金余额中有足够的脱机消费可用金额，则交易进行脱机处理。

否则（即如果授权金额大于电子现金单笔交易限额或者交易没有足够的脱机消费可用金额）：

—— 如果可以联机处理，则卡片请求联机处理；

—— 如果不能联机处理，则卡片请求拒绝。

（二）小额和 CTTA 检查

检查交易是否能够脱机进行处理。

如果授权金额小于或等于电子现金单笔交易限额，并且交易的电子现金余额和 CTTA 可用资金都有足够的脱机资金，则交易脱机处理。

否则：

—— 如果可以联机处理，则卡片请求联机处理；

—— 如果不能联机，则卡片请求拒绝。

（三）小额或 CTTA 检查

检查交易能否脱机处理。

如果授权金额小于或等于单笔交易上限，并且电子现金余额或者 CTTA 中有足够的脱机资金，那么交易可以脱机处理。

否则：

—— 如果允许联机交易，那么卡片请求联机处理；

—— 如果不允许联机交易，那么卡片将请求拒绝。

对于该选项，可用脱机消费金额等于 CTTA 可用余额和电子现金余额的总和。

三种检查对于卡片制造商来说应全部实现，发卡行在个人化时应选且只应选其中的一种使用。

3.3.4 Read Record 命令处理

Read Record 命令属于规范中描述的命令情况 2 命令，所以需要注意的是在金融 IC 卡收到命令头正常处理以后必须向 TTL 返回数据和状态。金融 IC 卡必须用状态字"6Cxx"控制返回的数据。

3.3.5 金融 IC 卡动态签名的返回

在 qPBOC 交易中，如果金融 IC 卡私钥长度小于等于 1024 位，应当生成动态签名并在 GPO 响应中返回；如果金融 IC 卡私钥长度大于 1024 位，卡片应当在 GPO 时生成动态签名并在 READ RECORD 命令中返回，因为如果金融 IC 卡的私钥长度大于 1024 位，GPO 响应中没有足够空间返回动态签名。

3.3.6 交易时间限制

为了适应非接触脱机快速支付的要求，对于 qPBOC 脱机交易，交易时间应小于 500 毫秒。此处交易时间为一个完整的交易所占用的时间，即终端所占用的时间与卡片所占用的时间的总和。

3.3.7 fDDA 版本 01

原 JR/T 0025.12—2010 中定义的 fDDA 算法在 JR/T 0025.12—2013 中被定义为 fDDA 版本"00"。为了保护更多的数据元不被篡改，JR/T 0025.12—2013 定义了新的 fDDA 版本，即 fDDA 版本"01"。

对于符合本版本规范的卡片应同时支持"00"和"01"两种版本的 fDDA，具体使用的版本可根据终端给出的终端交易属性来决定，这么设计的原因是使得 PBOC3.0 的卡片在遇到 PBOC2.0 的终端时也能正常交易。

对于符合 JR/T 0025.12—2013 的读卡器应同时支持"00"和"01"两种版本的 fDDA。在 GPO 命令中，读卡器应向卡片表明支持"01"版本 fDDA 的能力。

对于版本"01"的 fDDA，卡片应将从读卡器 GPO 命令中取得的不可预知数、授权金额、交易货币代码，连接上卡片 ATC 和卡片认证相关数据共同用于动态签名的计算。

3.3.7.1 动态签名的产生

数据的连接和动态签名的产生与 JR/T 0025.7—2013 5.3.5.1 的第 2 步或第

17 部分 5.2.4.1 的第 2 步一致，以下内容除外：

- 终端动态数据元素不在 DDOL 中指定。JR/T 0025.7—2013 5.3.5.1 表 13 或 JR/T 0025.17—2013 5.2.4.1 表 9 中的终端动态数据应由表 3 – 11 指定的数据元素按顺序连接构成。如果任何要求的数据元素缺失，则 fDDA 失败。

在把卡片认证相关数据包含在终端动态数据之前，卡片应产生并填充不可预知数（卡片）和卡片交易属性到卡片认证相关数据中。

金融 IC 卡动态数据应包含表 3 – 12 中的内容。

表 3 – 11　　　　　　　用于输入 DDA 哈希算法的终端动态数据

标签	数据元素	长度	数据来源	版本 "00"	版本 "01"
9F37	不可预知数	4 字节	终端	√	√
9F02	授权金额	6 字节	终端		√
5F2A	交易货币代码	2 字节	终端		√
9F69	卡片认证相关数据	可变	卡片		√

表 3 – 12　　　　　　用于输入 DDA 哈希算法的金融 IC 卡动态数据

标签	数据元素	长度	数据来源	版本 "00"	版本 "01"
9F36	应用交易计数器	2 字节	卡片	√	√

3.3.7.2　动态签名的验证

为验证 fDDA 动态签名，读卡器应先后恢复出 CA 公钥、发卡行公钥和金融 IC 卡公钥。这一过程见 JR/T 0025 第 7 部分。

验证动态签名过程与 JR/T 0025 第 7 部分一致，以下内容除外：

- 终端根据卡片返回的卡片认证相关数据决定使用的 fDDA 签名算法；如未返回，则视为使用 "00" 版本的 fDDA 签名算法。

- 输入哈希算法的终端动态数据元素不在 DDOL 中指定，DDOL 对于 qP-BOC 是一个不可识别的数据，而是由 JR/T 0025.7—2013 表 B.1 指定的数据元素按顺序连接构成。终端可以将 JR/T 0025.7—2013 表 B.1 指定的标签理解为 "01" 版本的 fDDA 缺省的 DDOL。

注：卡片认证相关数据是变长数据。读卡器应使用卡片返回的整个卡片认证相关数据进行动态签名认证。

下列情况，fDDA 应失败：

- 应用交互特征指示卡片不支持 DDA。

- 支持 fDDA，但是支持 fDDA 所要求的数据缺失。

- 卡片请求的 fDDA 版本读卡器不支持。"00" 版 fDDA 和 "01" 版 fDDA 是本部分所支持的 fDDA 版本。

- 如终端支持 "01" 版本的 fDDA，且卡片返回的应用版本号标明卡片符合本版本规范，但是却返回了"00"版本的 fDDA 签名。

3.3.8　闪卡处理

3.3.8.1　什么是闪卡

消费闪卡是指非接脱机消费过程中，终端将最后一条 READ RECORD 命令发给卡片，卡片收到这条记录后，应进行扣款。但卡片可能刚扣款就离开了感应区，终端尚未来得及接收完卡片对这条记录的响应，导致无法进行脱机数据认证而交易拒绝。

一旦发生消费闪卡，终端应提示"请重刷"。此时持卡人应重新刷卡，终端读取卡片的相关参数，判断卡片是否已扣款，如卡片已扣款，则终端读取最后一条记录，继续完成后续流程。

3.3.8.2　闪卡处理流程

交易流程如图 3 - 1 所示。

（a）在交易时，终端首先判断是否存在未超时的闪卡记录，如有超时闪卡记录则删除，防止有"闪卡"记录常驻；如有未超时记录，则进入读取卡片步骤。

（b）如果终端在正常交易时，发现最后一条记录没有读取成功，首先应保存本笔交易的所有信息，至少包括 AFL、AIP、ATC、IAD、磁道二信息、主账号、动态签名数据、可用余额（以 GPO 返回的 9F5D 为准，是扣款之后的金额。第一币种等于 9F79 减授权金额，第二币种等于 DF79 减授权金额）、卡片交易属性、随机数，以上数据加上最后一条记录应为完整脱机交易的所有数据。并以屏幕文字方式和语音方式提示"请重刷"。

（c）持卡人重刷卡片，终端重新对卡片进行上电，并在选择 PPSE 和 AID 后，终端通过 Get Data 指令，读取卡片 ATC，并判断新读出的 ATC 是否与已保存的闪卡记录的 ATC 相等，如果均不相等，则发起 GPO，执行正常交易流程。

（d）通过读记录的方式，从卡片中读出卡号，判断是否是同一张卡，此时如果存在多个闪卡记录，则每个 ATC 匹配的闪卡记录都需要检查是否卡号匹配。如果不是，则发起 GPO，执行正常交易流程。

（e）终端首先读取卡片应用货币代码 9F51，和自己的交易货币代码 5F2A 比较，匹配则为第一货币，否则为第二货币。终端通过 Get Data 指令，读取卡片当前余额（第一货币读取 9F79、第二货币读取 DF79），并判断已保存的上笔交易余额 9F5D 是否等于当前余额 9F79/DF79，如果相等则扣款成功，否则发起 GPO，执行正常交易流程。

（f）终端读取 AFL 中的最后一条记录，如果读取成功则执行正常的后续流程；如果依然读取失败，则跳转到异常处理流程中的"请重刷"。

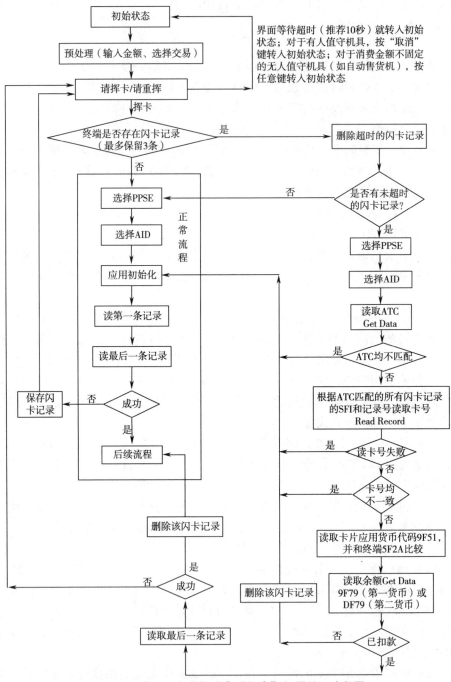

图 3－1 电子现金非接消费"闪卡"问题处理流程图

3.4 非接触小额扩展应用难点分析

3.4.1 扩展应用与借记/贷记、电子现金应用的关系

通常小额支付交易在终端上根据已知的授权金额一次完成，而在某些特定的场合下，在交易开始时，无法预知本次的授权金额，而需要在交易过程结束时，根据前后关联的信息参数，才能计算出所需要支付的金额。因为 qPBOC 应用流程无法满足这些需求，规范基于 qPBOC 的交易流程进行了进一步的扩展，新设计了非接触小额支付扩展应用规范，可以支持分段扣费和脱机预授权的功能。

非接触小额支付扩展应用，与 qPBOC 的交易流程兼容，与借记/贷记应用和电子现金应用在卡内以同一个卡片应用的形式存在，使用同一个应用 AID 进行识别，并且共用同一个卡内余额。如图 3-2 所示。

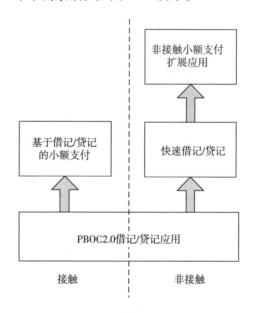

图 3-2 扩展应用与借记/贷记、电子现金应用的关系

3.4.2 非接小额扩展应用的闪卡处理

电子现金扩展应用产品实现机制是基于非接电子现金的基础，增加了对行业信息的处理，以满足分时、分段条件下的应用需求。扩展应用增加 GET TRANS PROVE 指令获取最近一笔卡片交易成功状态，相关流程如图 3-3 所示。

（a）持卡人重刷卡片，终端重新对卡片进行上电。

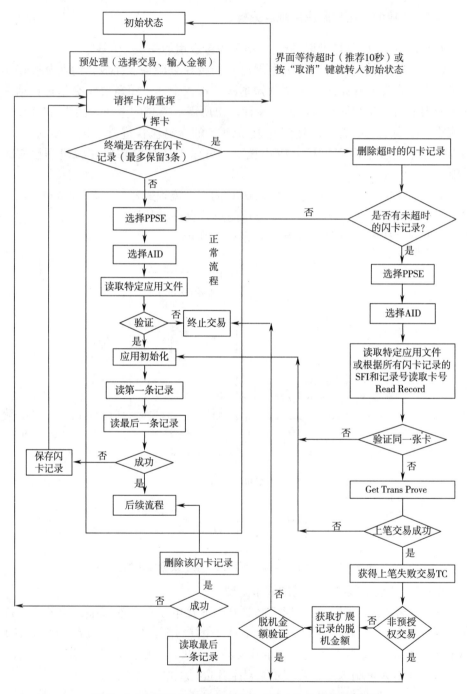

图 3－3　电子现金扩展应用产品"闪卡"问题处理流程

（b）终端可保留 N 条"闪卡"记录，N 可由收单机构根据行业需要设置，N＝1 到 3（默认值为 3）。保留的记录在超过一定时间后，终端需要删除记录，防止有"闪卡"记录常驻。超时时间可由收单机构根据实际场合进行设置，推荐 T＝60 秒。

（c）在选择 PPSE 和 AID 后，读取特定的扩展应用文件记录，判断是否是同一张卡发生闪卡，主要判断特定记录特定字段，因为闪卡的时候卡片已经完成 UPDATE CAPP DATA CACHE，相应的特定记录已更改。如果扩展应用文件记录不足以判断是同一张卡，可通过验证卡号进行判断。如果不是同一张卡，则发起 GPO，执行正常交易流程。

（d）终端通过 GET TRANS PROVE 指令获取最近一笔卡片成功完成的扩展应用交易的 TC，如果命令响应不成功，执行正常交易流程；如果命令响应成功，则终端继续判断该 TC 是否是最近一笔非预授权交易，脱机预授权交易 TC 为全零。脱机预授权完成和分段扣费均称"非预授权交易"。

（e）如果是脱机预授权交易，则读取特定的扩展应用文件记录的脱机金额，验证脱机金额是否正常扣除，如果正常扣除进入下一步。如发现异常（例如实际扣款金额与脱机预授权金额不符），则终止交易，由行业专业机构解决争议。

（f）终端读取 AFL 中的最后一条记录，如果读取成功则删除该闪卡记录，执行正常的后续流程；如果依然读取失败，则跳转到异常处理流程中的"请重刷"，可设置"请重刷"画面等待超时限制（建议 10 秒钟），超时则机具程序应跳转到起始状态，防止机具一直处于"请重刷"状态。

3.5 增强型算法难点分析

3.5.1 椭圆曲线算法概述

椭圆曲线密码系统，即基于椭圆曲线离散对数问题的各种公钥密码系统，最早于 1985 年由科比次（Koblitz）和米勒（Miller）分别独立地提出，椭圆曲线密码体制是建立在有限域上且是目前已知公钥密码体制中每比特安全强度最高的密码体制。与 RSA 等其他公钥密码体制相比，ECC 在同等长度的密钥下具有计算量小、储存空间占用少、处理速度快、带宽要求低、曲线资源丰富等优势，所以在硬件较弱的情况下用椭圆曲线密码算法对传输数据进行加密或签名仍能得到较高的安全性能和处理速度。

椭圆曲线离散对数问题 ECDLP 定义如下：给定素数 p 和椭圆曲线 E，对 $Q＝kP$，在已知 P、Q 的情况下求出小于 p 的正整数 k。可以证明，已知 k 和 P 计算 Q 比较容易，而由 Q 和 P 计算 k 则比较困难，至今没有有效的方法来解决这个问题，这就是椭圆曲线加密算法原理之所在。

椭圆曲线密码较短的密钥长度，意味着功耗较低、占用的通信带宽和和存储空间较少。带宽要求更低使 ECC 在无线网络领域具有广泛的应用前景。这些特点使得椭圆曲线尤其适用于金融 IC 卡、移动电话、电子商务和 Web 服务器等处理能力、存储空间、功耗或带宽等资源严格受限的环境。也可广泛应用在商业、政治、军事信息安全领域中，包括计算机网络安全客户端、CA 认证中心、网上证券交易、VPN、电子商务、电子政务、无线通讯与移动商务，医疗保险、交通管理、公安、机密文件的传递、军事信息的交换等。椭圆曲线加密算法以其高效率、高安全强度优势，将在这些领域的信息安全应用中发挥巨大作用。

3.5.2 基于椭圆曲线的 SM2 算法

SM2 算法是由国家密码管理局发布的我国商用公钥密码算法，是基于椭圆曲线离散对数问题的公钥密码算法。目前，我国在商用密码领域推荐的 SM2 密码算法的模长是 256 比特。

3.5.3 椭圆曲线算法与 RSA 算法比较

椭圆曲线密码体制与 RSA 相比，具有明显的优点：

（一）椭圆曲线密码体制具有较强的单比特安全性，以及较快速度。

表 3-13 给出了同样安全强度下，RSA 同椭圆曲线密钥的长度比较。表 3-14 给出了 ECC 和 RSA 的密钥对生成、签名和验证的速度对比。

表 3-13　　　　　　　　　RSA 和椭圆曲线密钥长度的比较

RSA 密钥长度	椭圆曲线密钥长度	RSA 与椭圆曲线密钥长度比
1024	160	7:1
2048	224	10:1
3072	256	12:1
7680	384	20:1

从表 3-13 中可以看出，就单比特安全性而言，每一比特椭圆曲线密码体制的密钥至少相当于 6 比特 RSA 密钥的安全性。ECC 在现有的几种公钥系统中，其抗攻击性具有绝对优势。椭圆曲线的离散对数计算复杂度目前是完全指数级，而 RSA 是亚指数级的。这体现在同等密钥量中，ECC 比 RSA 的每比特安全性能更高。

表 3-14　　　　　　　　　RSA 和 ECC 速度比较

	163 位 ECC（单位：ms）	1024 位 RSA（单位：ms）
密钥对生成	3.8	4708.3
签名	3.0（ECDSA）	228.4
验证	10.7（ECDSA）	12.7

从表 3 - 14 中可以看出，ECC 具有较大速度优势。同时 ECC 系统的密钥生成速度比 RSA 快百倍以上。因此在相同安全条件和计算资源下，ECC 有更高的加密性能。椭圆曲线密码体制这些特点，使得它比 RSA 算法有更强的竞争力和更广阔的应用前景，必将取代 RSA 算法成为下一代公钥密码体制标准。

（二）在同样的基域下，椭圆曲线密码具有更多的可选择性。

对给定的素数 p 和 q，它唯一地确定 RSA 算法。但是，椭圆曲线的群结构却非常丰富。在给定的基域 GF（q）下，通过改变曲线参数，可以得到不同的曲线，形成不同的有限群。这使得 ECC 的破解难度增大，更为安全。

3.5.4　SM2 算法与通用椭圆曲线算法比较

ECDSA 算法是由美国国家标准和技术局发布的数字签名标准算法。ECIES 算法是椭圆曲线 EIGamal 加密方案，是国际上比较通用的椭圆曲线加密方案。目前，EMVCO 在 EMV - SWG - N641r2 草案中分别采用 ECDSA、ECIES 算法作为替代 RSA 的签名算法和加解密算法。

3.5.4.1　SM2 签名算法与 ECDSA 算法比较

SM2 签名算法和 ECDSA 算法的比较如表 3 - 15 所示。

表 3 - 15　　　　　　　　SM2 签名算法和 ECDSA 算法的比较

	安全性	曲线参数选取	算法实现流程	算法速度（同等条件）
SM2 签名算法	基于离散对数难题	选择非特殊曲线参数	SM2 签名算法自有流程	和编程实现水平有关
ECDSA 算法	基于离散对数难题	在 256 模长，推荐特殊的椭圆曲线	ECDSA 是 NIST 标准流程	和编程实现水平有关
结论	有同等安全性	曲线参数不同，不能兼容	算法实现流程不同，不能兼容	由于 ECDSA 选取的特殊曲线，在实现上可以做简化和快速处理。ECDSA 的速度比 SM2 的签名/验签速度稍快

由表 3 - 15 可以得出在安全性上，SM2 算法和 ECDSA 算法具有同等级的安全性；在兼容性上，由于曲线参数选择和算法实现流程不同，SM2 算法和 ECDSA 算法是不能兼容的；而在处理速度上，由于 ECDSA 选取的特殊曲线，在实现上可以做简化和快速处理，因此 ECDSA 的速度比 SM2 的签名/验签速度稍快。

3.5.4.2　SM2 算法与 ECIES 算法比较

ECIES 算法是椭圆曲线 EIGamal 加密方案，是国际上比较通用的椭圆曲线加密方案。SM2 加密算法和 ECIES 算法的比较如表 3 – 16 所示。

表 3 – 16   SM2 加密算法和 ECIES 算法的比较

	安全性	曲线参数选取	算法实现流程	算法速度（同等条件）
SM2 加密算法	基于离散对数难题	选择非特殊曲线参数	算法自有（我国）流程	和编程实现水平有关
ECIES 算法	基于离散对数难题	在 256 模长，推荐特殊的椭圆曲线	ECIES 标准流程	和编程实现水平有关
结论	有同等安全性	曲线参数不同，不能兼容	算法实现流程不同，不能实现兼容	ECIES 的流程比 SM2 加密/解密流程简单，步骤少，因此，ECIES 的速度比 SM2 的加密/解密速度快

由表 3 – 16 可以得出在安全性上，SM2 算法和 ECIES 算法具有同等级的安全性；在兼容性上，由于曲线参数选择和算法实现流程不同，SM2 算法和 ECIES 算法是不能兼容的；而在处理速度上，由于 ECIES 的流程比 SM2 加密/解密流程简单，步骤少，因此，ECIES 的速度比 SM2 的加密/解密速度快。

3.6   PBOC3.0 与 EMV 规范的异同

从国际标准的发展情况来看，EMV 标准是框架性的技术标准，各大银行卡组织均以 EMV 标准为基础，完善细节并制定了各自的技术标准，并加以实施。PBOC3.0 也基于 EMV 的架构，定义了 PBOC 借记/贷记应用。

PBOC 规范在卡片和终端之间的接口方面与 EMV 规范保持良好的兼容性，在应用层面上，PBOC 规范则有自己独有的一些应用：如电子现金应用、电子现金双币支付应用、非接触式支付应用、非接触式小额支付扩展应用。EMV 方面并没有定义这些方面的应用。

PBOC 借记/贷记应用与 EMV 的借记/贷记应用兼容，但又存在一定的区别。区别是基于我国基本国情和实际应用的情况而增设的内容，充分体现了 PBOC 规范既与国际主流标准兼容，又与中国的国情特色相符。具体区别如下：

1. 安全部分

PBOC3.0 引入了 SM 算法标准，并根据采用算法的不同，规定了两种不同类型的新卡片，即单算法卡和双算法卡。单算法卡是指一张金融 IC 卡仅支持 SM2/SM3/SM4 算法的卡片，双算法卡则同时支持国密 SM2/SM3/SM4 算法以及国际标准的 RSA/SHA – 1 和 DES 算法。

SM 系列算法是指国家密码局公布的中国自主研发的商用密码算法和规范，在金融 IC 卡领域，SM 系列算法中的 SM2、SM3 和 SM4，分别对应国际通用密码算法中的 RSA、SHA – 1 和 3DES。

PBOC 新增加 DF69 标签作为 SM 算法选择指示器，以标识卡片是否支持 SM 算法，因此在卡片与终端的算法匹配上，将有表 3 – 17 所示的可能结果。

表 3 – 17 　　　　　　　　　　　　终端与卡片算法选择

终端算法支持 ＼ 卡片算法支持	仅支持 RSA/SHA – 1/3DES 算法的卡片	仅支持 SM 的单算法卡	双算法卡
仅支持 RSA/SHA – 1/3DES 算法的终端	RSA/SHA – 1/3DES 算法流程	拒绝交易或转联机交易	RSA/SHA – 1/3DES 算法流程
支持双算法的终端	RSA/SHA – 1/3DES 算法流程	SM 算法流程	SM 算法流程

PBOC 定义了过程密钥的生产方式不同于 EMV 的定义。除了定义 64 位分组加密算法的安全机制外，还特定定义了基于 128 位组加密算法的安全机制，包括安全报文认证码的计算方法，过程密钥计算方法以及子密钥的分散方法。并在卡片规范的发卡行应用数据中定义了算法标识来区分不同的算法。目的在于在标准上兼容国内私有算法。

2. 不支持脱机密文 PIN

PBOC 规范不支持 EMV 中的脱机密文 PIN 验证，但有如下的规定 "当金融 IC 卡读卡器和密码键盘分离时，为了 PIN 安全，终端应该在密码键盘上加密 PIN，并且在将 PIN 发送给金融 IC 卡读卡器时将 PIN 解密，然后通过 VERIFY 命令送给卡片进行核对比较"。

3. 增加持卡人证件验证

PBOC 规定终端可通过要求由服务员核对身份证件的方式进行持卡人身份验证。终端在读应用数据时从卡片中读取持卡人证件类型及号码，然后将证件类型及号码显示在屏幕上，并提示服务员要求持卡人出示相应证件，比较证件号码与终端显示的号码是否一致，以及证件与持卡人本人是否一致。如果都符合，则持卡人证件验证成功。

4. 卡片行为分析

在卡片行为分析方面，PBOC 详细定义了卡片执行的检查，见表 3 – 18。

表 3－18   PBOC 卡片执行的风险检查

风险管理检查	执行条件	结果（如果条件满足）
联机授权没有完成（上次交易）	有条件——如果支持发卡行脚本命令或发卡行认证则执行	请求联机处理，设置 CVR 指示位
上次交易发卡行认证失败（或上次交易发卡行认证强制但没有执行）	有条件——如果支持发卡行认证则执行	设置 CVR 指示位 检查 ADA，如果指明则请求联机处理
上次交易 SDA 失败	有条件——如果支持 SDA 则执行	设置 CVR 指示位
上次交易 DDA 失败	有条件——如果支持 DDA 则执行	设置 CVR 指示位
上次联机交易发卡行脚本处理	有条件——如果支持二次发卡则执行	在 CVR 中保存脚本命令的个数。 如果脚本处理失败（使用卡片内的发卡行脚本失败指示位），设置 CVR 指示位。ADA 中的设置决定交易是否联机处理
连续脱机交易下限频度检查	可选	如果限制数超过，请求联机处理 设置 CVR 中指示位
连续国际脱机交易（基于货币）频度检查	可选	如果限制数超过，请求联机处理 设置 CVR 中指示位
连续国际脱机交易（基于国家）频度检查	可选	如果限制数超过，请求联机处理 设置 CVR 中指示位
使用指定货币的累计脱机交易金额频度检查	可选	如果限制数超过，请求联机处理 设置 CVR 中指示位
累计脱机交易金额（双货币）频度检查	可选	如果限制数超过，请求联机处理 设置 CVR 中指示位 如果使用的货币是第二货币，需要先进行货币转换
新卡检查	可选	如果以前没有请求过联机本次可以申请联机 设置 CVR 中指示位
脱机 PIN 验证没有执行（PIN 尝试超过限制数）	可选	设置 CVR 中如果本次交易脱机 PIN 验证没有执行而且 PIN 尝试限制数在之前已经超过指示位 ADA 中设置这种情况下交易拒绝或请求联机

5. PBOC 定义了 CVR、ADA 的值

PBOC 定义 GENERATE AC 命令返回的数据中的发卡行应用数据包括以下内容：

■长度指针；

■分散密钥索引；

■密文版本信息；

■卡片验证结果；

■ 算法标识；

■ 联机处理。

PBOC 定义了发卡行认证数据为 10 字节：

■ ARPC；

■ 授权响应码。

6. 交易结束

PBOC 定义了在各种情况下的卡片数据复位情况，EMV 并没有详细定义，同时 PBOC 定义了在"请求联机操作，但是联机授权没有完成"情况下执行额外的风险管理。

7. 脚本处理

EMV 定义了标签为"71"和"72"的脚本模板，而 PBOC 规范仅适用标签为"72"的脚本模板。

8. 交易日志

PBOC 规定当卡片决定接受交易返回 TC 之前，卡片要进行交易明细记录。

日志入口数据元规定日志文件的短文件标识和记录数，PBOC 建议为"0B0A"。记录内容由日志格式决定。PBOC 建议如表 3 – 19 所示。

表 3 – 19　　　　　　　　PBOC 建议的日志格式

数据	标签	长度（单位：字节）
交易日期	"9A"	3
交易时间	"9F21"	3
授权金额	"9F02"	6
其他金额	"9F03"	6
终端国家代码	"9F1A"	2
交易货币代码	"5F2A"	2
商户名称	"9F4E"	20
交易类型	"9C"	1
应用交易计数器	"9F36"	2

所有数据由终端通过 PDOL 和 CDOL 传入卡片。

9. 读取圈存日志

PBOC3.0 新增加了圈存日志功能，EMV 没有此功能。此日志独立于交易日志，圈存日志由卡片负责存储、改写，终端应该能且仅能读取此日志并显示，不具有改写能力。

终端应支持圈存日志的读取，卡片支持一次性读取圈存日志和逐条读取的功能，POS 终端至少应支持逐条读取，并按照发卡行规定的圈存日志格式显示。

圈存日志入口与圈存日志数据元如表 3 – 20 所示。

表 3 – 20　　　　　　　　　　　圈存日志数据元

数据元	操作	标签	长度	格式
圈存日志入口	SELECT	DF4D	2	B16
圈存日志格式	GET DATA	DF4F	var	B

其中，圈存日志入口 DF4D 在终端选择应用时，由卡片 ADF 中 FCI 的 BF0C 模板返回；圈存日志格式由发卡行决定，规范推荐圈存日志格式应当至少包含以下交易要素。如表 3 – 21 所示。

表 3 – 21　　　　　　　　　　　圈存日志格式推荐值

标签	数据	长度
9A	交易日期	3
9F21	交易时间	3
9F1A	终端国家代码	2
9F4E	商户名称	20
9F36	应用交易计数器	2

4　PBOC3.0 安全体系介绍

4.1　密码学基础

4.1.1　密码学的发展历史

密码学作为信息保护的学科，起源于数千年以前，早期的密码学被称为经典密码学。经典密码学的加密方法主要是使用笔和纸，或者简单的机械辅助工具。它最早应用在军事和外交领域。

随着工业革命的兴起，密码学也进入到了机器时代、电子时代。与人的手工操作相比，电子密码机使用了更加先进和复杂的加密手段，同时也拥有更高的加密解密效率。计算机的出现使密码进行高度复杂的运算成为可能。直到1976 年，为了适应计算机网络通信和商业保密要求产生了公开密钥密码理论，密码学才在真正意义上取得了重大突破，进入现代密码学阶段。现代密码学改变了古典密码学单一的加密手法，融入了大量的数论、几何、代数等丰富知识，使密码学得到更蓬勃的发展，随着计算机系统的普及，密码学也逐渐进入人们的生活中。

现代密码学时期，世界各国对密码的研究高度重视，密码学已经成为结合物理、量子力学、电子学、语言学等多个专业的综合科学，出现了如"量子密码"、"混沌密码"等先进理论，在信息安全中起着十分重要的角色。

古典密码学包含两个互相对立的分支，即密码编码学（Cryptography）和密码分析学（Cryptanalytics）。前者编制密码以保护秘密信息，而后者则研究加密消息的破译以获取信息。二者相辅相成，共处于密码学的统一体中。现代密码学除了包括密码编码学和密码分析学外，还包括安全管理、安全协议设计、散列函数等内容。密码学的进一步发展，涌现了大量的新技术和新概念，如零知识证明、盲签名、量子密码学等。

4.1.2　密码算法分类及原理

常见的加密算法可以分成三类，对称加密算法、非对称加密算法和 Hash算法。

4.1.2.1　对称加密

对称加密指加密和解密使用相同密钥的加密算法。对称加密算法的优点在于加解密的高速度和使用长密钥时的难破解性。常见的对称加密算法有 DES、

3DES、DESX、Blowfish、IDEA、RC4、RC5、RC6、SM4 和 AES。

DES（Data Encryption Standard）算法的优点是数据加密标准，速度较快，适用于加密大量数据的场合。

3DES（Triple DES）算法是基于 DES，对一块数据用三个不同的密钥进行三次加密，强度更高。

SM4 算法来自于无线局域网 SM 算法 SMS4，后被定义为 SM4 作为密码行业标准发布。SM4 是一个分组对称密钥算法，明文、密钥、密文都是 16 字节，加密和解密密钥相同。通过 32 次循环的非线性迭代轮函数来实现加密和解密。其中包括非线性变换 S 盒，以及由移位异或构成的线性变换。除了 256 字节的 S 盒之外，还定义了另外两组参数 FK 以及 CK。

AES（Advanced Encryption Standard）高级加密标准，是下一代的加密算法标准，速度快，安全级别高。2000 年 10 月，NIST（美国国家标准和技术协会）在 15 种候选算法中选出了一项新的密钥加密标准：Rijndael（即后来的 AES）。Rijndael 是在 1999 年下半年，由研究员 Joan Daemen 和 Vincent Rijmen 创建的。AES 正日益成为加密各种形式的电子数据的实际标准。美国标准与技术研究院（NIST）于 2002 年 5 月 26 日制定了新的高级加密标准（AES）规范。AES 算法基于排列和置换运算，是一个迭代的、对称密钥分组的密码，它可以使用 128 位、192 位和 256 位密钥，并且用 128 位（16 字节）分组加密和解密数据。通过分组密码返回的加密数据的位数与输入数据相同。迭代加密使用一个循环结构，在该循环中重复置换和替换输入数据。如表 4-1 所示。

表 4-1 　　　　　　　　　　　　AES 和 3DES 比较

算法名称	算法类型	密钥长度	速度	解密时间 （机器每秒尝试 255 个密钥）	资源消耗
AES	对称 block 密码	128 位、192 位、256 位	高	1490000 亿年	低
3DES	对称 feistel 密码	112 位或 168 位	低	46 亿年	中

4.1.2.2　非对称加密

非对称加密指加密和解密使用不同密钥的加密算法，也称为公私钥加密。假设两个用户要加密交换数据，双方交换公钥，使用时一方用对方的公钥加密，另一方即可用自己的私钥解密。由于公钥是可以公开的，用户只要保管好自己的私钥即可，因此加密密钥的分发将变得十分简单。同时，由于每个用户的私钥是唯一的，其他用户除了可以通过信息发送者的公钥来验证信息的来源是否真实，还可以确保发送者无法否认曾发送过该信息。常见的非对称加密算法：RSA、ECC、Diffie - Hellman、El Gamal、DSA（数字签名用）和 SM2。

RSA 加密算法是一种非对称加密算法，1977 年由 Ron Rivest、Adi Shamirh 和 Len Adleman 在美国麻省理工学院开发的。RSA 取名来自三位开发者的首字母。RSA 是目前最有影响力的公钥加密算法，已被 ISO 推荐为公钥数据加密标准。RSA 算法基于一个十分简单的数论事实：将两个大素数相乘十分容易，但那时想要对其乘积进行因式分解却极其困难，因此可以将乘积公开作为加密密钥。今天只有短的 RSA 钥匙才可能被强力方式解破。到 2008 年为止，世界上还没有任何可靠的攻击 RSA 算法的方式。只要其钥匙的长度足够长，用 RSA 加密的信息实际上是不能被解破的。但在分布式计算和量子计算机理论日趋成熟的今天，RSA 加密安全性受到了挑战。2010 年 RSA-768 私钥被成功分解，2007 年使用 SNFS 分解了 1039 位长的特殊整数。因此 NIST 建议，1024 位密钥只能使用到 2010 年底。

椭圆曲线密码学（Elliptic Curve Cryptography，ECC）是基于椭圆曲线数学的一种公钥密码的方法。椭圆曲线在密码学中的使用是在 1985 年由 Koblitz 和 Miller 分别独立提出的。ECC 的主要优势是在某些情况下它比其他的方法使用更小的密钥却提供相当的或更高等级的安全。缺点之一是加密和解密操作的实现比其他机制花费的时间长。

SM2 算法是中国国家密码管理局编制的一种商用密码非对称算法，基于 ECC 算法。安全性与 Nist Prime256 相当。与 ECC 的缺点一样，性能较低。2010 年，国家密码管理局公开了 SM2 算法。

4.1.2.3　Hash 算法

Hash 算法特别的地方在于它是一种单向算法，用户可以通过 Hash 算法对目标信息生成一段特定长度的唯一的 Hash 值，却不能通过这个 Hash 值重新获得目标信息。因此 Hash 算法常用于不可还原的密码存储、信息完整性校验等。

常见的 Hash 算法有 MD2、MD4、MD5、HAVAL、SHA、SHA-1、HMAC、HMAC-MD5、HMAC-SHA1 和 SM3。

SHA-1 算法于 1993 年由美国国家标准和技术协会（NIST）提出，并作为联邦信息处理标准（FIPS PUB 180）公布；1995 年又发布了一个修订版 FIPS PUB 180-1，通常称之为 SHA-1。SHA-1 是基于 MD4 算法的，并且它的设计在很大程度上是模仿 MD4 的。现在已成为公认的最安全的散列算法之一，并被广泛使用。

SM3 算法是国家密码管理局编制的一种商用密码摘要算法，安全性与效率与 SHA256 相当。2010 年，国密局公开了 SM3 算法。

4.1.3　密钥系统安全的重要性

4.1.3.1　密钥管理系统

密钥管理包括密钥的产生、分配、存储、保护、销毁等环节，密码学的一个原则是算法可以公开，秘密寓于密钥之中，所以密钥管理在密码系统中至关重要。各级银行对密钥的安全控制和管理，是应用系统安全的关键。

密钥的管理涉及以下流程：

1. 密钥生成

密钥长度应该足够长。选择好密钥，避免弱密钥。密钥生成可以通过在线或离线的交互协商方式实现，如密码协议等。

2. 密钥分发

一般使用两种密钥：密钥加密密钥和数据密钥。密钥加密密钥加密其他需要分发的密钥；而数据密钥只对信息流进行加密。密钥加密密钥一般通过手工分发。为增强保密性，也可以将密钥分成许多不同的部分然后用不同的信道发送出去。

3. 验证密钥

密钥附着一些检错和纠错位来传输，当密钥在传输中发生错误时，能很容易地被检查出来，并且如果需要，密钥可被重传。

4. 更新密钥

当密钥需要频繁地改变时，进行新的密钥分发十分困难，一种更容易的解决办法是从旧的密钥中产生新的密钥，有时称为密钥更新。

5. 密钥存储

密钥可以存储在磁条卡、智能卡中，也可以把密钥平分成两部分，一半存入终端，另一半存入 ROM 密钥。还可采用类似于密钥加密密钥的方法对难以记忆的密钥进行加密保存。

6. 备份密钥

密钥的备份可以采用密钥托管、秘密分割、秘密共享等方式。

7. 密钥有效期

加密密钥不能无限期使用，不同密钥应有不同有效期。数据密钥的有效期主要依赖数据的价值和给定时间里加密数据的数量，价值与数据传送率越大所用的密钥更换越频繁。密钥加密密钥无须频繁更换，因为它们只是偶尔地用作密钥交换。在某些应用中，密钥加密密钥仅一个月或一年更换一次。

8. 销毁密钥

如果密钥必须替换，旧密钥就必须销毁，而且必须物理地销毁。

4.1.3.2　加密机

密钥服务、存储和备份推荐采用加密机的形式。

加密机是通过国家商用密码主管部门鉴定并批准使用的国内自主开发的主机加密设备，加密机和主机之间使用 TCP/IP 协议通信，所以加密机对主机的类型和主机操作系统无任何特殊的要求。加密机主要有四个功能模块。

1. 硬件加密部件

硬件加密部件主要的功能是实现各种密码算法，安全保存密钥，例如 CA 的根密钥等。

2. 密钥管理菜单

通过密钥管理菜单来管理主机加密机的密钥，管理密钥管理员和操作员的口令卡。

3. 加密机后台进程

加密机后台进程接收来自前台 API 的信息，为应用系统提供加密、数字签名等安全服务。加密机后台进程采用后台启动模式，开机后自动启动。

4. 加密机监控程序和后台监控进程

加密机监控程序负责控制加密机后台进程并监控硬件加密部件，如果加密部件出错则立即报警。

加密机支持目前国际上常用的多种密码算法，支持的公钥算法有：RSA、DSA、椭圆曲线密码算法、Diffe Hellman；支持的对称算法有：SDBI、DES、I-DEA、RC2、RC4、RC5；支持的单向散列算法有：SDHI、MD2、MD5、SHA1。

4.1.4 密码学的实际应用

密码学已经渗透到生活的方方面面，从 Web 浏览器和电子邮件程序，到手机、银行卡、汽车，甚至包括器官移植。在不久的将来，将看到密码学更多令人激动不已的新应用，比如防伪的射频识别（RFID）标签，或车对车的通信。

4.2 金融 IC 卡安全体系架构

4.2.1 金融 IC 卡安全体系总体概述

金融 IC 卡的安全包括芯片安全、嵌入式软件安全和应用安全三个方面：

1. 芯片安全

芯片安全包括：金融 IC 卡芯片本身的物理特性上的安全性，通常指对一定程度的应力、化学、电气、静电作用的防范能力；对外来的物理攻击的抵抗能力，要求金融 IC 卡芯片应能防止复制、篡改、伪造或截听等。

2. 嵌入式软件安全

常用的嵌入式软件安全措施有：存储器分区保护，一般将金融 IC 卡中存储器的数据分成 3 个基本区，即公开区、工作区和保密区；用户鉴别，用户鉴别又叫个人身份鉴别，一般有验证用户个人识别 PIN，生物鉴别，手写签名。

3. 应用安全

指装载在金融 IC 卡通用平台上的各种应用的安全，以及相互间的独立性等。

中国人民银行已经制定了芯片和嵌入式软件的相关安全规范。分别对芯片和嵌入式软件提出了安全功能要求、安全保证要求和防攻击要求。

针对芯片，中国人民银行已经发布了《芯片安全规范第 1 部分：芯片集成电路安全》规范，并已经开展了针对金融 IC 卡芯片安全的 31 项测试。

针对嵌入式软件，中国人民银行已经发布了《芯片安全规范第 2 部分：嵌入式软件规范》规范，并已经开展了针对金融 IC 卡嵌入式软件安全的 19 项测试。

4.2.2 金融 IC 卡芯片安全体系

金融 IC 卡芯片包括由处理单元、安全组件、I/O 接口（接触和/或非接触）、易失性和/或非易失性存储器（属于硬件部分）等组成的集成电路，以及由集成电路设计者/生产者加入的专用软件。如图 4-1 所示。

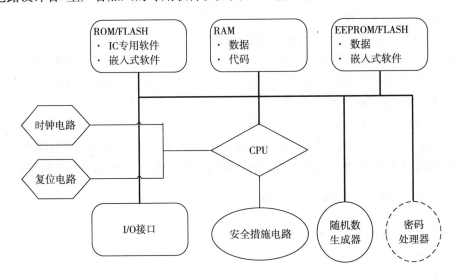

图 4-1 常见金融 IC 卡芯片结构

对金融 IC 卡芯片的威胁分为如下几个方面：

1. 物理威胁

对集成电路的物理探测：攻击者可能对金融 IC 卡芯片实施物理探测，以获取金融 IC 卡芯片的设计信息和操作内容。对集成电路的物理更改：攻击者可能对金融 IC 卡芯片实施物理更改，以获取金融 IC 卡芯片的设计信息和操作内容，或者改变安全功能及安全功能数据，从而非法使用金融 IC 卡芯片。

2. 逻辑威胁

缺陷插入：攻击者可能通过反复地插入选定的数据，并观察相应的输出结果，从而获得金融 IC 卡芯片安全功能或用户相关的信息。错误输入：攻击者可能通过引入无效的输入数据来危及金融 IC 卡芯片的安全功能数据的安全。未授权程序装载：攻击者可能利用未授权的程序探测或修改金融 IC 卡芯片安全功能代码及数据。

3. 与访问控制相关的威胁

非法访问：使用者或攻击者可能在未经信息或资源的拥有者或责任者许可的条件下对信息或资源进行访问。对初始使用权的欺骗：攻击者可能通过未授权使用新的或未发行的金融 IC 卡芯片而非法获得金融 IC 卡芯片的信息。

4. 与不可预测的相互作用相关的威胁

使用被禁止的生命周期功能：攻击者可能会利用相关命令，尤其是测试和调试命令来获取金融 IC 卡芯片安全功能数据或敏感的用户数据，这些命令在智能卡生命周期的以往某些阶段是必要的，但在现阶段是被禁止的。

5. 有关密码功能的威胁

密码攻击：攻击者可能实施密码攻击或穷举攻击危及金融 IC 卡芯片的安全功能。

6. 监控信息的威胁

信息泄露：金融 IC 卡芯片必须提供控制和限制金融 IC 卡芯片信息泄露的方法，以免有用的信息暴露在电源、地面、时钟、复位或者 I/O 线路中。攻击者可对正常使用期间金融 IC 卡芯片泄露的信息加以利用。综合分析，相关性分析：攻击者可能观察到一个实体使用的多种资源和服务，联系这些使用，便可推导出这个实体希望保护的安全功能数据。

7. 各种其他威胁

环境压力：攻击者可通过将金融 IC 卡芯片暴露在有压力的环境下来达到向安全功能数据引入错误的目的。克隆：攻击者可能克隆部分或全部金融 IC 卡芯片的功能以开发进一步的攻击手段。金融 IC 卡芯片的更改和重新使用：攻击者在原始载体上修改金融 IC 卡芯片并伪装成原始的金融 IC 卡芯片从而非法使用用户数据。管理者权力滥用：管理者或其他特权用户可能通过执行暴露金融 IC 卡芯片安全功能或受保护数据的操作而威胁其安全特性。一个特权用户或管理者可以实施基于上述所有威胁的攻击。

金融 IC 卡芯片安全体系包括如下内容：

安全功能要求：

1. 安全审计：安全警告；潜在侵害分析等。

2. 密码支持：密码运算等。

3. 用户数据保护：子集访问控制；基于安全属性的访问控制；基本内部传

输保护等。

4. 标识和鉴别：用户属性定义；鉴别定时；标识定时等。

5. 安全管理：安全功能行为的管理；安全属性的管理；静态属性初始化等。

6. 安全功能保护：内部安全功能数据传送的基本保护；物理攻击抵抗；功能恢复等。

7. 资源利用：受限容错等。

安全保证要求：

1. 配置管理：管理自动化；生产支持；跟踪配置管理等。

2. 交付和运行：修改检测；安装、生成和启动过程等。

3. 开发：安全定义的外部接口；安全加强的高层设计；模块化；非形式化芯片安全策略等。

4. 指导性文档：管理员指南；用户指南等。

5. 生命周期支持：安全措施标识；开发者定义生命周期模型；明确定义的开发工具等。

6. 测试：范围分析；功能测试；独立性测试等。

7. 脆弱性评定：分析确认；安全功能强度评估；中级抵抗力等。

4.2.3 金融IC卡嵌入式软件安全体系

金融IC卡嵌入式软件是指封装在芯片卡里但不是芯片设计方开发的软件。该嵌入式软件负责芯片卡IC的通用功能，例如操作系统、通用程序和解释器（芯片卡基础软件BS），以及应用专用嵌入式软件（芯片卡应用软件AS）。芯片卡嵌入式软件在嵌入式软件开发阶段设计，在卡片生命周期中的IC制造和测试阶段或卡片生命周期以后阶段中被装载到智能金融IC卡中。

金融IC卡嵌入式软件分为两种：

1. 芯片卡里的所有应用在发行时已知，典型芯片卡的封闭架构如图4-2所示。

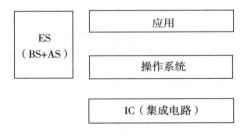

图4-2 芯片卡封闭架构

2. 卡片发行后可接受新应用。在虚拟机上运行的应用可使用沙箱或 ADV_ ARC 安全域。典型芯片卡的开放架构如图 4-3 所示。

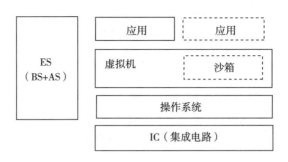

图 4-3　芯片卡封闭架构

金融 IC 卡嵌入式软件安全体系包括如下内容：

安全功能要求包括：审计列表生成；潜在侵害分析；密钥生成；密钥访问；密码运算；子集信息流控制；基本内部传输保护；静态属性初始化；撤销；内部安全功能修改的检测；防止物理攻击；功能恢复；重放检测；安全策略的不可旁路性等。

安全保证要求包括：配置管理自动化；修改检测；模块化；描述性底层设计；管理者指南；用户指南；明确定义的开发工具；测试高层设计；独立性测试；分析确认；安全功能强度评估；高级抵抗力等。

嵌入式软件的安全建立在金融 IC 卡芯片安全的基础上，对软件的防护性进行了进一步的要求。

4.2.4　金融 IC 卡应用安全体系

近年来金融 IC 卡应用领域扩展迅速，在电信及网络通信、建设及公共服务、劳动和社会保障、公安、银行、交通物流、电子口岸、税务等多领域有广泛的使用，一卡多应用的需求越来越大。因此，金融 IC 卡应用安全日益受到重视。

金融 IC 卡应用安全主要保证行业应用的安全，具有很强的行业特征，所以应充分利用金融 IC 卡芯片和嵌入式软件提供的安全策略。

为保证金融应用安全，中国人民银行制定的《中国金融集成电路（IC）卡规范》在交易的各个环节引入了安全机制，包括脱机数据认证、处理限制、终端风险管理、终端行为分析、卡片行为分析、发卡行认证等。

* 脱机数据认证是应用安全体系中重要部分的，是验证借记/贷记金融 IC 卡的有效手段。消费者在使用金融 IC 卡进行持卡消费的时候，布置在商家的 POS 系统会与金融 IC 卡交互完成脱机数据认证工作，判断该卡是否被恶意篡改

过或非法复制。在PBOC3.0中定义了两种脱机数据认证的方式，即静态数据认证和动态数据认证。

静态数据认证（简称SDA），由终端验证金融IC卡中的数字签名来完成。其目的是确认存放在金融IC卡中关键的静态数据的合法性，以及可以发现在卡片个人化以后，对卡内的发卡行数据未经授权的改动，能有效地检测金融IC卡内关键静态数据的真实性。

动态数据认证（简称DDA）。在动态数据认证过程中，终端验证卡片上的静态数据以及卡片产生的交易相关信息的签名，DDA不仅能确认卡片上的发卡行应用数据自卡片个人化后没有被非法篡改；还能确认卡片的真实性，防止卡片的非法复制。

DDA可以是标准动态数据认证或复合动态数据认证/应用密文生成（CDA）。

- 处理限制的目的是终端通过判断终端和卡片数据为后续交易结果的确定提供依据。处理限制中，终端会判断卡片是否在有效期内，交易是否国际交易，卡片是否支持当前交易类型等。

- 终端风险管理的目的是为大额交易提供了发卡行授权，确保芯片交易可以周期性地进行联机处理，防止过度欠款和在脱机环境中不易察觉的攻击。终端风险管理过程中会进行一系列的金额和频度检查，确保交易在可控范围之内。

- 终端行为分析的目的是终端通过发卡行和收单行预先制定的规则，判断该交易是否应该批准为脱机交易、拒绝或转为联机。发卡行和收单行可以根据实际情况设定交易是否被批准的规则。

- 卡片行为分析是让金融IC卡可以执行自身风险管理，通过频度检查和其他相关参数的检查，以决定联机、脱机或拒绝交易。

- 发卡行认证是指发卡行发送数据给卡片让卡片验证发卡行真实性。

通过以上金融IC卡应用安全体系的建立，可以有效地保证收单行、发卡行、持卡人及支付系统免受欺诈。

4.3 联机安全认证

4.3.1 联机安全认证目的

联机安全认证使发卡行后台可以根据基于后台的风险管理参数检查终端上送的清算报文，并授权批准或拒绝交易。除了传统磁条卡的联机欺诈和信用检查外，发卡行后台授权系统还可以使用卡片生成的动态密文进行联机卡片认证，判断卡片的真实性。

发卡行的返回数据中除了包括发卡行认证数据外，还可以包含对卡片的发行后更新命令脚本，其中发卡行认证数据包含授权响应密文（AQPC），该密文可以用于卡片对发卡行的合法性进行认证。

4.3.2 联机安全认证中的密码算法及识别方法

在联机安全认证过程中，发卡行使用的密码算法为对称密钥算法，PBOC3.0规范中定义了两种算法，分别为国际 3DES 算法和国密 SM4 算法。发卡行后台根据终端上送报文中的发卡行应用数据元（9F10）中的算法标识来确定具体使用哪一种算法。

发卡行应用数据中算法标识的位置请参见 JR/T 0025.5—2013 表 A.1 卡片和发卡行的数据元描述。

算法标识定义了卡片计算应用密文和安全报文采用的算法，长度为 1 个字节，取值情况见表 4－2。

表 4－2 算法标识

算法	值（16 进制）
3DES	01
SM4	04

4.3.3 联机安全认证流程

在终端支持联机，并且卡片支持发卡行认证的情况下，联机安全认证包括联机请求处理、联机响应处理以及发卡行认证。联机安全认证流程图如 4－4 所示。

具体说明如下：

（1）终端在发送给卡片的第一个 GENERATE AC 命令中请求 TC 或 ARQC（复合动态数据的处理本部分不做描述）。

（2）卡片返回密文信息数据、发卡行应用数据以及其他等数据。

（3）终端收到卡片的响应数据，并且与部分终端数据共同组成交易上送报文数据（55 域）通过网络上送银行后台。

（4）发卡行后台对上述报文数据进行校验，包括传统磁条卡交易的风险检查以及金融 IC 卡新增的风险检查，针对金融 IC 卡，发卡行后台需要做的检查有：

（a）ARQC 的校验；发卡行后台根据上述报文中发卡行应用数据中标识的密钥索引和算法标识来计算 ARQC，与卡片上述的密文进行校验。

（b）发卡行后台根据检查结果，生成授权响应码并根据具体算法计算 ARPC，统一作为发卡行认证数据返回给终端。其中授权响应码表示发卡行对交易的授权结果，如批准交易、拒绝交易或发卡行要求的授权参考。

（c）如果发卡行要进行金融 IC 卡中数据的修改，会生成发卡行脚本与发卡

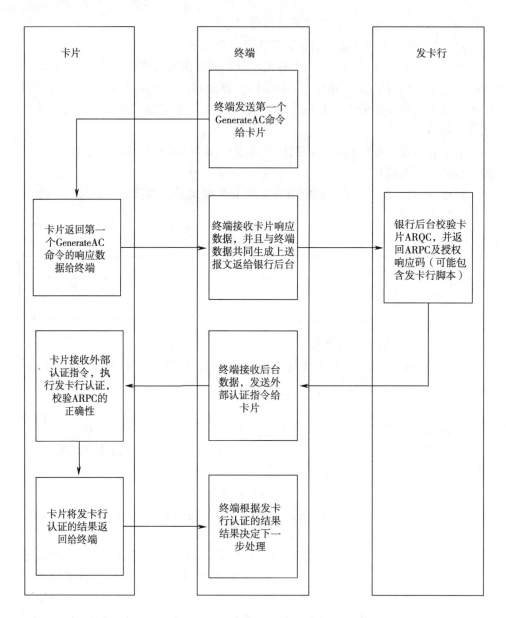

图4-4 联机安全认证流程图

行认证数据同步下发。

（5）终端接收来自发卡行主机的响应数据，并根据卡片的配置，决定进行发卡行认证。终端发送外部认证命令（EXTERNAL AUTHENTICATE），将发卡行认证数据（ARPC）及两字节的授权响应码发给卡片。

（6）卡片执行发卡行认证，采用相同的算法计算 ARPC，验证其正确性，并返回对应的命令响应给终端。

（7）终端根据卡片返回的响应码执行后续处理。

本部分只描述了联机认证的大概流程，具体终端对交易状态信息（TSI）的置位以及卡片对卡片验证结果（CVR）的置位，请参见规范 JR/T 0025.6—2013 7.11 联机处理和 JR/T 0025.5—2013 15 联机处理。

4.3.4　联机安全认证密文计算过程说明

联机安全认证过程中涉及的密文计算有两个环节，分别是应用密文（AC）和授权响应密文（ARPC）的生成，根据发卡行应用数据中的算法标识，可分别采用 3DES 和 SM4 两种算法进行计算。

应用密文（AC）的计算过程：

数据源：金融 IC 卡将通过"生成应用密文"（GENERATE AC）命令或其他命令从终端传输到金融 IC 卡的数据以及金融 IC 卡内部访问的数据共同组成了数据源，具体包含的数据源选择，见 JR/T 0025.5 附录 D.1。

应用密文生成的方法是以一个唯一的 16 字节的金融 IC 卡应用密文（AC）子密钥 MKAC 以及按上述描述选择的数据作为输入。

对于采取 3DES 算法的卡片，按以下两步计算 8 字节的应用密文：

（1）从金融 IC 卡应用密文（AC）子密钥 MKAC 和两字节的金融 IC 卡应用交易计数器作为输入，分散得到 16 字节的应用密文过程密钥 SKAC，使用 JR/T 0025.7—2013 11.1.3 过程密钥产生中指明的过程密钥产生函数。

（2）使用上一步分散得到的 16 字节的应用密文过程密钥并将 JR/T 0025.7—2013 11.1.2 报文鉴别码中指明的 MAC 算法应用到经选择的数据来生成 8 字节的应用密文。

对于采取 SM4 算法的卡片，则按照以下两步计算 8 字节的应用密文：

（1）以金融 IC 卡应用密文（AC）子密钥 MKAC 和两字节的金融 IC 卡应用交易计数器作为输入，使用 JR/T 0025.17—2013 8.1.3 过程密钥产生中描述的算法，生成 16 字节的应用密文过程密钥 SKAC。

（2）使用上一步生成的 16 字节应用密文过程密钥 SKAC 和"经选择的数据"作为输入，按照 JR/T0025.17—2013 8.1.2 报文鉴别码中指明的 MAC 算法计算得到应用密文（TC、ARQC 或 AAC）。

授权响应密文（ARPC）的计算过程：

生成 8 字节的授权响应密文 ARPC 的方法是将 16 字节的应用密文过程密钥 SKAC（见上文）按照算法标识指明的对称加密算法对 8 字节长的应用密文（ARQC）和 2 字节的授权响应码（ARC）进行加密。

采用 3DES 对称加密算法，见 JR/T 0025.7—2013 12.1 对称加密算法描述，计算过程如下：

（1）在 2 字节的 ARC 的后面补上 6 个"00"字节来获得一个 8 字节的数 X：= （ARC ‖ "00" ‖ "00" ‖ "00" ‖ "00" ‖ "00" ‖ "00"）。

（2）计算 Y：= ARQC ⊕ X。

（3）计算 ARPC。

基于 64 位分组加密算法获得 8 字节的 ARPC

ARPC：= ALG（SKAC）[Y]

基于 128 位分组加密算法获得 16 字节 ARPC

ARPC：= ALG（SKAC）[Y ‖ "00" ‖ "00" ‖ "00" ‖ "00" ‖ "00" ‖ "00" ‖ "00" ‖ "00"]

采用 SM4 对称加密算法，见 JR/T 0025.17—2013　9.1 对称加密算法描述，计算过程如下：

（1）在 2 字节的 ARC 的后面补上 6 个"00"字节来获得一个 8 字节的数 X：= （ARC ‖ "00" ‖ "00" ‖ "00" ‖ "00" ‖ "00" ‖ "00"）。

（2）计算 Y：= ARQC ⊕ X。

（3）计算 ARPC：

将 Y 左对齐后面补 8 个字节 00 形成 D；

D：= Y ‖ "00" ‖ "00" ‖ "00" ‖ "00" ‖ "00" ‖ "00" ‖ "00" ‖ "00"

基于 16 字节分组加密算法获得 16 字节 ARPC0；

ARPC0：= SM4（SKAC）[D]；

取 ARPC0 的左边 8 字节得到 ARPC。

4.4　脱机数据认证

4.4.1　脱机数据认证目的

脱机数据认证是终端采用公钥技术来验证卡片数据，从而确保金融 IC 卡中写入的重要数据正确性的过程，此外，特定的脱机数据认证方式也用于防止伪卡交易，确保交易的安全性。

4.4.2　脱机数据认证类型

脱机数据认证有两种方式实现：

- 静态数据认证（SDA）

- 动态数据认证（DDA）

其中 DDA 又有如下几种实现方式：

（1）标准动态数据认证（DDA）

（2）复合动态数据认证（CDA）

（3）快速动态数据认证（fDDA）

在 SDA 过程中，卡片里写入的静态数据的有效性可以被终端验证，确保重要数据在持卡人的使用过程中没有被恶意修改。

在 DDA 过程中，不仅可以实现上述 SDA 对静态数据的验证，通过卡片动态签名数据的生成还可以防止伪卡进行交易。

CDA 是一种特殊的动态数据认证，与标准动态数据认证 DDA 相比，在金融 IC 卡生成动态数据签名时签名数据有所不同，可防止当前交易数据不被篡改。

fDDA 用来验证非接快速 PBOC（qPBOC）脱机交易时卡片的合法性，功能与标准 DDA 完全相同，只是为了满足快速交易速度的要求，在执行流程上有所差别。

在交易过程中仅执行一种脱机数据验证方式，三种验证方式的优先级为：CDA、标准 DDA 和 SDA。

卡片支持 SDA、DDA 还是 CDA 可以通过卡片个人化过程中写入数据 AIP 来进行标识。

4.4.3　SDA/DDA/CDA/fDDA 的具体流程

在描述脱机数据认证流程前，需要先了解密钥和证书。终端通过公钥技术来实现认证，在非对称加密算法中，通过私钥加密的数据，只有对应公钥才能解密，从而确保认证的一致性。

脱机数据认证需要以下要素：

- 认证中心公私钥对：认证中心采用指定的算法生成密钥对，并且每一对公私钥都会分配唯一的索引来进行标识，认证中心的公私钥对保存在终端中。

- 发卡行公私钥对：发卡行产生发卡行公私钥对，并将公钥发给认证中心，用来生成公钥证书，生成的公钥证书写入到金融 IC 卡中，私钥保存在发卡行的密钥管理系统中。

- 金融 IC 卡公私钥对：只有支持 DDA 的卡片才会生成金融 IC 卡公私钥对，其中金融 IC 卡公钥发给发卡行用来签名生成金融 IC 卡公钥证书。金融 IC 卡公钥证书和金融 IC 卡私钥都要写入金融 IC 卡中。

4.4.3.1　静态数据认证（SDA）

SDA 的目的是检测存放在金融 IC 卡中敏感数据的一致性，用来保证金融 IC 卡中存放的数据在持卡人的整个交易过程中没有被非法修改。

支持SDA的金融IC卡必须写入以下数据元：

- CA 公钥 索引（8F）
- 发卡行公钥证书（90）
- 静态应用数据签名（93）
- 发卡行公钥余项（92）
- 发卡行公钥指数（9F32）

以上数据元全部通过特定的标签写入金融IC卡中。

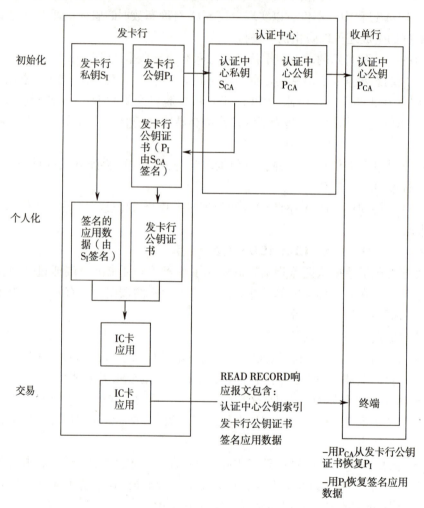

图4-5 SDA认证体系

SDA认证过程中主要有以下三个步骤，即：

- 终端读取认证中心公钥；

- 认证中心公钥恢复出发卡行公钥；
- 终端验证签名的静态应用数据。

为了支持 SDA，签名的静态应用数据必须在个人化时写入到金融 IC 卡，在金融 IC 卡密钥管理系统中使用发卡行私钥对敏感数据签名生成。用发卡行私钥匹配的用来解密的公钥则通过公钥证书个人化在金融 IC 卡中。

发卡行公钥证书是 CA 使用 CA 私钥（SCA）对发卡行传输上来的公钥通过相应的算法计算生成。

而签名的静态应用数据是发卡行的密钥管理系统使用发卡行私钥 SI，对表 4－3 中列出的数据进行签名而生成。

所有 SDA 需要的数据信息在表 4－3 中详细说明，并在个人化阶段存放在金融 IC 卡中。通过读记录命令得到。

表4－3 　　　　　　　　　　　　　　SDA 用到的数据对象

标签	长度	值	格式
－	5	注册的应用提供商标识	b
"8F"	1	认证中心公钥索引	b
"90"	N_{CA}	发卡行公钥证书	b
"92"	$N_I - N_{CA} + 36$	发卡行公钥的余项（如果有）	b
"9F32"	1 或 3	发卡行公钥指数	b
"93"	N_I	签名的静态应用数据	b
－	变长	需认证的静态数据	－

4.4.3.2　标准动态数据认证（DDA）

DDA 不仅能保证金融 IC 卡中写入的敏感数据的正确性，还可以确保金融 IC 卡签名生成数据的正确性。DDA 除了执行 SDA 的认证过程外，还会添加内部认证的过程用来防止伪卡的产生。

支持标准 DDA 的金融 IC 卡必须包含下列数据元：

- CA 索引（8F）
- 发卡行公钥证书（90）
- 金融 IC 卡公钥证书（9F46）
- 发卡行公钥余项（92）
- 发卡行公钥指数（9F32）
- 金融 IC 卡公钥余项（9F48）
- 金融 IC 卡公钥指数（9F47）
- 金融 IC 卡私钥

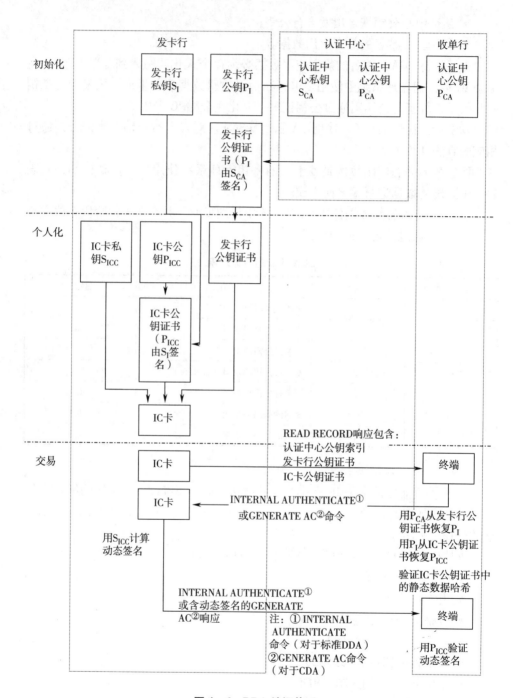

图4-6 DDA认证体系

支持标准 DDA 的金融 IC 卡必须由金融 IC 卡私钥生成签名的动态应用数据，该数据是一个数字签名。

动态数据认证步骤：

- 终端获取 CA 公钥；
- 终端用 CA 公钥恢复出发卡行公钥；
- 终端用发卡行公钥恢复出金融 IC 卡公钥；
- 金融 IC 卡采用终端输入的数据生成动态签名；
- 终端采用金融 IC 卡公钥验证动态签名。

DDA 采用的是三层的公钥认证方案。CA 认证发卡行公钥，而发卡行用来认证金融 IC 卡公钥。也就是终端需要两步来验证金融 IC 卡签名的正确性，先恢复发卡行和金融 IC 卡公钥，然后用上一步恢复出来的公钥验证金融 IC 卡签名的正确性。

在进行 DDA 认证时，终端必须计算出金融 IC 卡公钥。要恢复出金融 IC 卡公钥认证，则所需要的信息如表 4 – 4 说明，这些数据在个人化阶段写入金融 IC 卡中。可以通过读取记录得到。

表 4 – 4　　　　　　　　　　DDA 认证所需的数据对象

标签	长度	值	格式
–	5	注册的应用提供商标识	b
"8F"	1	认证中心公钥索引	b
"90"	N_{CA}	发卡行公钥证书	b
"92"	$N_I - N_{CA} + 36$	发卡行公钥的余项（如果存在）	b
"9F32"	1 或 3	发卡行公钥指数	b
"9F46"	N_I	金融 IC 卡公钥证书	b
"9F48"	$N_{IC} - N_I + 42$	金融 IC 卡公钥的余项（如果存在）	b
"9F47"	1 或 3	金融 IC 卡公钥指数	b
–	变长	需认证的静态数据	–

如果终端已获取金融 IC 卡公钥。则执行下述步骤来验证动态签名：

（1）终端将内部认证指令发给卡片，命令的输入数据为终端随机数（标签 "9F37"，4 个字节长度）。

（2）金融 IC 卡内部通过对输入数据进行固定格式的填充，然后使用金融 IC 卡私钥及对应的算法对其进行数字签名，最终将前面结果返回给终端。

（3）终端采用对应的算法，使用金融 IC 卡公钥验证签名数据的正确性。

4.4.3.3 复合动态数据认证（CDA）

CDA执行流程中，发卡行公钥以及金融IC卡公钥的恢复与标准DDA的流程完全相同，只是在金融IC卡动态签名的生成及验证上存在差异。假定卡片不会返回AAC的情况下。

复合动态签名的生成按照下述流程执行：

（1）终端发送GENERATE AC命令，并且命令中CDA请求位为1。

（2）金融IC卡生成应用密文，并且对特定的数据采用哈希算法计算哈希值，然后按照特定的数据格式组织数据，用金融IC卡私钥对其签名，最终生成复合动态签名数据返回给终端。具体见JR/T 0025.7—2013 5.3.6.1动态签名的生成。

终端执行动态签名验证的流程（详细请见JR/T 0025.7—2013 5.3.6.2动态签名的验证）：

（1）验证动态签名数据的长度与金融IC卡公钥模长度的一致性；

（2）使用金融IC卡公钥和相应算法对签名的动态应用数据进行验签，验证恢复后数据的格式，检查具体字段中数据的正确性，包括数据中哈希值的正确性；

（3）验证交易数据哈希值的正确性。

如果以上所有验证都成功，那么CDA执行成功。

4.4.3.4 快速动态数据认证（fDDA）

PBOC3.0规范定义的fDDA有两种版本，分别为"00"和"01"，fDDA版本号由卡片返回。新定义了卡片数据元素fDDA版本（标签9F69的一部分）用于标识卡片使用的fDDA版本。终端以此来决定要执行的fDDA算法。

版本"00"与版本"01"的区别就在于参与动态数据签名的数据不同，"00"版本中，参与动态数据签名的数据有ATC和不可预知数；而对于版本"01"的fDDA，不可预知数（终端）、授权金额、交易货币代码，再连接上卡片ATC和卡片认证相关数据共同用于动态签名的计算。以上这些数据卡片应从终端发送的GPO命令中取得。

对于符合PBOC3.0规范的终端应同时支持"00"和"01"两种版本的fD-DA。在GPO命令中，终端应向卡片表明支持"01"版本fDDA的能力（终端交易属性第4字节第8位为"1"）。

fDDA过程中，动态签名数据的生成与标准DDA认证流程所采用的算法完全一致，但对于qPBOC交易来说，该签名数据是在GPO指令中由卡片生成，根据RSA密钥的长度来决定是在GPO返回还是在读记录中返回。为缩短交易时间，在进行fDDA认证时，卡片可以离开非接终端。此外参与签名数据生成时哈希计算的输入数据有所差别，具体见表 4 - 5。

表 4 - 5　　　　　　　用于输入动态签名中哈希算法的数据元

数据元	"00" 版本	"01" 版本
终端随机数（标签为 "9F37"）	√	√
终端授权金额（标签为 "9F02"）		√
终端交易币种（标签为 "5F2A"）		√
卡片认证相关数据（标签为 "9F69"）		√
卡片 ATC（标签为 "9F36"）	√	√

　　验证 fDDA 动态签名，终端应先后恢复出发卡行公钥和金融 IC 卡公钥。这一过程与标准 DDA 的恢复流程完全一致。

　　验证动态签名过程，金融 IC 卡公钥对动态签名数据的恢复请参见 JR/T 0025.7—2013 5.3 或 JR/T 0025.17—2013 5.2，以下内容为针对 fDDA 验证的特殊部分：

　　• 终端根据卡片返回的卡片认证相关数据（标签 "9F69"）决定使用的 fDDA 签名算法；如未返回，则视为使用 "00" 版本的 fDDA 签名算法；

　　• 输入哈希算法的终端动态数据元素不在 DDOL 中指定（DDOL 对于 qPBOC 是一个不可识别的数据），而是由表 4 - 5 指定的数据元素按顺序连接构成。

　　注：卡片认证相关数据是变长数据。终端应使用卡片返回的整个卡片认证相关数据进行动态签名认证。

　　下列情况下，fDDA 应失败：

　　• 应用交互特征（AIP）指示卡片不支持 DDA（AIP 字节 1 第 6 位为 0）；

　　• 支持 fDDA，但是支持 fDDA 所要求数据缺失；

　　• 卡片请求的 fDDA 版本终端不支持。"00" 版 fDDA 和 "01" 版 fDDA 是本部分所支持的 fDDA 版本；

　　• 如终端支持 "01" 版本的 fDDA（终端交易属性第 4 字节第 8 位为 "1"），且卡片返回的应用版本号（标签 "9F08"）标明卡片符合本版本规范，但是却返回了 "00" 版本的 fDDA 签名。

4.5　行业密钥管理

4.5.1　概述

　　金融 IC 卡的多应用一直成为各银行关注的焦点，对于大部分行业应用，安全性一般通过行业应用密钥进行保护。PBOC3.0 规范第 14 部分《基于非接小额支付的扩展应用》中对行业应用密钥管理进行了规范。

4.5.2 扩展应用下行业应用密钥管理

扩展应用在非接小额支付应用中为每个行业在卡内设置一个变长记录文件，用于记录交易过程中的行业应用数据，作为最终扣费的计算依据。

对于扩展应用的变长记录文件，需要重点明确以下几点：

- 一个变长记录文件可以记录多条不同长度的行业数据；
- 同一个文件中的不同记录可以归属为同一行业的不同企业；
- 扩展应用是按行业设置扩展应用文件，一般在卡内是一个行业设置一个专门的变长记录文件。

相应的对于每个记录文件的安全管理，需要明确以下几点：

- 由于同一文件在发卡以后需要供同一行业的不同企业使用，所以在银行发卡时，发卡银行会为每个变长记录文件设置一个初始化密钥；
- 同一文件中记录了不同企业的行业记录信息，每个企业需要使用其自己的密钥控制其记录的修改权限，所以就需要在行业应用开通时为每个记录设置一条保护密钥，此密钥由企业持有，在应用开通时写入记录。

交易过程中密钥的安全机制主要有：

- 行业应用文件设立时由发卡行设置行业应用文件的初始密钥；
- 行业应用开通时在初始密钥的保护下写入行业应用数据和密钥；
- 交易中需要修改行业应用文件的记录数据时需要通过行业应用密钥的安全认证。

综上所述，以图例的方式简要说明扩展应用下行业密钥的设置（以地铁应用为例）：

（1）卡片发行时：

表 4-6　　　　　　　　卡片发行时行业密钥的设置

地铁应用（文件 SFI：0X15）		发卡行设置的地铁应用初始密钥
记录 1	为空	
记录 2	为空	
……		
记录 N	为空	

（2）卡片开通北京地铁应用时：

表 4-7　　　　　　卡片开通北京地铁应用时行业密钥的设置

地铁应用（文件 SFI：0X15）		发卡行设置的地铁应用初始密钥
记录 1	北京地铁应用数据	北京地铁应用密钥
记录 2	为空	
……		
记录 N	为空	

（3）卡片开通上海地铁应用时：

表 4 - 8　　　　　　　　卡片开通上海地铁应用时行业密钥的设置

地铁应用（文件 SFI：0X15）	发卡行设置的地铁应用初始密钥
记录 1　北京地铁应用数据	北京地铁应用密钥
记录 2　上海地铁应用数据	上海地铁应用密钥
……	
记录 N　　为空	

例 1：北京地铁开通扩展应用时行业应用密钥替换初始密钥的指令计算方式如图 4 - 7 所示。

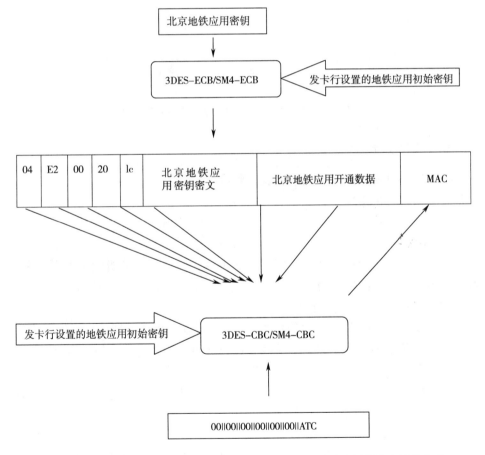

图 4 - 7　北京地铁开通扩展应用时行业应用密钥替换初始密钥的指令计算方式

例 2：北京地铁行业数据更新时指令计算方式如图 4 - 8 所示。

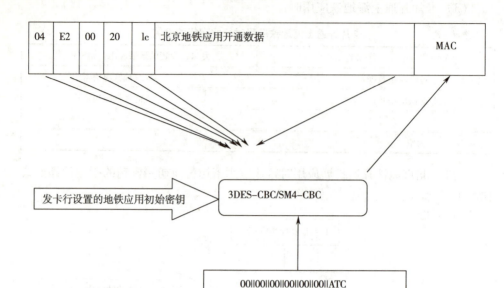

图 4 - 8　北京地铁行业数据更新时指令计算方式

4.6　SM 算法概述

4.6.1　SM 算法的现实需求和发布背景

4.6.1.1　SM 算法分类

我国 SM 算法总体来讲分为两种，公开的算法和不公开的算法。

国际密码学领域普遍的观点认为，如果算法不公开就很难评估算法的安全性。而且由于公开的算法会得到更多人的关注，包括密码分析领域的专家和一些有组织或无组织的密码攻击单位或个人。在这种关注下，如果能够经受住考验，则说明其安全性是可以信赖的。

总体来看，现代密码学的算法主要来自于西方在数学领域的一些研究成果，但是中国的传统理论在密码学领域也有过非常出色的表现，比如应用于 RSA 算法的中国余数定理。但总体上在世界密码学领域，中国的贡献度还很低，除了在基础性研究方面存在滞后因素外，有些密码算法的不公开也或多或少地削弱了我国在国际密码学领域的影响。

4.6.1.2　我国的 SM 算法建设

国家密码局在 2010 年年底公布了基于椭圆曲线 ECC 的 SM2 公开密钥 SM 算法和 SM3 杂凑算法。加上原来的 SM1 商密对称算法，中国的 SM 算法体系正逐步走向成熟。

为配合金融 IC 卡系统升级改造工作，推广普及国密 CPU 密码算法，国家密码局在原有基础上，强化了生产企业主体资质审批，给符合要求的企业颁发《商用密码产品生产定点单位证书》、《商用密码产品型号证书》、《商用密码产品销售许可证》。完整的"三证资质"申请程序是：企业应先申请《商用密码产品生产定点单位证书》，获准后继续申请《商用密码产品型号证书》，最后申请《商用密码产品销售许可证》。

相关审批程序如下：

（1）填写《申请表》，向省（区、市）密码管理机构提交申报材料。

（2）省（区、市）密码管理机构对申报材料进行审查，申报材料通过审查的，予以受理并发给《受理通知书》。

（3）省（区、市）密码管理机构对申请单位进行现场考察。

（4）省（区、市）密码管理机构将初审意见和相关材料上报国家密码管理局。

（5）国家密码管理局审批。

4.6.1.3　SM 算法在 IC 领域的应用现状

早在 2008 年年底有关方面就公布恩智浦的 Mifare1 S50 芯片遭到破译，这种逻辑加密卡的安全问题越来越受到普遍重视。因此，将金融 IC 卡向带加密协处理器的 CPU 卡迁移以及向带有 SM 算法的模块上迁移，已经是大势所趋。目前主要应用在智能金融 IC 卡领域的 SM 算法有：

- SSF33 算法，应用于社保卡领域；
- SM1 算法，主要应用于居民健康卡领域；
- SM2、SM3、SM4 算法，主要应用于 PBOC3.0 行业规范中；
- SM7 算法，主要应用于安全级别要求较高的门禁系统。

4.6.2　PBOC3.0 中使用的 SM 算法

4.6.2.1　SM 算法与银行系统中三种算法的对应关系

国产密码算法可以完全实现金融 IC 卡发卡体系的密钥需求，目前使用的国产密码算法如下：

- 对称算法：使用国产密码 SM4 算法，128bit 分组，128bit 密钥长度。
- 非对称算法：使用国产密码 SM2 算法，密钥长度 256bit。
- 哈希算法：使用国产密码 SM3 算法，哈希值长度 256bit。

4.6.2.2　三种 SM 算法的介绍

SM2 算法：SM2 算法是国家标准 ECC 椭圆曲线公钥密码算法，密钥长度为 256 比特。

SM3 算法：一种密码杂凑算法，其输出为 256 比特。对长度为 l（$l < 264$）

比特的消息 m，SM3 杂凑算法经过填充和迭代压缩，生成杂凑值，杂凑值长度为 256 比特。

SM4 算法：一种分组密码算法，分组长度为 128 比特，密钥长度为 128 比特。加密算法与密钥扩展算法都采用 32 轮非线性迭代结构。解密算法与加密算法的结构相同，只是轮密钥的使用顺序相反，解密轮密钥是加密轮密钥的逆序。

4.6.3　关于 SM 算法银行需要做的升级工作

4.6.3.1　硬件加密机

（1）新增 SM2/SM4 密钥生成及其管理指令

（2）新增 ARQC/ARPC/TC/脚本 MAC/脚本加密指令（非必选）

（3）新增 SM2 签名指令

（4）新增 SM2 摘要指令

（5）可能涉及硬件替换

4.6.3.2　KMS（与数据准备配套）

（1）新增 SM2/SM4 密钥生成及其管理功能

（2）国密发卡行证书申请文件生成

（3）国密发卡行证书验证和导入

（4）国密金融 IC 卡证书生成

4.6.3.3　加密服务平台（卡系统配套）

（1）新增 SM4 密钥生成功能

（2）新增国密 ARQC/ARPC/TC/脚本 MAC/脚本加密（非必选）

4.6.3.4　金融 IC 卡前置系统（金融 IC 卡预处理系统）

（1）新增 SM4 密钥（AC 密钥）的保存

（2）新增国密 ARQC/ARPC 生成和验证调用

4.6.3.5　POSP 类系统

（1）新增国密根 CA 公钥下载功能

（2）新增终端国密指示器标识

4.6.3.6　数据准备系统

（1）新增纯 SM 算法个人化模板以及参数维护

（2）新增 SM 密码＋国际密码个人化模板以及参数维护

（3）新增对 KMS SM 接口调用金融 IC 卡发卡系统

（4）新增 SM4 密钥（AC/MAC/ENC）的保存

（5）新增 SMARQC/ARPC/TC 生成和验证调用

4.6.3.7　POS、柜面、ATM 等终端（如果支持脱机认证）

（1）新增 SM 的 CA 公钥根密钥下载功能

（2）新增终端 SM 算法指示器标识

（3）新增基于 SM 算法的脱机认证功能

4.7　互联网终端安全

互联网终端实际上是一个具有安全控制机制的读卡器，互联网终端主要实现两个方面的安全控制：一个是互联网终端本身的安全保证；一个是互联网终端与外界通讯的安全保证；这两种安全保证缺一不可。

4.7.1　互联网终端自身安全机制

互联网终端自身的安全机制实际上是对终端硬件设计提出的要求，具体的实现机制 PBOC3.0 规范中并没有明确提及，只阐述了总体的安全要求：互联网终端自身的安全主要是确保存储在终端上的 PIN，各种密钥及证书的安全存储，确保存储在互联网终端上的密钥不被外界非法获取；能有效防止互联网终端的密钥被外界非法注入，替换和使用。

4.7.2　互联网终端与外界交易安全机制

在互联网终端硬件具有有效的安全控制机制的基础上，PBOC3.0 互联网终端规范详细设计了与外部主机交易的安全实现机制。主要包含：安全认证所需数据（密钥、证书）、安全证书体系、终端的个人化流程、交易时安全逻辑通道机制、交易数据的安全保护机制。

4.7.2.1　互联网终端的安全数据

互联网终端所需的安全数据在终端出厂前由终端生产厂商个人化时写入，主要数据有：终端数据、终端证书、CA 根证书和 PIN 加密证书。各个数据的说明如下：

终端数据：由所属机构编码、所属机构自定义数据、终端标识码信息组成。终端数据在终端出厂前预置，出厂后不允许更改。

终端证书：终端在从 CA 中心申请、制证和下载证书前，需要通过 CA 中心对证书申请渠道进行安全审核，审核通过后进入证书的申请和发放流程。然后由终端所属机构向 CA 中心申请，并由 CA 中心签发。该证书是用于标识终端合法身份的唯一公钥证书。

CA 根证书：由 CA 中心签发并管理，CA 根证书用于验证渠道证书、终端证书和 PIN 加密证书的真伪，以辨别合法身份，需要在个人化过程中写入金融 IC 卡互联网终端和处理中心的安全设备中。CA 根证书的下载由 CA 中心与终端所属机构协商而定。

PIN 加密证书：由处理中心向 CA 中心申请，主要用于金融 IC 卡互联网终端在交易过程中保护金融交易 PIN。金融 IC 卡互联网终端发放前需要预置 PIN

加密证书。如终端中存在不止一个 PIN 加密证书，则终端根据渠道证书中的 DN（唯一甄别名）域选择对应的 PIN 加密证书对联机 PIN 进行加密。

4.7.2.2 互联网终端的安全体系

终端证书注册系统（RA）主要用于审核终端厂商和处理中心的证书申请，并在审核通过后，向终端和处理中心发放证书。如图 4-9 所示。

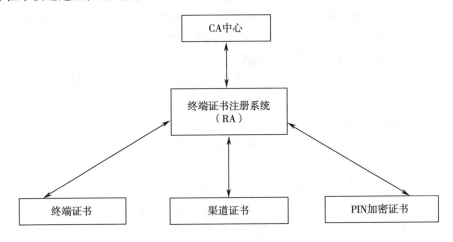

图 4-9 终端 CA 体系结构

如图 4-9 所示，所有的涉及互联网终端安全的证书都要通过 CA 中心的终端证书注册系统（RA）来申请和发放，以保证证书的安全性。例如，首先，终端要通过终端证书注册系统到 CA 中心申请终端证书，然后终端证书注册系统审核终端的真实性和安全性，审核通过，向终端发放终端证书。

4.7.2.3 互联网终端的个人化流程

终端个人化是在终端出厂前将终端个人化数据预先写入终端的过程，其中 CA 根证书、终端证书、PIN 加密证书的申请和下载需要通过 CA 中心对证书申请渠道进行安全审核，审核通过后从 CA 中心服务器下载。

具体步骤如下：

1. 向终端写入终端数据信息。

2. 在终端设备中安装终端证书，具体的申请和发放流程如图 4-10 所示。

具体步骤如下：

（1）终端发送终端证书申请；

（2）CA 中心审核终端证书申请；

（3）CA 中心发送终端密钥对生成命令；

（4）终端生成密钥对；

（5）终端导出终端公钥；

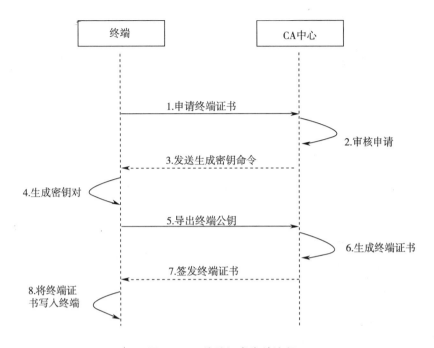

图 4 – 10 终端证书发放流程

（6）CA 中心生成终端证书；

（7）CA 中心签发终端证书；

（8）终端写入终端证书。

3. 向终端设备中安装 CA 根证书。

4. 向终端设备中安装 PIN 加密证书。

4.7.2.4 互联网终端交易时的安全通道机制

金融 IC 卡互联网终端通过与其连接的主机等联网设备接入到处理中心，并通过联网设备采用下面描述的握手工作原理与处理中心建立端到端的逻辑安全通道。

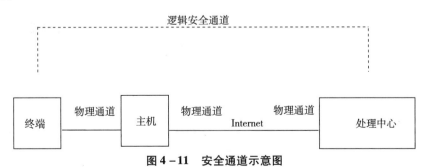

图 4 – 11 安全通道示意图

4.7.2.5 握手协议工作原理

握手协议用于完成终端和处理中心之间的双向身份认证和会话密钥的交换过程。主要用于终端与外部主机的双向认证和会话密钥的交换过程，基本流程如图 4 – 12 所示。

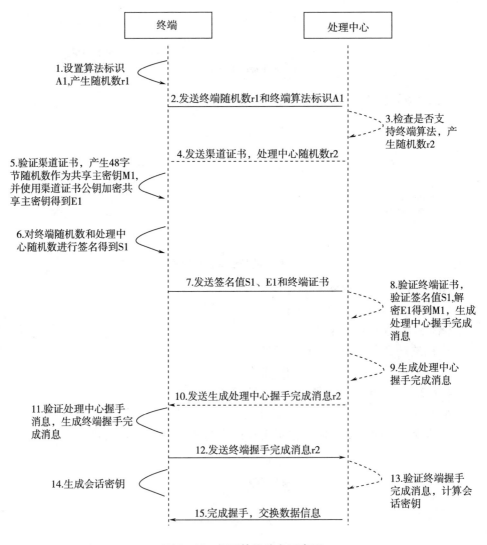

图 4 – 12 握手协议消息示意图

握手协议工作步骤：

（1）终端获取算法标识 A1，并产生随机数 r1，r1 和 A1 连接后得到 R1（R1 = r1∣∣A1），根据终端的算法支持设置在以下步骤中需要用到的对称算法和非对称算法。

（2）终端将随机数和算法信息发送到处理中心，启动握手协议。

（3）处理中心选择算法标识 A2，产生随机数 r2，r2 和 A2 连接后得到 R2。根据从终端发来的算法信息，检查处理中心是否支持，如果处理中心支持此算法，则设置处理中心对应的加解密算法；不支持则返回错误信息，断开连接。

（4）处理中心发送随机数和处理中心的渠道证书。

（5）终端使用终端中预制的 CA 根证书验证收到的处理中心的渠道证书，如果验证不通过，则发送出错消息，结束链接；否则，终端产生 48 字节随机数作为共享主密钥 M1，并且使用处理中心的渠道证书中的公钥，采用之前已设置的非对称算法对 M1 加密后得到 E1。

（6）R1 和 R2 连接后得到 R3，终端先对 R3 进行摘要算法得到 H1，然后使用终端私钥对 H1 进行签名运算得到 S1。

（7）终端将 S1、E1 和终端证书发送到处理中心。

（8）处理中心使用 CA 根证书验证终端证书合法性，若终端证书验证不通过，则发送错误消息，结束链接；如果终端证书验证通过，则使用终端证书验证 S1。若 S1 验证不通过，则发送错误消息，结束链接。否则，从 E1 中解密得到共享主密钥 M1。

（9）处理中心对渠道证书进行摘要运算得到 H2，对终端证书进行摘要运算得到 H3。将 R1、R2、H2、H3、S1、E1 连接后得到 T1（T1 = R1 ‖ R2 ‖ H2 ‖ H3 ‖ S1 ‖ E1）；然后对 T1 进行摘要运算得到 H4；将 ASCII 码 "SERVER" 和 H4 连接后得到 D1；使用 M1 前 16 个字节对 D1 进行 HMAC 运算得到 F1。

（10）处理中心发送握手验证完成消息 F1 到终端。

（11）终端验证接收到的处理中心发来的 F1，若验证不成功，则发送错误消息，结束链接；否则，发送终端握手验证消息 F2 到处理中心；F2 运算与 F1 运算方法一样，只需要将 F1 运算时的 ASCII 码 "SERVER" 改为 ASCII 码 "CLIENT"。

（12）终端发送握手验证完成消息 F2 到处理中心。

（13）处理中心使用同样的计算方法验证接收到的 F2 消息。验证失败，则发送错误消息，结束链接。

（14）上述握手过程成功后，双方使用如下方法计算会话密钥：

（a）X = HMAC（M1，key_ label ‖ r1 ‖ r2）（M1 取其前 16 个字节）；

（b）其中 key_ label 为 3 字节 ASCII 码 "KEY"，令 X1X2，X20 个分别为 X 的第 1 个至第 20 个字节，则加密密钥 SKey 为：SKey = X1X2，X16，MAC 密钥

MKey 为：MKey = X5X6，X20；

（c）握手过程结束。

在通过握手协议完成终端与外部主机的逻辑通道建立以后，外部主机可以通过逻辑通道将 APDU 指令数据经过安全处理后传输到互联网终端，终端进行解密后写入金融 IC 卡执行，主要的安全处理方式有数据加密和数据完整性保护。

4.7.2.6 数据加密方法

在传输的数据 Data 前添加数据块长度 Length（2 字节），构成数据块 D =（Length‖Data）。使用加密密钥 SKey 按照终端与处理中心约定的加密算法对 D 进行加密，即：

EData = ESKey（D）

4.7.2.7 数据完整性保护方法

在记录协议的传输过程中，为双端每个发送和接收记录指定记录序列号，其初始值 Seq0 按以下方法生成：

取终端随机数的前 8 个字节 Random1，取处理中心前 8 个字节 Random2，则 Seq0 = Random1‖Random2。

每发送或接收一帧记录信息后，记录序列号加 1，即 $Seq_i = Seq_{i-1} + 1$。注意双端要保持发送接收序列号的同步。

双方交互的应用数据的完整性使用消息认证码 MAC 进行保护，MAC 按以下方法生成：

DataMAC = MAC（MKey，Seq_i‖EData）（MKey 取其前 16 个字节）

其中 EData 是所传输的加密应用数据，Seq_i 是当前的记录序列号。终端或处理中心接收到数据后，首先验证 MAC 的正确性，如果正确则进行处理；否则，发送错误消息，并结束当前链接。

5 PBOC3.0 个人化

5.1 卡片生命周期

金融 IC 卡的生命周期包括芯片阶段、预个人化阶段、个人化阶段以及用户阶段。在金融 IC 卡不同的生命周期阶段，都有各阶段数据处理的主要工作以及安全机制。

5.1.1 芯片阶段

芯片阶段一般由芯片厂商完成。芯片阶段的数据处理工作主要为以下两项：

1. 安装 COS：将卡片的操作系统硬掩膜到金融 IC 卡的 ROM 中；

2. 主密钥替换：在正确认证芯片主密钥 MK_C 后，用卡片厂商唯一产生的主密钥 MK_I 替换芯片主密钥 MK_C。

5.1.2 预个人化阶段

预个人化阶段一般由卡片厂商完成。预个人化阶段的数据处理工作主要为以下四项：

1. 创建系统环境，例如 MF、DDF 等；

2. 创建文件和数据结构；

3. 加载扩展应用，例如补丁机制等；

4. 主密钥替换：在正确认证卡片厂商主密钥 MK_I 后，用个人化阶段主密钥 MK_P 替换卡片厂商主密钥 MK_I。

5.1.3 个人化阶段

在个人化阶段，可在发卡银行完成也可以在发卡银行指定授权的卡片个人化厂商完成。个人化阶段的工作主要为以下三项：

1. 将个人化数据写入金融 IC 卡中；

2. 写磁道数据，并打印卡面信息；

3. 主密钥替换：在正确认证个人化主密钥 MK_P 后，用用户主密钥 MK_U 替换个人化主密钥 MK_P。

5.1.4 用户阶段

用户阶段由发卡银行完成。用户阶段主要有以下两项工作：

1. 激活卡片；

2. 将卡片发给持卡人。

5.2 金融 IC 卡通用个人化

5.2.1 通用个人化流程

通用金融 IC 卡个人化由初始化、数据准备、密钥管理以及个性化数据写入等几个过程构成。

5.2.1.1 初始化

初始化又称为预个人化，是在个人化之前进行的工作，主要由以下几个部分组成：

1. 初始化设备的处理过程：初始化设备是向金融 IC 卡发送个人化数据的芯片读写设备。对大多数使用这一通用方法的金融 IC 卡初始化过程来讲，这一设备必须与一个安全模块相连，以便在向金融 IC 卡发送命令时进行数据的加解密和 MAC 校验。

2. 金融 IC 卡的初始化处理过程：金融 IC 卡从初始化设备接受初始化指令和相关数据，并依照初始化指令安装相应的应用、创建必需的文件结构、写入一定的数据，以便为下一步的个人化做准备。经过初始化处理后，金融 IC 卡将被部分锁定，只能接受个人化指令和应用指令，无法再修改文件或应用结构。

5.2.1.2 数据准备

为了实现卡片个人化的制作，在个人化之前，需要完成数据准备的操作。数据准备是为了创建用于个人化金融 IC 卡应用的数据。完成数据准备的个人化数据，应以一定格式存放在一个数据文件中，便于个人化系统在对金融 IC 卡写入数据时按照统一的格式处理，也便于对数据进行安全传输。

个人化制卡数据可分为发卡行主密钥及其相关数据、应用密钥和证书、应用数据三大类。其中一些数据对于每张卡都是相同的；另一些数据可能是明文传输的，还有一些数据可能在整个个人化过程中均是加密的，如密钥等。

5.2.1.3 个人化系统

个人化系统覆盖从数据准备系统、密钥管理系统到卡片发行系统等一整套信息处理、信息管理和卡片管理系统，涉及包括加密机、发卡机等硬件和诸多软件。

个人化设备是指向金融 IC 卡导入个人化数据的芯片读写器设备。此设备必须与一个金融安全模块相连，以便向金融 IC 卡发送命令时进行数据、密钥的加解密和 MAC 校验。个人化设备应该是独立的，并且与应用无关。

5.2.1.4 个人化流程

如图 5-2 所示，个人化流程从发卡银行生成个人化制卡数据开始，经过密

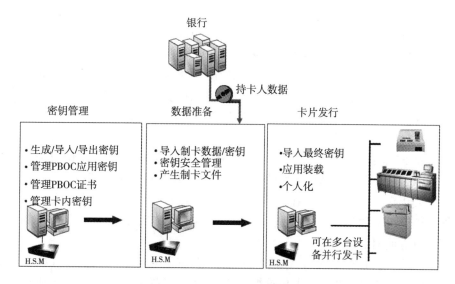

图 5-1 卡片个人化进程示意图

钥管理、数据传输、数据准备，最终将数据安全传输至个人化车间并通过专业的写卡设备将数据写入卡中。

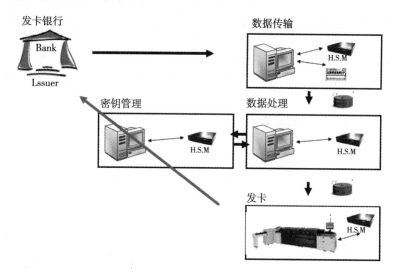

图 5-2 卡片个人化流程示意图

5.2.2 金融 IC 卡个人化模板

相比 PBOC2.0 来说，PBOC3.0 规范中金融 IC 卡个人化模板也发生了变化，本部分对模板间的区别，以及发卡行如何根据需要选择模板、模板里哪些数据必须与模板相同、哪些数据需要自定义等进行说明。

5.2.2.1　个人化模板定义

借记/贷记应用个人化模板是以 EMV 为基础，根据《中国金融集成电路（IC）卡规范》借记/贷记应用给出的关于 PBOC 数据对象推荐取值的卡片个人化参数模板，模板用于确保卡片个人化后能与终端之间协同工作，帮助商业银行为卡片参数选择正确的值，同时提供一套能作为商业银行金融 IC 卡个人化指导的参考模板，确保商业银行的产品符合 EMV 和 PBOC 规范。

5.2.2.2　个人化模板概述

金融 IC 卡的制卡数据包括了 PBOC 模板数据、磁条数据、密钥及证书数据等。其中，对于 PBOC 模板数据的取值，个人化模板给出了推荐值。

个人化模板为发卡机构在发卡时对卡产品的设计提供了一定的参考。本模板来自于银行卡的最佳实践经验，考虑到了从业务扩展到安全控制，再到风险管理的方方面面。

个人化模板共有 14 个，包括了标准借记/贷记应用个人化模板（模板 1 到模板 8）和电子现金功能个人化模板（模板 11 到模板 16），如图 5-3 所示。

标准借记/贷记应用个人化模板定义了借记金融 IC 卡、贷记金融 IC 卡、准贷记金融 IC 卡以及加载金融功能的社保卡（金融应用）的个人化数据取值；电子现金功能个人化模板定义了电子现金的个人化数据取值，每个模板中均包括了基于借记/贷记的小额支付（接触式）和基于借记/贷记的快速小额支付（非接触式）个人化数据。

发卡行发行金融 IC 卡时，可根据卡片种类及业务模式自由选择模板作为 PBOC 模板数据的参考值，也可以根据发卡策略，对模板中的某些参数进行调整

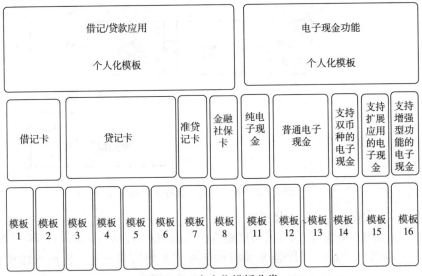

图 5-3　个人化模板分类

以满足实际需要。

5.2.2.3 个人化模板数据

根据数据的性质，个人化模板数据分为三类：发卡行相关数据、卡片相关数据、发卡行自定的数据。

- 发卡行相关数据是指发卡行有特殊要求的数据，例如应用首选名称、发卡行代码表索引等。这些数据由发卡行根据自身实际情况定义。

- 卡片相关数据是指与卡片类型相关的数据，例如文件定位器（AFL）和系统支付目录（PSE）。系统支付目录作为可选项，仅部分卡片支持；由于不同卡商的卡片文件结构即记录数据的存储位置不定，所以其值也不尽相同。卡片相关的数据由卡商自行定义。

- 发卡行自定数据是指发卡行可根据本行的发卡策略、卡片的受理范围、发卡对象、风险管理策略等因素自行选择和设定值的数据对象。这类数据在个人化模板中占大多数，例如持卡人验证方法列表、发卡行行为代码以及频度控制参数等。

按照 PBOC 规范，所有这些数据均由唯一的标签进行标识，数据结构符合 TLV 结构，如表 5-1 所示。

表 5-1　　　　　　　　　　　TLV 数据结构示例

Tag	长度	数值	含义
8E	14	0000 0000 0000 0000 4203 0103 1F00	持卡人验证方法列表
9F52	2	FF00	应用缺省行为

5.2.2.4 个人化模板选择

发卡行在使用时，可根据卡片的类型进行模板的选择，如图 5-4 所示。

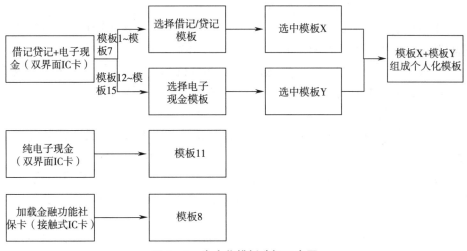

图 5-4　个人化模板选择示意图

例如，对于发行"借记/贷记＋电子现金"金融 IC 卡的发卡行来说，可首先从标准借记/贷记应用个人化模板中选择一个借记或贷记卡（包括准贷记）模板，再从电子现金功能个人化模板中选择一个电子现金模板，共同组成金融 IC 卡个人化模板进行卡片的个人化。

对于发行"加载金融功能社保卡"金融 IC 卡的发卡行来说，社保卡中的借记应用可使用模板 8 进行金融 IC 卡的个人化。

对于发行"纯电子现金卡"的发卡行来说，可选择模板 11 进行金融 IC 卡的个人化。

5.2.2.4.1 借记卡模板的选择

本模板提供 3 个借记卡模板，即模板 1、模板 2 和模板 8。这三个模板的持卡人验证方法均仅支持联机 PIN（NO CVM 除外）。不同的是，模板 1 允许 BYPASS PIN，模板 2 和模板 8 不允许 BYPASS PIN。

在模板 1 的设置下，持卡人因任何方式未输入 PIN，只要最终的持卡人认证成功（如执行 NO CVM 处理），则允许交易发起联机，终端不拒绝交易。该模板对于持卡人验证条件较为宽松，发卡行可根据业务需要选择此模板。

在模板 2 和模板 8 的设置下，持卡人因任何方式未输入 PIN，无论最终持卡人认证成功还是失败，均拒绝交易。该模板对于持卡人认证条件较为严格，发卡行可根据业务需要选择此模板。

模板 8 同时可用于金融社保卡中的金融应用个人化。在该模板的设置下，涉及商品、服务、现金类交易仅在国内被允许，对于发生在国外的上述类型交易，终端将拒绝。

5.2.2.4.2 贷记卡模板的选择

本模板提供 4 个贷记卡模板，即模板 3、模板 4、模板 5 和模板 6。这四个模板的持卡人验证方法及相关 IAC 的设置各不相同。

模板 3 整体较为宽松，支持联机 PIN。当联机 PIN 因任何方式未输入或终端不支持联机 PIN 时，持卡人认证可通过签名完成。只要持卡人认证成功，终端就不会拒绝交易。

模板 4 整体较为宽松，支持签名。当终端不支持签名时，持卡人认证可通过联机 PIN 完成。只要持卡人认证成功，则终端不会拒绝交易。

模板 5 整体较为严格，支持联机 PIN。联机 PIN 执行失败则终端拒绝交易；如果终端不支持联机 PIN，则持卡人认证可通过签名完成。持卡人认证失败，则终端拒绝交易。

模板 6 整体较为宽松，支持脱机 PIN。如果终端不支持脱机 PIN 或持卡人未输入脱机 PIN，则持卡人认证可通过签名完成。只要持卡人认证成功完成，则终端不拒绝交易。

模板 7 为准贷记卡模板，设置较为宽松，支持联机 PIN。当联机 PIN 执行失败时，则持卡人认证可通过签名完成。

5.2.2.4.3 电子现金模板的选择

本模板提供了 5 个电子现金模板，即模板 11、模板 12、模板 13、模板 14 和模板 15，每个模板均包括基于借记/贷记的小额支付数据集（接触式电子现金）和基于快速借记/贷记的小额支付（非接触小额支付）数据集。基于借记/贷记的小额支付均支持 CDA 的验证方法，基于快速借记/贷记的小额支付数据均支持"01"版本的 fDDA 动态签名。除了模板 11 外，其他模板因均绑定借记应用或贷记应用，所以这些模板中的接触式电子现金均支持签名；由于纯电子现金模板无绑定借记应用或贷记应用，因此纯电子现金模板中的接触式电子现金不支持签名，仅支持 NO CVM。

模板 11 是纯电子现金模板，包括标准借记/贷记数据集、基于借记/贷记小额支付数据集和基于快速借记/贷记数据集，因此可以单独使用。模板 12 至模板 15 仅定义了小额支付类的数据集，未包括标准借记/贷记的数据集，因此当发卡行发行"（准）借记/贷记 + 电子现金"类金融 IC 卡时，可从模板 1 至模板 7 中选择一个标准借记/贷记应用数据模板使用。未包括在电子现金模板中的数据可直接参考标准借记/贷记模板。

模板 12 和模板 13 均是普通电子现金模板。不同的是，模板 12 支持非接触交易日志而模板 13 不支持。

模板 14 是支持双币种的电子现金模板，适用于港澳地区发行双币种电子现金的发卡机构。

模板 15 是支持非接触小额支付扩展应用的电子现金模板，适用于境内开展非接触式金融 IC 卡分段、分时计费小额支付业务的发卡机构。

5.2.2.5 个人化模板注意事项

5.2.2.5.1 CVM 列表

在借记/贷记应用的个人化模板中，推荐的 CVM 列表的值已覆盖大部分借记卡和贷记卡的基本业务规则以及持卡人的使用习惯。但由于各发卡行的风险策略和卡片的面向群体不同，发卡行可根据实际情况对 CVM 列表进行调整，以满足特定的需要。

5.2.2.5.2 静态签名数据

如卡片支持非接触快速支付应用（qPBOC），则在 qPBOC 签名的静态应用数据中不应包括应用主账号序列号（5F34）。因为如果签名的静态应用数据中包括 5F34，则该数据可能会在交易中被终端重复读取，导致交易异常。

5.2.2.5.3 qPBOC 的 AFL

如卡片支持非接触快速支付应用（qPBOC），则推荐将电子现金授权码（9F74）作为 qPBOC 应用 AFL 列表中的最后一条记录，且最后一条记录仅包含该数据元。因为在某些情况下，卡片在送出所有记录后终端仍有可能由于未完整接收到最后一条记录而使脱机数据认证失败。将一条短记录作为 AFL 列表的最后一条记录，可降低终端在读取最后一条记录时因数据过长而未完整读取的概率。

5.2.2.5.4 卡片有效期

卡背面磁条信息中的失效日期、芯片内首要借记/贷记应用的失效日期和二磁道等效数据中的失效日期应保持一致。

同时，如果卡片正面印制了有效期，则卡片正面的有效期也应与芯片内首要借记/贷记应用的失效日期保持一致。

发卡机构应保证认证中心公钥的有效期长于印制在卡片表面的有效期。

5.2.2.6 模板关键预设值推荐

发卡行在使用这些模板的时候，应保证与模板规定的值一样的或是建议使用模板预设值。发卡行可根据需求自定义这些值，但这就失去了使用模板的意义。同时，如果这些值设置不当，也可能造成卡片的功能与业务需求不符合，或者造成一定的金融风险。

1. 应用标识符——AID

借记卡的 AID 是 A0 00 00 03 33 01 01 01

贷记卡的 AID 是 A0 00 00 03 33 01 01 02

准贷记卡的 AID 是 A0 00 00 03 33 01 01 03

纯电子现金卡的 AID 是 A0 00 00 03 33 01 01 06

其中前面五个字节确定 PBOC 注册应用提供商（所有的 PBOC 卡片都一样），后三个字节表明具体的应用。符合 PBOC 标准的借记/贷记终端内会根据每个 AID 设置一套风险管理的参数，控制了交易的脱机批准，联机完成或脱机拒绝。如果发卡行将贷记卡的 AID 的设置为 A0 00 00 03 33 01 01 01，那么终端将按照借记卡的风险管理参数来对待这张卡的交易，这将失去了贷记卡实际的意义。如果发卡行将 AID 设置成了这四个值之外的其他值，那么终端很有可能不识别这个 AID，判断出自身与卡片无共同支持的应用从而终止交易。因此，AID 必须按照规定好的来设置，而不能自定义。

2. 发卡行行为码——IAC

发卡行行为码规定了什么样的交易应该如何完成，例如，如果当前日期晚于应用失效日期，那么交易脱机拒绝；如果连续脱机交易次数超过下限，那么交易联机完成；如果要求输入 PIN 但持卡人未输入 PIN，那么交易脱机拒绝等。

发卡行行为码设置不当很有可能造成交易风险，例如，如果 DDA 失败位既未在 IAC 拒绝中被设置，也未在 IAC 联机、IAC 缺省中被设置，那么 DDA 失败的卡片还是有可能会被终端脱机批准交易，即基于该卡片制造的伪卡交易有可能会被终端脱机批准。

因此，建议发卡行使用模板预设好的发卡行行为码。

3. 应用交互特征——AIP

应用交互特征规定了卡片支持的脱机数据验证类型，包括 SDA、DDA 以及 CDA，还规定了卡片是否支持发卡行认证等，对于交易安全十分重要。通常，卡片中存在静态数据认证标签列表（Tag9F4A）并且它的值一定是 82，表示应用交互特征作为用于脱机数据认证的静态数据。否则，犯罪分子就可以通过修改 AIP 来降低脱机数据认证级别，制造伪卡欺骗终端来进行金融诈骗。

因此，建议发卡行使用模板预设好的应用交互特征。

4. 持卡人认证方法列表——CVM List

持卡人认证方法规定了卡片在什么情况下需要执行什么样的持卡人认证。例如，如果终端支持，则要求持卡人输入密码或者打印纸质凭条供持卡人签名。虽然每个模板都有预设好的持卡人认证方法列表，但毕竟每个发卡行的后台不同，业务需求也不同，因此持卡人认证方法列表是可以自定义的。

需要特别注意的是对持卡人认证失败的判定。例如，某银行发行某种信用卡允许持卡人不输入密码即可消费。该银行将 IAC 拒绝中有关绕过 PIN 输入的位都设置为"0"，并将 IAC 联机中的这些位都设置为 1，这样就使得 PIN 未输入的交易全部联机完成。然而，该卡片的 CVM List 设置为"0203 1F00"，其中"0203"意思是"如果终端支持联机 PIN，那么要求持卡人输入联机 PIN，如果持卡人未输入联机 PIN，那么持卡人认证失败"。而该卡片的 IAC 拒绝中的持卡人认证失败位恰恰被设置为零。由于 CVM List 设置不当，导致终端判定持卡人认证失败，未输入 PIN 的交易还是被脱机拒绝了。

因此，在设置借记/贷记卡参数的时候要小心谨慎，明确每一位的含义后再做更改。

5. 卡片附加处理——9F68

卡片附加处理是在非接触交易时控制卡片行为的一个参数，它可以控制卡片在货币不匹配的交易时支持联机 PIN，或者支持新卡检查等。

以银联为例，《中国银联借记/贷记应用个人化模板》（Q/CUP 028—2008）规定的四套支持非接触支付的模板（模板 11、模板 12、模板 13 和模板 14）中，卡片附加处理第 2 字节第 7 位均被置位，意味着 qPBOC 时卡片不允许货币不匹配的交易。但随着日益增多的境外市场的需求，这个设置显得越来越没有必要。于是中国银联在《中国银联借记/贷记应用个人化模板》（Q/CUP 042.1—2011）中建议将该位设置为零，以便在 qPBOC 交易时，如果交易币种不匹配，仍然可以通过联机完成交易，以满足境外市场的需求。

5.3 借记/贷记应用个人化

5.3.1 个人化规范

借记/贷记应用个人化主要参照以下规范：

1. 《中国金融集成电路（IC）卡规范》中的第 10 部分：《借记/贷记应用个人化指南》

2. 《Global Platform Card Specification Version 2.2》（Global Platform 卡片指南）

3. 《EMV Card Personalization Specification v1.1》（EMV 卡片个人化指南）

5.3.2 个人化流程

借记/贷记应用的个人化流程遵循金融 IC 卡片通用个人化流程，如图 5 - 5 所示。

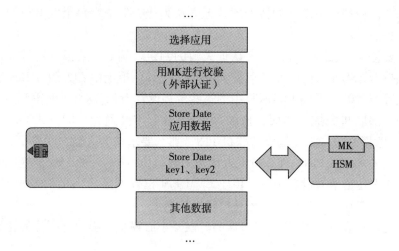

图 5 - 5 借记/贷记应用个人化写卡流程

借记/贷记应用流程较为复杂，数据元繁多，为了降低银行个人化系统复杂程度、提高个人化工作效率、加强发卡行对卡片个人化的管理、减少发卡行对卡片生产商的依赖，中国人民银行组织制定了借记/贷记个人化指南。

借记/贷记个人化指南定义了数据准备系统和个人化设备之间的接口以及个

人化设备和金融 IC 卡之间的接口。

借记/贷记的卡片个人化的流程包括数据准备、个人化设备安装设置和处理以及金融 IC 卡应用处理，每个步骤之间的接口都在个人化指南中被定义。

数据准备包含创建个人化数据、将个人化数据分组、创建个人化指令、创建应用所需记录的数据以及创建个人化设备的输入文件五个步骤。

创建个人化数据包括发卡行主密钥和数据（用于个人化）、应用密钥和证书（用于应用的对称和非对称密钥以及相应的证书）、应用数据（如 PAN、AIP、AFL 等）。

数据分组设计在个人化过程中具有重要作用。一个数据分组符合 TLV 数据结构，由数据分组标识 DGI（Data Grouping Identifier）、数据分组长度和数据分组的值组成。

个人化设备所使用的指令包括：SELECT、INITIALIZE UPDATE、EXTERNAL AUTHENTICATE、STORE DATA、LAST STORE DATA。

在结束一个金融 IC 卡应用个人化处理过程时，必须为该金融 IC 卡应用的个人化过程创建日志。

个人化指南还提出了个人化过程中的安全要求、管理要求（包括环境、操作、管理规范等）、对安全模块（包括物理安全、逻辑安全等）的要求等。

5.3.3 个人化指令

借记/贷记个人化指令如下：

1. 选择（SELECT）命令

2. 初始化更新（INITIALIZE UPDATE）命令

3. 外部认证（EXTERNAL AUTHENTICATE）命令

4. 数据存储（STORE DATA）命令

5.3.3.1 SELECT

SELECT 命令用来选择金融 IC 卡应用程序进行个人化。每次金融 IC 卡应用需要进行个人化时，个人化设备发送一次 SELECT 命令。

5.3.3.2 INITIALIZE UPDATE

INITIALIZE UPDATE 命令是在个人化设备选择应用后，发给金融 IC 卡的第一个命令。INITIALIZE UPDATE 命令主要用来建立用于个人化的安全通道进程。

交换的数据是经过相互认证的。命令将返回 KMC 的 ID 和版本号、用于派生应用的加密密钥（KENC）、MAC 密钥（KMAC）和解密密钥（KDEK）的数据。

KEYDATA（密钥数据）是每个金融 IC 卡应用分区都可以访问的一个数据单元，KMCID 是 INITIALIZE UPDATE 命令响应数据的一部分，用于定位金融 IC 卡发行商的 KMC。

在做初始化的时候，金融 IC 卡响应 INITIALIZE UPDATE 命令时返回来的序列计数器初始化为 "0001"。

5.3.3.3 EXTERNAL AUTHENTICATE

外部认证命令是在 INITIALIZE UPDATE 命令之后执行的，是认证个人化设备的命令。在每个安全通道初始化后只发送一次外部认证命令。

中国金融集成电路（IC）卡规范推荐安全等级设定是在 EXTERNAL AUTHENTICATE 命令中使 P1 = "01"。所有在 EXTERNAL AUTHENTICATE 后被金融 IC 卡应用接收的命令都包含一个 C – MAC。

5.3.3.4 STORE DATA

个人化设备应将最后一个 STORE DATA 命令的 P1 参数的 b8 设置为 "1"，表明应用个人化的完成。随着最后一个 STORE DATA 命令的结束，应用完成个人化，并且 STORE DATA 命令会被应用屏蔽掉。

中国金融集成电路（IC）卡借记/贷记应用并不要求使用数据分组 "7FFF" 在最后一个 STORE DATA 命令中提出数据请求。

5.3.4 个人化数据分组

数据分组（DGI）的设计在个人化过程中承担着重要的作用。数据分组符合 TLV 结构，通常来说数据分组（DGI）的标识符是用两字节十六进制数表示，长度用一个字节表示，值域的字节不超过长度字节能表示的范围。

表 5 – 2 是从 PBOC 规范摘录的部分数据分组，可供个人化分组做参考。

表 5 – 2   PBOC3.0 建议的数据分组

D 标识	数据内容	特性	加密	外部访问
0101	2 磁道等价数据	最小数据	否	读及更新记录
0102	2 磁道等价数据（无持卡人姓名）	最小数据	否	读及更新记录
0103	持卡人证件数据	最小数据	否	读记录
0201	数据认证数据	SDA，DDA	否	读记录
0202	数据认证数据	SDA，DDA	否	读记录
0203	签名静态应用数据	SDA	否	读记录
0204	ICC 动态认证数据	DDA/PIN 编码	否	读记录
0205	ICC 动态认证数据	DDA/PIN 编码	否	读记录
02nn	重复的签名静态应用数据	SDA	否	读记录
02nn	重复的数据认证数据	DDA	否	读记录
0301	卡片风险管理数据	最小数据，CVM	否	读记录
0302	卡片风险管理数据	最小数据，SDA，CAM	否	读记录

D 标识	数据内容	特性	加密	外部访问
0303	持卡人验证方式列表	CVM	否	读及更新记录
03nn	重复的卡片风险管理数据	最小数据，CVM	否	读记录
0401	终端频度检查卡片数据	否	读及更新记录	
0D01	卡片内部风险管理数据	AuthC	否	输入数据，输出数据
0E01	卡片私有风险管理数据	AuthC	否	无
0E02	需锁定的应用	发行人脚本	否	无
0Enn	重复的私有风险管理数据	AuthC	否	无
9200	GENERATE AC 命令响应数据	CAM	否	产生 AC

5.4 借记/贷记卡个人化难点分析

5.4.1 数据分组要求

《中国金融集成电路（IC）卡规范》第 10 部分中表 1 到表 22 规定了中国金融集成电路（IC）卡借记/贷记应用建议的数据分组。规范建议的分组并非强制性要求，但很多发卡银行错误地认为数据必须这样分组。实际上，在发卡时无论数据如何分组，只要能通过 AFL 返回规范规定的应在读记录时返回的数据，且终端发出 Get Data 命令时能读出规范规定的应能被 Get Data 读出的数据即可。

许多发卡银行为了突出行内个人化系统的重要性，还根据 PBOC 规范对数据分组的建议并结合行内系统的需求发布了行内的"个人化分组规范"，统一了不同卡片厂商可能存在的不同数据分组标准，使得来自所有卡片厂商的卡片个人化分组设计基本保持一致。

5.4.2 数据重复出现

《中国金融集成电路（IC）卡规范》第 6 部分的 7.4.4 节有如下的规定：读数据处理中如果出现如下情况，交易将中止：

➤ 一个基本数据对象在卡片中出现超过一次；

➤ 卡片中缺少必须有的数据；

➤ 数据格式错；

➤ READ RECORD 命令返回状态字不是"9000"。

由于第 6 部分是终端规范，所以制卡商或者发卡银行在进行数据准备处理时可能会忽略相关内容，或者没有仔细阅读该部分规范，从而导致数据元重复出现的问题。

例如《中国金融集成电路（IC）卡规范》第 10 部分有以下建议（见表 5 - 3、表 5 -4）。

表 5 -3 数据分组标识"0101"的数据内容

要求	标签	数据元	长度	加密
M	57	2 磁道等价数据 a	直到 19	不适用
R	5F20	持卡人姓名	2 - 26	不适用
R	9F1F	1 磁道自定义数据	可变	不适用
A 这个域可能在末尾加上一个十六进制字符"F"以保证整个字节。				

表 5 -4 数据分组标识"0102"的数据内容

要求	标签	数据元	长度	加密
M	57	2 磁道等价数据 a	直到 19	不适用
R	9F1F	1 磁道自定义数据	可变	不适用
A 这个域可能在末尾加上一个十六进制字符"F"以保证整个字节。				

在借记/贷记应用的测试中，经常能看到卡片给出的 AFL 中包括 0101 和 0102 两条记录，并且两条记录中都有 Tag57。这样的卡片如果拿到终端上做交易则肯定会被终止。

卡片不应给出重复的数据元。如果一个数据元在 GPO 时已经返回，那么应避免在读记录时再次给出；如果一个数据元在前面的记录中已经给出，则应避免在后面的记录中再次给出。

5.4.3 数据重复设置

符合 PBOC3.0 规范的双界面卡既支持标准借记/贷记交易也支持基于借记/贷记的小额支付（包括电子现金和非接触小额支付）。可能存在同一张卡在不同的应用环境下面对不同交易限制的情况。例如当执行接触式的借记/贷记消费时，终端需提示持卡人输入 PIN 并进行持卡人认证；而当执行电子现金脱机消费时，终端则不会提示持卡人输入 PIN。

针对这种情况，应在卡片个人化时在不同的应用分支对于同一个标签标识的数据元写入不同的值。例如持卡人认证列表（8E）在标准借记/贷记下为一个值，在电子现金应用下为另一个值。类似的需要重复设置的数据元还可能有表 5 -5 所示的数据。

| 表 5 – 5 | 可能需要重复设置的数据 |

数据元标签	含义
8E	持卡人验证列表
82	应用交互特征（AIP）
9F0D/9F0E/9F0F	发卡行行为代码（IAC）
93	签名的静态应用数据（SAD）
9F46	金融 IC 卡公钥证书
94	应用文件定位器（AFL）

5.4.4 个人化安全控制

5.4.4.1 写卡安全控制

在金融 IC 卡上必须首选安装一个"个人化主密钥"（KMC），该主密钥用来为每个应用生成初始的个人化密钥（KENC、KMAC 和 KDEK）。这三个密钥用来建立写卡设备和卡片之间的安全通道，并对此安全通道中的个人化命令进行安全保护。

➢ 加密分散密钥（KENC）

加密分散密钥（KENC）用来对个人化安全通道 STORE DATA 命令的数据域进行加密。

➢ 校验码分散密钥（KMAC）

校验码分散密钥（KMAC）用来生成和校验 EXTERNAL AUTHENTICATE 以及 STORE DATA 命令使用的 C – MAC。

➢ 密钥加密分散密钥（KDEK）

密钥加密分散密钥（KDEK）用于在对 STORE DATA 命令收到的机密数据进行解密。

5.4.4.2 个人化在途数据保护

发卡行密钥交换密钥（KEKISS）：对发卡行与数据准备设备之间的脱机 PIN 及其他机密数据进行保护。

数据加密密钥/传输密钥（DEK/TK）：对数据准备设备与个人化设备之间的脱机 PIN 及其他机密数据进行保护。

MAC 密钥（校验码密钥）：用于保证在个人化数据文件中，提供给个人化设备的应用数据的完整性。

5.4.5 关键数据个人化

5.4.5.1 持卡人姓名

《中国金融集成电路（IC）卡规范》第 5 部分附录 A 中规定：

持卡人姓名（Tag5F20）为 2 ~ 26 字节。

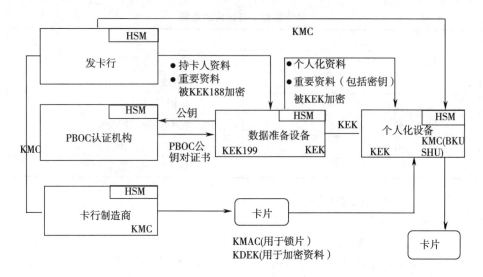

图5-6 个人化数据传输保护

持卡人姓名扩展（Tag9F0B）为1～19字节，如果持卡人姓名大于26字节，多出的部分放在此处。

然而EMV规范中规定如果持卡人姓名大于26字节，将不使用Tag5F20，而是将整个持卡人姓名都放入Tag9F0B中。

因此，一些检查严格的EMV终端若发现一张卡片既返回了Tag5F20又返回了Tag9F0B将会终止交易。为了实现兼容性，在发行PBOC借记/贷记卡时，也要求仅使用两个Tag中的一个。

5.4.5.2　AFL的设置

AFL的全称是Application File Locator，即应用文件定位器。AFL表明和应用相关的数据存放在卡片中的位置（通过短文件标识符和记录号来表示）。由于终端不知道应用数据存放的位置，卡片需要通过AFL告诉终端本次交易用到的数据在哪些记录里。终端再根据卡片返回的AFL去读取卡片的应用数据记录。通常，AFL是在个人化的时候作为固定数据写入卡片中。但是规范并未规定AFL不能由COS/Applet动态生成，只是这种方式在实践中会比较难以实现。

AFL必须是4个字节的整数倍，每4个字节为一组，含义如下：

字节1：

位8 - 4 = SFI短文件标识符

位3 - 1 = 000

字节2：文件中要读的第1个记录的记录号（不能为0）

字节3：文件中要读的最后一个记录的记录号（等于或大于字节2）

字节 4：从字节 2 中的记录号开始，存放认证用静态数据记录的个数（值从 0 到字节 3 - 字节 2 + 1 的值）

下面举例说明：

AFL 示例：08 01 03 00 10 03 03 01 18 02 05 03。

这个 AFL 长度为 12 字节，所以它包含三个入口。

先来看第一个入口 08 01 03 00。

08 表示读 SFI 为 01 的文件。

01 03 表示从 1 号记录开始读，读完第 3 号记录后结束，也就是一共读了 01，02，03 三条记录。

00 表示这三条记录里没有记录是用于脱机数据认证的。

再看第二个入口 10 03 03 01。

10 表示读 SFI 为 02 的文件。

03 03 表示从 3 号记录开始读，读完第 3 号记录后结束，也就是一共读了 03 这条记录。

01 表示该文件的 03 这条记录是用于脱机数据认证的。

再看第三个入口 18 01 05 03。

18 表示读 SFI 为 03 的文件。

02 05 表示从 2 号记录开始读，读完第 5 号记录后结束，也就是一共读了 02，03，04，05 四条记录。

03 表示从 2 号记录开始，有连续的 3 条记录用于脱机数据认证，即该文件的 02，03，04 这三条记录用于脱机数据认证。

5.4.5.3 5F34 问题

在 PBOC3.0 规范的数据分组要求中，一个基本数据对象在卡片中出现超过一次将导致交易终止。

在计算签名时如果使用 5F34 作为数据源的一部分，将导致卡片不得不在终端读记录时返回 5F34，同时规范又规定 5F34 应当在 GPO 响应中返回，造成 5F34 在同一交易中出现超过一次的现象，从而导致交易终止。

5.4.5.4 应用失效日期存放

qPBOC 个人化时，应用失效日期不应存放在 AFL 指明的、让终端读取的最后一条记录中。目的是为了使过期的卡片被终端终止交易时，激发卡片内部的防拔机制，使得卡片中的电子现金可用余额恢复到交易前的状态，即不会修改卡内金额。

在 qPBOC 流程时，《中国金融集成电路（IC）卡规范》第 12 部分第 7.7.20 节规定，终端在每读一条记录之后都要判断该记录中是否存在应用失效日期

（Tag5F24）。如果存在，那么终端要立即判断当前日期是否大于该失效日期。如果大于，那么终端会终止交易，不去读后续记录。同时该规范还规定卡片在最后一条读记录响应之前，会把防拔保护位置设为"零"。即如果终端没有读完记录，卡片内部的一些计数器、金额值将被恢复到最近一笔成功交易之后的状态。

6 PBOC3.0标准技术业务支撑体系

随着 PBOC 规范的推进，中国银联制定了配套的相关金融 IC 卡规范和指南，此部分规范和指南有助于银行卡产业各参与方高效、有序开展金融 IC 卡业务。

金融 IC 卡规范，即 PBOC 3.0 规范的实施与普及需要其他相关规范的配合，从而形成一个完整的体系指导各方开展相关业务并最终保证联网通用。其中，金融 IC 卡业务规则是相关业务管理和执行的规则；根 CA 管理规则/技术规范则明确了相关证书和安全体系的技术及业务管理规则；联网联合规范规定了发卡机构、收单机构、转接清算机构等之间进行信息交换的数据格式规则；借记/贷记发卡行实施指南则从项目实施的角度描述了商业银行实施 PBOC 迁移需经历的一系列计划任务和活动。

以上配套的规则或规范是 PBOC 规范得以顺利实施、相关项目得以顺利开展的基础。PBOC 3.0 规范及以上所提的配套规范是一个完整的体系，缺一不可，它们共同发挥着重要的作用。

6.1 PBOC3.0 与银行卡相关规范

PBOC3.0 规范是在 PBOC2.0 规范的基础上颁布的，与其他银行卡相关规范有着互相兼容相互遵循的关系。银行卡相关规范主要包括银行卡卡片规范、银行卡磁条信息格式和使用规范、银行卡联网联合技术规范、银行卡销售点（POS）终端规范、银行卡自动柜员机（ATM）终端规范、中国金融集成电路（IC）卡检测规范、中国金融移动支付检测规范、金融社保卡及居民健康卡等相关行业规范。

6.1.1 银行卡相关规范体系

银行卡相关规范可归纳为基础类规范，如银行卡卡片规范、银行卡磁条信息格式和使用规范等；移动支付类规范，如中国金融移动支付技术规范；受理类规范，如银行卡销售点（POS）终端规范、银行卡自动柜员机（ATM）终端规范等；跨行转接类规范，如联网联合技术规范等。PBOC3.0 与银行卡相关规范的具体关系如图 6 - 1 所示。

6.1.2 PBOC3.0 对银行卡相关规范的影响

PBOC3.0 标准颁布将对相关终端标准和联网联合规范产生一定的影响。为

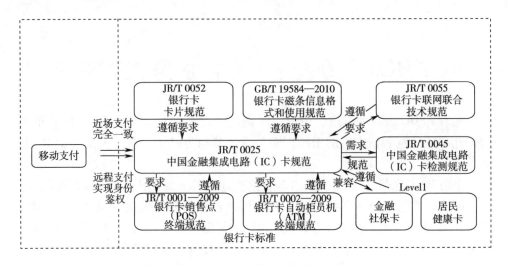

图6-1 PBOC3.0与银行卡相关规范的具体关系

适应PBOC3.0标准，《银行卡销售点（POS）终端规范》（JR/T 0001—2009）需要进行以下调整：

1. 交易流程上应设置优先受理芯片交易

为避免复合卡在能够受理金融IC卡的POS终端上使用磁条进行交易，应在受理终端设置优先受理芯片交易。在"POS终端交易界面"和"POS终端交易处理流程"中增加POS终端优先受理金融IC卡的界面和处理流程要求。POS终端读取磁条时应增加对服务代码的判断，如果服务代码第一位为"2"或"5"，即表明此卡具有芯片，需优先进行芯片交易。

2. 明确对非接触金融IC卡读卡器的硬件技术要求

非接触金融IC卡读卡器需要进一步明确不同位置的场强要求，以适应手机等非ID-1型卡片信号的读取，实现更广泛的兼容。具体应与中国金融移动支付标准中的相关要求保持一致。

3. 完善非接触式金融IC卡受理

一方面通过增加声、光、电等提示方式反馈持卡人交易是否成功，避免闪卡交易；另一方面通过增加非接触刷卡"中心点"等方式，提高持卡人"挥卡"成功率。

4. 电子现金应用

在应用功能、交易界面和凭证要素等方面增加对电子现金应用的全面支持，包括电子现金消费、圈存和批上送等。

5. 为支持多算法预留拓展空间

《银行卡联网联合技术规范》（JR/T 0055—2009）在制定之初即充分考虑到

金融 IC 卡的可扩展性要求，明确了 55 域"金融 IC 卡数据域"最大长度可达 999 字节，类型为 TLV（Tag－Length－Value）模式，支持新增定义及编码。在新增补的标准中，如电子现金双币应用规范，只需把新增数据元（如第二币种电子现金应用货币代码、余额、余额上限等）按 TLV 格式写入相应的新增报文即可，收单、转接、发卡系统均只需异步做好相应定义调整，不需全局性联调或进行软硬件系统改造。

此外对于 ATM 来讲，《银行卡自动柜员机（ATM）终端规范》（JR/T 0002—2009）除需进行 POS 终端规范五个方面的调整之外，特别要明确 ATM 终端需要预留关闭复合卡磁条交易的功能以及明确非接触式金融 IC 卡读卡器、托盘等模块作为 ATM 终端可选模块配置。

相对于磁条卡业务，PBOC 规范定义的金融 IC 卡应用新增了众多数据元（如应用交互特征，应用优先指示器等），以方便发卡银行能够根据业务发展的需要，灵活地定义和修改金融 IC 卡参数。由于新增的数据元组合形式复杂多样，为便于发卡银行理解和使用相关的数据集，中国银联编写了《中国银联借记/贷记应用个人化模板》，对最为常见的金融 IC 卡产品或卡产品组合，提供了一套个人化参数模板供发卡行参考，以确保卡片个人化后符合 PBOC 规范要求，并与终端能协同工作。每一个模板都定义了一类产品实现所需的最小数据集和参考的数据对象值。此外，由于部分数据对象的使用受到了所使用的卡片类型或者发卡行特殊要求的限制并未在模板中列出，其值需根据发卡行要求和卡片类型而定。发卡行可以在卡片个人化工作过程中直接引用该模板，也可根据自身业务需要对其中的数据对象和数据值进行调整。

6.2　PBOC 标准金融 IC 卡业务规则

随着中国人民银行引导、促进、规范金融 IC 卡业务的发展，中国银联针对机构根据 PBOC 规范发行的金融 IC 卡电子钱包产品、标准借记/贷记产品和电子现金产品，先后制定了《银联金融 IC 卡电子钱包业务规则》、《金融 IC 卡借记/贷记应用业务规则》、《银联金融 IC 卡电子现金业务规则》等配套服务规则。从发卡、收单、特约商户管理、业务处理、代（转）授权和代校验、资金清算、手续费和网络服务费、差错处理等方面进行了详细的说明，为金融 IC 卡业务各参与方提供了统一的执行标准。

6.2.1　金融 IC 卡（借记/贷记应用）业务规则

6.2.1.1　发卡业务规则

（一）芯片与磁条

➢ 支持借记/贷记应用的卡片应是复合卡。

➢ 背面磁条中主账号、有效期、服务代码信息应体现在芯片中首要借记/贷记应用中的相关数据元中。

注意：服务代码为"2XX"（国际使用）或"6XX"（国内使用）。

（二）芯片卡有效期

➢ 芯片信息中应设定借记/贷记应用的有效期。

➢ 首要借记/贷记应用的有效期应与磁条信息中的有效期一致。

➢ 如卡面印制了有效期，则首要借记/贷记应用的有效期及磁条信息中的有效期应与卡面有效期一致。

注意：如卡面印制了有效期，发卡机构应保证认证中心公钥的有效期长于卡面有效期。

（三）对芯片中应用的要求

➢ 芯片卡上可有多个银联支付应用，应把与磁条信息相对应的银联支付应用设置为最高优先级。

➢ 芯片卡上除银联支付应用外，可同时具有非银联应用，但应满足下列条件：

■ 非银联应用不得损害银联支付应用的安全和功能完整性。

■ 银联支付应用的优先级应高于非银联应用。

■ 发卡机构负责赔偿由于非银联应用对银联造成的损失。

6.2.1.2 收单业务规则

（一）降级使用交易

➢ 定义

■ 具有借记/贷记应用的复合卡在具有芯片受理能力的终端上交易时，由于芯片或终端芯片受理功能不能正常工作，终端引导持卡人通过刷磁条进行的交易。

■ 得到发卡机构授权。

➢ 相关处理要求

■ 终端应支持正常的芯片卡交易和降级使用交易。终端应首先尝试进行芯片交易，当芯片或读卡器不能正常工作时方可进行降级使用交易。

■ 须联机处理，否则拒绝。

■ 不允许终端设备主动提示使用磁条而跳过芯片认证控制。

■ 应正确标识芯片卡交易及降级使用交易。

➢ 风险责任的承担

■ 除确认收单机构或商户有欺诈行为外，发卡机构对受理机构正确标识并且经发卡机构授权的降级使用交易承担责任。

➤ 相关措施

■ 加强对商户及收银员的培训。

■ 加强对降级交易的监控。

（二）交易确认

➤ 联机交易：发卡机构给出的应答。

➤ 脱机交易：卡片给出的交易证书（TC）。

收单机构应妥善保管 TC 及参与计算 TC 的数据，因为交易证书（TC）是交易是否被发卡机构认可的凭证，一旦出现差错或争议时，TC 及其计算数据是重要处理依据。

6.2.1.3　业务处理

（一）交易要求

➤ 应首选尝试读取芯片信息进行交易处理，当芯片或读卡器出现问题时可降级使用磁条进行交易。

➤ 交易凭证还应该包含应用标识、交易证书。

只有芯片最终批准了交易，交易才算成功。对发卡机构批准而芯片最终拒绝的交易，终端应该发起冲正。

（二）吞没卡

➤ 处理流程与磁条卡相同。

➤ 由于芯片卡成本较高，且芯片卡上通常存在多种应用，因此领卡时限从 3 个工作日延长为 20 个工作日。

6.2.1.4　资金清算

银联金融 IC 卡借记/贷记应用跨行业务资金清算与一般银联卡跨行业务资金清算在清算方式、清算账户及协议要求、清算时间、清算流程、资金划拨等方面基本一致。

6.2.1.5　差错处理

整体差错处理流程与磁条卡现有处理流程一致。

由于芯片卡交易提供了交易证书（TC），因而增加了部分差错原因码。

➤ 确认查询，增加原因码：

■ 6308，用于交易有疑问时索取交易证书（TC）及相关的计算数据。

➤ 贷记调整，联机消费交易中，发卡机构给出授权同意交易但最终被卡片拒绝并且冲正不成功的情况，收单机构应主动发起贷记调整。

➤ 一次退单，增加原因码：

■ 4558：交易证书 TC 验证失败；

■ 4559：不能提供 TC 及相关计算数据。

6.2.2　金融 IC 卡（电子现金）业务规则

6.2.2.1　发卡业务规则

（一）卡号规则

➢ 可发行使用同一卡号、同时具有借记/贷记应用和电子现金的复合卡。

➢ 如为电子现金和磁条卡的复合卡：

■ 电子现金与磁条卡账户建立关联关系，则卡面印制的卡号应与磁条内的卡号信息一致。

■ 电子现金与磁条卡账户未建立关联关系，则卡面应分别印制磁条内的卡号及电子现金的卡号。

（二）交易支持

➢ 发卡机构应支持消费交易、退货交易、指定账户圈存交易。

➢ 银联金融 IC 卡电子现金应支持脱机余额查询、脱机明细查询。

➢ 发卡机构可选择开通非指定账户圈存交易、现金充值交易和自动圈存交易。

➢ 银联金融 IC 卡电子现金不支持取现交易。

（三）圈存类交易的限制

➢ 发卡机构应对电子现金账户设定资金最高限额。

➢ 发卡机构系统应拒绝超过资金限额的圈存交易和现金充值交易。

发卡机构判别电子现金余额是否超上限时，应以卡片上送的余额为准。

6.2.2.2　收单业务规则

（一）圈存类交易

➢ 圈存终端应支持：指定账户圈存、非指定账户圈存、自动圈存（脚本处理）、余额查询、明细查询。

➢ 现金充值终端应支持：现金充值、自动圈存（脚本处理）、余额查询、明细查询。

➢ 收单系统应全面支持指定账户圈存、非指定账户圈存、现金充值。

（二）交易确认

➢ 联机交易：上送交易至发卡机构完成交易验证和应答后，收单机构应将电子现金发卡机构给出的应答作为交易确认的基本信息。

➢ 脱机消费、查询交易、明细查询：以卡片给出的应答作为交易确认的基本信息。

（三）BIN 号黑名单

➢ 对进入黑名单的机构所发行的卡片，收单机构应及时下载 BIN 号黑名单拒绝受理，转接机构也相应拒绝交易。例如，银联下发黑名单 2 天后将不再对其脱机交易进行清算。

➢ 下发 BIN 号黑名单的当日至下发 2 日内脱机交易由该机构所缴纳的清算风险准备金来承付；

➢ 下发 BIN 号黑名单 2 天后脱机交易由收单机构承担；

➢ 同时是否发行电子现金将纳入商业银行清算风险准备金缴纳标准的评估范围。

6.2.2.3 业务处理

（一）圈存类交易——指定账户圈存

➢ 持卡人将与电子现金绑定的借记卡或贷记卡中资金（或额度）划入电子现金的交易。

➢ 必须联机进行，并要求提交绑定卡片的个人密码（PIN）。

（二）圈存类交易——非指定账户圈存

➢ 持卡人可将其任意一借记卡中的资金（或贷记卡额度）划入到电子现金中。

➢ 须联机进行，并要求提交借记/贷记卡的个人密码（PIN）。

（三）圈存类交易——现金充值

➢ 持卡人将现金存入电子现金的交易。

➢ 必须联机完成，不需要提供密码（PIN）。

（四）消费

➢ 脱机进行，无须提交密码（PIN）。

➢ 交易凭证打印问题：不具备条件的显示余额；具备条件的应打印凭证，且打印的凭证不屏蔽卡号。

➢ 无须签名。

（五）终端脱机消费交易流水丢失处理

➢ 有交易凭证：

■ 商户应将交易凭证交至收单机构，收单机构应提供手工补单的机制，通过人工录入交易凭证上的有关信息，形成符合要求的脱机消费交易文件，在自交易日起 20 个自然日内上送到转接机构信息处理中心，转接机构信息处理中心按照标准处理流程进行后续处理。

■ 未及时提交补录的脱机消费交易数据而产生的风险损失由收单机构承担。

➢ 无交易凭证：

■ 收单机构和商户协商解决。

（六）退货

➢ 退货类型包括终端方式发起的退货（又分脱机、联机退货两种）和手工退货。

➤ 如终端在脱机流水文件中找到原交易，则执行脱机退货交易，即生成脱机退货交易记录并保存到终端脱机流水文件中。

➤ 如终端未查找到原交易且终端具备联机能力，则发起联机退货请求交易。收单平台收到后在交易流水中查找原交易，如找到且交易检查允许则返回成功。

➤ 关联借记/贷记账户的电子现金：退货金额返还至关联的借记/贷记账户内。

➤ 对于纯电子现金：退货金额返还至该卡的暂挂账户（由发卡机构系统支持），持卡人再办理退货金额的写卡。

（七）余额查询

➤ 可通过金融终端读取电子现金中的余额。

➤ 脱机进行，无须提交密码（PIN）。

（八）明细查询

➤ 脱机进行，无须提交密码（PIN）。

➤ 交易明细记录包括圈存交易记录（必选）和消费交易记录（可选）。记录条数视卡容量或发卡机构的规定而定，但最少不得低于10条。

6.2.2.4　资金清算（以委托银联清算为例）

➤ 以银联信息处理中心的清算数据为依据。

➤ 银联信息处理中心在收到收单机构上送的脱机消费交易数据的次日进行清算，发卡机构如发现TC校验失败，可以通过差错处理的方式来解决。

➤ 自动圈存、余额查询和明细查询交易不参加清算，指定账户圈存、非指定账户圈存、现金充值、消费交易、退货交易参加清算。

➤ 收单机构应在自交易日起20个自然日内批量上送脱机消费交易数据，提交清算。未及时提交而产生的风险损失由收单机构承担。

6.2.2.5　差错处理

（一）确认查询

➤ 适用范围：发卡机构为确认原始交易的需要或消费合法性提出的查询请求。

➤ 原因码6303

■ 对圈存类交易有疑问，索取交易凭证

■ 脱机消费TC验证失败，索取交易凭证

（二）贷记调整

➤ 适用范围：发卡机构（电子现金发卡机构）发现长款。

➤ 原因码：9605

➢ 处理要求：

■ 电子现金发卡机构对终端写卡不成功且冲正不成功的交易应及时进行贷记调整。

■ 电子现金发卡机构对于现金充值交易确认后，对终端写卡不成功且冲正不成功的交易应及时对收单机构进行贷记调整。

（三）一次退单

➢ 适用范围：

■ 收单机构对确认查询交易超过时限未予查复。

■ 脱机消费 TC 验证失败。

➢ 原因码：

■ 4527：收单机构查复超过时限。

■ 4532：退货（贷记调整）交易未清算。

■ 4566：脱机消费的 TC 校验失败。

6.3　根 CA 管理规则/技术规范

为增强金融 IC 卡交易的安全性，在 PBOC2.0 规范开始引入了标准借记/贷记和电子现金应用的非对称密钥管理体系，用于交易流程中的脱机数据认证。PBOC 非对称密钥管理体系的核心是根 CA，根 CA 负责生成和管理 PBOC 借记/贷记和电子现金应用的根 CA 证书、负责签发发卡行 CA 证书等工作。根 CA 系统于 2006 年建设完成，目前由中国金融认证中心负责系统的具体操作。

为安全、高效地对各家银行提供根 CA 公钥认证服务，中国银联制订了《金融 IC 卡借记/贷记应用根 CA 公钥认证规范》中的第 1 部分《管理规则》和第 2 部分《技术规范》，就商业银行申请根 CA 公钥和发卡行公钥证书从管理流程和安全策略方面进行了规定，并对金融 IC 卡借记/贷记应用根 CA 公钥认证的技术要求和系统接口进行了详细说明。

6.3.1　管理规则

根 CA 管理规则（本节简称管理规则）是对金融 IC 卡借记/贷记应用根 CA 公钥认证系统及服务在管理流程及安全策略方面做出的规定。

管理规则适用于金融 IC 卡借记/贷记应用根 CA 公钥认证的服务提供机构和服务接受机构，包括认证管理机构、接受认证服务的银行卡组织成员机构以及成员机构授权的代理机构。

金融 IC 卡借记/贷记应用公钥认证体系符合《中国金融集成电路（IC）卡规范》，为遵循该标准的金融 IC 卡借记/贷记提供公钥认证服务，也同时为其他金融 IC 卡数据认证提供途径（如商业银行终端提供的对外卡数据认证等）。

　　按照《中国金融集成电路（IC）卡规范 》，金融 IC 卡借记/贷记应用公钥认证体系包括根 CA、各发卡机构 CA 及其发行的相关标准金融 IC 卡、收单机构及其 ATM 和 POS。金融 IC 卡借记/贷记应用公钥认证系统使用公钥密码技术进行金融 IC 卡静态数据、动态数据或复合数据的生成及认证，以提供高度安全的金融 IC 卡交易认证服务。

　　金融 IC 卡借记/贷记应用公钥认证体系是一个独立的两层树状结构的 PKI 体系，以根 CA 为唯一信任顶点，以发卡机构用于签发标准借记/贷记应用的金融 IC 卡的 CA 作为根 CA 的下级 CA。发卡机构用来签发标准借记/贷记应用金融 IC 卡的 CA 有义务接受根 CA 的公钥认证服务并成为根 CA 的下级 CA。

　　发卡机构 CA 可以采用不同方式建设和运行，比如自建及自行管理或服务外包等，但其系统及运行操作的规范性和安全性应遵从本标准的相关规定。

6.3.2 技术规范

　　根 CA 技术规范（本节简称技术规范）对金融 IC 卡借记/贷记应用根 CA 公钥认证及服务在技术及系统接口方面的要求做了规定，包括金融 IC 卡借记/贷记应用公钥认证的脱机金融 IC 卡数据认证、根 CA 公钥文件、成员机构及第三方服务机构根 CA 公钥证书验证、发卡机构公钥输入文件、发卡机构公钥输入文件的验证、发卡机构公钥输出文件、发卡机构公钥证书验证等方面的内容。

6.4 联网联合技术规范

　　为规范银行卡跨行业务操作，实现 PBOC 卡全国联网通用，经与各联网机构协商，中国银联制订了《银行卡联网联合技术规范》。此技术规范由五个部分组成，包括交易处理、报文交换、文件数据格式、数据安全传输控制、通信接口，涵盖了关于我国银行卡技术范畴的各个方面，已实现对 PBOC 借记/贷记应用和电子现金应用的完全支持，并对 PBOC 卡的专有业务功能和交易流程进行了说明。

　　《银行卡联网联合技术规范》适用于所有加入中国银联银行卡信息交换网络的入网机构。

6.4.1 交易处理说明

　　交易处理说明是对中国银联跨行交易中各联机交易处理流程等有关内容做出的规定。

6.4.2 报文接口规范

　　报文接口规范是对入网机构与中国银联信息处理中心系统（CUPS）之间进行联机交易时使用的报文接口，包括联机交易报文的结构、格式以及报文域做出的规定。

6.4.3　文件接口规范

文件接口规范是对中国银联跨行交易网络中入网机构与 CUPS 之间的文件交换关系做出的规定。

6.4.4　数据安全传输控制规范

数据安全传输控制规范是对中国银联跨行交易网络中安全传输数据信息应达到要求做出的规定，包括数据传输安全要求、密钥管理方法和加密方法。

6.4.5　通讯接口

通讯接口是对中国银联跨行交易网络中联机交易与文件传输的通讯接口应满足要求做出的规定，包括通信链路的选择、接入方式选择、接入设备的要求和通信协议的规定。

6.5　借记/贷记发卡行/收单行实施指南

对于计划实施 PBOC 标准金融 IC 卡迁移，开展金融 IC 卡业务的商业银行来说，实施 PBOC 迁移涉及范围很广，并会对银行员工、持卡人、产品厂商、业务流程和处理系统均产生不同程度的影响。为协助商业银行启动 PBOC 迁移计划，完成相关系统改造，中国银联制订了《中国金融集成电路金融 IC 卡借记/贷记应用发卡行实施指南》和《中国金融集成电路金融 IC 卡借记/贷记应用收单行实施指南》，为商业银行实施 PBOC 标准金融 IC 卡迁移工程提供了一个整体引导。指南重点就卡片、终端、应用的选择、主机系统改造、测试认证等方面进行了详细介绍，从项目实施的角度描述了商业银行实施 PBOC 迁移需经历的一系列计划任务和活动，为商业银行顺利开展迁移工作提供了有力的支持。

6.5.1　发卡行实施指南

《中国金融集成电路（IC）卡借记/贷记应用发卡行实施指南》目的是为发卡行实施 PBOC 迁移计划提供一个整体引导。它引述其他规范性文档的专业信息，或提供这些文档的索引信息，帮助发卡行改造其主系统和后台架构，以支持其 PBOC 迁移相关工作。同时，它也包含协助发卡行选择卡片参数、个人化 PBOC 卡等信息。

《中国金融集成电路（IC）卡借记/贷记应用发卡行实施指南》从卡片的选型和认证、卡片发行、卡片个人化、数据要求、发卡行主机系统改造、发卡行后台系统改造以及发卡行主机认证等多个方面描述了发卡行应该完成的策略、业务、风险管理以及技术方面的要求。

6.5.1.1　卡片选型与认证

卡片选型与认证描述了卡片供应商选择以及卡片遵循规范等方面的建议和要求。

6.5.1.2 卡片发行要求

卡片发行要求描述了卡片预个人化、卡片制造、个人化以及后个人化等四个阶段的主要工作和要求。

6.5.1.3 卡片数据要求

卡片数据要求描述了针对卡片个人化数据的具体要求，包括应用选择、应用初始化、脱机数据认证、处理限制、持卡人验证、终端风险管理、卡片行为分析、联机处理、交易结束以及发卡行脚本处理等几个方面的相关数据内容。

6.5.1.4 发卡行主系统改造

发卡行主系统改造描述了PBOC迁移所要求的发卡行主系统改造事项，包括发卡行实现联机卡片认证、联机发卡行认证、CUPS代校验服务、未来密文支持、数据记录/存档、发卡行脚本处理以及授权决定处理等功能。

6.5.1.5 发卡行后台系统改造

发卡行后台系统改造描述了PBOC迁移所要求的发卡行后台系统改造事项，包括电子现金、对账单、客户服务、卡管理系统、卡片置换、争议处理、清算与对账、报表、内部员工培训等方面的内容。

6.5.1.6 发卡行主机认证

发卡行主机认证描述了实现PBOC迁移所要求的发卡行主机认证，包括认证环境和认证流程两方面的内容。

6.5.2 收单行实施指南

《中国金融集成电路（IC）卡借记/贷记应用收单行实施指南》目的是为收单行实施PBOC迁移计划提供一个整体引导。它引述其他规范性文档的专业信息，或提供这些文档的索引信息，帮助收单行改造其主系统和后台架构，以支持其PBOC迁移工作。同时，它也包含协助收单行选择终端、支持商户等信息。

《中国金融集成电路（IC）卡借记/贷记应用收单行实施指南》从终端选型与认证、终端、迁移选项、收单行系统改造、收单行后台系统改造、公钥管理以及收单行主机认证等多个方面描述收单行应该完成的策略、业务、风险管理以及技术方面的要求。

6.5.2.1 终端选型与认证

终端选型与认证描述了终端供应商选择以及终端遵循规范等方面的建议和要求。

6.5.2.2 终端功能要求

终端功能要求描述了收单行部署EMV/PBOC终端的要求，包括在EMV和PBOC规范中描述的安全性、互操作性和功能性要求，以及应用选择、脱机数据认证、处理闲置、持卡人验证、终端风险管理、终端行为分析等几个方面的内容。

除 EMV/PBOC 的功能配置要求之外，还包含一些适用于终端设备的必备或可选的特性，这可能对市场或业务具有重大的帮助。包括磁条卡终端要求、电子现金功能、非接触式金融 IC 卡支付要求、专有要求、交易类型要求、其他应用要求以及交易凭证要求等方面的内容。

6.5.2.3　收单行系统改造

收单行系统改造描述了 PBOC 迁移所要求的收单行系统改造事项，包括终端管理系统、终端和收单行接口以及主机系统需要进行的改造。

6.5.2.4　公钥管理要求

公钥管理要求描述了在收单行终端支持脱机数据认证的公钥管理活动。对于不执行这些功能的 PBOC 终端，公钥管理活动不是必需的。

6.5.2.5　收单行主机认证

收单行主机认证描述了实现 PBOC 迁移所要求的收单行主机认证，包括认证环境和认证流程两方面的内容。

6.5.2.6　收单行后台系统改造

收单行后台系统改造描述了支持 PBOC 迁移计划的后台功能改造，包括交换费率、记账、争议处理、报表、内部员工培训等方面的内容。

6.5.2.7　商户支持

商户支持描述了为使商户支持受理芯片卡，商户需要给予支持的相关任务，包括商户协议、商户服务、商户系统改造以及商户培训等方面的内容。

6.6　PBOC 标准金融 IC 卡风险防范

6.6.1　金融 IC 卡降级交易策略

降级交易（fallback）是指当具有借记/贷记应用的芯片磁条复合卡在具有金融 IC 卡受理能力的终端上交易时，由于芯片或读卡器故障导致无法正常读取芯片数据，终端引导持卡人通过刷磁条而进行的交易。从目前情况看，整体金融 IC 卡交易中降级交易比例较高。

6.6.1.1　发生降级交易的原因

从相关机构的统计数据来看，在目前的实际应用中，产生了大量的非正常 fallback 交易，从而造成目前整体金融 IC 卡交易中降级交易比例很高。分析降级交易原因主要有几下几点：

1. 201 卡存在数量巨大

由于原国内银行卡磁条信息格式定义与国际标准有冲突，即服务代码的第 1 位即使是 2 和 6，也并不代表此卡带有芯片，导致国内部分银行发行的部分磁条卡的服务代码为 201，但该卡片不含芯片，使得该卡片在符合 EMV 要求的终端上使用时，误判为芯片卡。

截至目前，已知 201 卡存量超过 1.54 亿张，截至 2013 年 3 月金融 IC 卡发卡量为 1.98 亿张（包括纯芯片卡）。由于不排除仍有银行未通告 201 卡存量以及个别银行持续增发，实际 201 卡量很可能超出金融 IC 卡量。由于所有 201 卡都必然引发交易报文中显示该交易为 fallback，因此，201 卡发生的"fallback"是当前统计的金融 IC 卡降级交易的最主要部分，且目前仅能通过发卡行回收换卡等业务方式进行处理，进展缓慢，所以未来很长一段时期内，在非发卡行统计中，201 卡仍将是 fallback 的主要原因。

2. 终端处理不合规和收银员不规范操作增加降级交易发生率

■ ATM 处理不合规源于程序问题

ATM 不合规处理主要指 ATM 程序在处理流程上优先读磁条，且在复合卡情况下仍直接通过磁条完成交易。由于 ATM 主要由收单行自行管理，处理流程和方式尚待规范，这也是 ATM 渠道占全部降级交易大部分的重要原因之一。

■ POS 处理不合规根本上源于收银员错误操作

POS 处理不合规是指 POS 受理复合卡时在未有插卡的情况下直接通过磁条完成交易，其根本原因在于收银员的不规范操作。具体来说，2011 年版本之前的 POS 程序允许收银员对卡片是否为金融 IC 卡进行人工选择，如按操作规范严格执行，将复合卡插卡处理，则不会发生不合理的降级，但实际情况中，较多收银员因培训不到位或图省事，将卡片选择为磁条卡，人为导致降级发生；有些 POS 程序在编写时就允许复合卡采用磁条交易，导致收银员习惯不改。

3. 卡片和终端设备故障

卡片和终端故障也会导致降级交易的发生。

4. 机构报文错判纯磁条为降级交易

在各机构的积极自查和持续优化下，交易质量已稳步提升到较高水平，大规模填错报文的现象已不存在，但不完全排除小规模的报文错误情况，这需要在银行协助下进行排查处理。

6.6.1.2 关于 fallback 交易的要求和建议

1. 对降级交易规范要求

■ 银联芯片卡终端应支持正常的芯片卡交易和降级使用交易，终端应首先尝试进行芯片交易，当芯片或读卡器不能正常工作时方可进行降级交易。

■ 降级使用交易必须联机处理，如果联机不能成功则应拒绝交易。

■ 不允许终端设备主动提示使用磁条而跳过芯片认证控制。

■ 应正确标识芯片卡交易及降级使用交易。

■ 发卡机构对受理机构正确标识并经发卡机构授权的降级使用交易承担责任。

2. 采取措施降低 fallback 交易的比例

■ 修改 POS 受理程序，形成新的操作规范

目前所用 POS 程序基本是在金融 IC 卡推广之初开发，在对复合卡引导芯片交易方面没有合理的控制，因此，应尽快完善 POS 引导程序，同时优化流程，改先插卡为先输入金额，形成规范操作流程，同时加强自助式引导，尽量朝着 POS 操作免培训方向努力。详见 8.3.1。

■ 加强业务管理，减少不规范卡片交易

从目前降级交易情况来看，不规范的卡片导致交易降级的情况仍占较大比重。这就需要在发卡时严格控制不规范发卡，推动已经发行的不规范卡片完成换卡。完善管理措施，在卡片发行环节加强发卡审核，制卡检查和卡 BIN 功能管理，从源头控制不规范卡片交易量。

■ 加强规范操作宣传，减少不规范用卡

加强对商户及收银员的宣传，熟悉芯片卡的交易操作流程。收单机构要进一步加强对收银员的宣讲，规范受理环境。同时结合业务和风险控制策略，研究对收单机构和商户的监督和考核机制。

■ 加强对降级交易的监控

加强对降级交易的监控力度，对特定时间特定地点的大量降级交易进行调查和处理，防止出现恶意的欺诈交易。

■ 加强日常设备的维护，减少设备故障

在金融 IC 卡发行量快速增长的情况下，要求收单机构切实重视终端设备情况，加强日常巡检和维护，避免因为设备故障导致大量的降级交易。

6.6.2 金融 IC 卡伪卡风险责任转移

为推进 PBOC 标准金融 IC 卡迁移工作，明确迁移过程中发卡机构与收单机构之间的伪卡风险责任，维护完成金融 IC 卡迁移方权益，在中国人民银行分支机构推动下，各地银行业通过协商，纷纷制定了伪卡风险责任转移规则，银联也从卡组织角度制定了《银联 PBOC 标准金融 IC 卡伪卡风险责任转移规则》。

以银联风险责任转移规则为例，伪卡风险责任转移规则适用于符合 PBOC 标准带有借记/贷记应用功能的芯片磁条复合卡，不适用于磁条卡和纯芯片卡。

此风险转移规则适用的交易情形主要有以下两种：

■ 复合卡在未完成 PBOC 标准金融 IC 卡迁移改造的终端上使用时，若以磁条卡方式完成交易而产生的伪卡风险损失，无论交易时是否凭密，均由收单机构承担责任。

■ 复合卡在已完成 PBOC 标准金融 IC 卡迁移改造的终端上使用时，若收单机构或其特约商户未正确处理复合卡的降级使用交易，由此产生的伪卡风险损失，无论交易是否凭密，均由收单机构承担责任。

对于超出此规则适用范围的风险责任划分，则按照《银联卡业务运作规章》的相关规定执行。

1. 收单端未完成 PBOC 迁移的伪卡风险责任转移

复合卡在未完成 PBOC 标准金融 IC 卡迁移改造的终端上使用时，收单机构需对复合卡以磁条方式完成的伪卡欺诈交易风险承担责任。

在同时满足以下条件的情况下，发卡机构可将伪卡风险责任向收单机构转移：

■ 涉嫌伪卡欺诈的银行卡为银联 PBOC 标准复合卡；

■ 涉嫌伪卡欺诈交易的受理终端不具备 PBOC 标准借记/贷记应用受理功能；

■ 持卡人否认交易，并书面声明始终有发生争议的银行卡片；

■ 发卡机构已在规定时间内向中国银联成功报送相关伪卡欺诈交易。

发卡机构应通过退单或争议裁判流程实现伪卡风险责任转移，并提交相关证明文件。

2. 收单端未正确处理降级使用交易的伪卡风险责任转移

降级使用交易是指当复合卡在具备 PBOC 标准金融 IC 卡借记/贷记应用受理功能的终端上发起交易时，由于卡芯片或终端芯片受理功能不能正常工作，最终退回到磁条方式完成的联机交易。

特约商户未按正确程序操作，或未经发卡机构联机授权，或未在交易报文中进行正确标识的降级使用交易，若产生伪卡风险损失，由收单机构承担责任。

在同时满足以下条件的情况下，发卡机构可将降级使用交易产生的伪卡损失责任向收单机构转移：

■ 涉嫌伪卡欺诈的银行卡为银联 PBOC 标准复合卡。

■ 涉嫌伪卡欺诈交易的受理终端已具备 PBOC 标准借记/贷记应用受理功能。

■ 收单机构或其特约商户存在以下任一不规范操作情形：

• 特约商户未按照金融 IC 卡的正确操作程序进行卡片受理，导致最终以磁条方式完成交易；

• 降级使用交易未获得发卡机构的联机授权，但商户依然完成交易；

• 收单机构未在联机交易报文中对降级使用交易进行正确标识。

■ 持卡人否认交易，并书面声明始终持有发生争议的银行卡片。

■ 发卡机构已在规定时间内向中国银联成功报送相关欺诈交易。

发卡机构应通过退单或争议裁判流程实现降级使用交易伪卡风险责任转移，并提交相关证明文件。

6.7　PBOC3.0 检测认证体系

6.7.1　检测要求概述

中国人民银行于 2013 年 2 月正式发布《中国金融集成电路（IC）卡规范（V3.0）》，银行卡检测中心于标准正式发布一个月内，完成了相关项目检测案例升级工作，并按照新标准提供检测服务。

厂商在送检 PBOC3.0 相关产品之前，应仔细学习 PBOC3.0 规范相关内容，并仔细阅读银行卡检测中心提供的送检指南及送检流程，按照规定要求准备送检材料及送检产品。

6.7.2　卡片检测要求

根据 PBOC3.0 标准的卡片相关规范要求，送检卡片在送检前需做好相应准备，此部分将按具体的卡片检测种类来阐述相关要求。

6.7.2.1　PBOC3.0 金融 IC 卡相关项目

此部分主要包括的测试项目如下：PBOC3.0 借记/贷记卡；PBOC3.0 基于借记/贷记应用的小额支付卡；PBOC3.0 基于借记/贷记应用的双币小额支付卡；PBOC3.0 非接触 IC 支付卡；PBOC3.0 非接触小额支付扩展应用卡；PBOC3.0 非接触式 QPBOC 双币小额金融 IC 卡。

1. 技术要求

对于个人化方式，送检客户可以从以下两种方式任选一种，以准备样卡。

■ 客户提交卡片个人化工具（可以是软件或者装有该软件的笔记本电脑），并且参照个人化要求，将各种个人化情况事先加入个人化工具中，测试时检测中心可通过客户提交的个人化工具，选择各套个人化数据对卡片进行个人化。客户选择此种方式，则应提供 30 张测试卡片。若客户使用同一套样卡提交多个项目的测试，则所有项目总共提交 30 张卡片即可。

■ 客户将送检样卡按照个人化要求，分别做好个人化，并在卡片上标记好对应的个人化的配置号。总计需要约 500 张卡片。此种方式不支持同一套卡片提交多个项目的测试，即客户若同时提交多个项目的测试，则应提交的卡片总数应为每个项目所需要的卡片数量之和。测试中如测试样卡不够，可能需客户另外提供样卡。

送检客户在送检时需声明卡片实际支持的算法类型，具体可选的类型包括国际算法（对称加密算法基于 DES、非对称加密算法基于 RSA、哈希算法基于

SHA‐1）、国密（SM）算法（对称基于 SM4、非对称基于 SM2、哈希算法基于 SM3）、同时支持双算法（同时支持上述两类卡片所涉及的加密方式，根据规范规定进行选择）。具体每种类型的卡片送检张数详见具体规定，需特别注意支持不同算法类型中卡片 PDOL 数据的不同。

根据卡片的功能不同可分为接触应用和非接触应用，需在个人化时注意两者相同特征中不同个人化数据的要求，主要区别在 PDOL 个人化数据的不同，同时非接触应用需要将 PPSE 相关数据个人化至卡片中，以满足现行规范中非接触应用选择的要求。

2. 文档要求

产品提供方在送检时应提交以下文档：

■芯片资料（请按指定格式填写），包括：

芯片型号；

芯片基本性能（CPU 位数、ROM 及 E2PROM 容量）。

■ 卡片技术参数手册（至少应包括以下内容）

卡片文件管理结构；

卡片安全特性；

卡片指令集（包括规范中未定义的个人化指令）；

卡片 ATR 的说明；

COS 版本号及从卡片中读取该版本号的方法；

卡片内部所有文件的结构图和相应的文件标识符 FID。

■ 如是硬掩膜产品，应提交芯片制造商出具的硬掩膜证明。

■ 如果卡内含有多个应用，应注明受检卡内含有几个应用，各为何种应用。

■ 接触金融 IC 卡电气特性和协议测试功能一致性声明。

3. 个人化要求

对于个人化要求，银行卡检测中心在其提供的《PBOC3.0 金融 IC 卡检测指南（V1.1.2）》中有着详细的描述，概要如下：

第 4.2 条列出了个人化数据的公共部分，称为基本特征，第 4.5 条列出的每个个人化特征都继承于基本特征。可理解为 C＋＋语言中的父类/基类。

第 4.3 条列出了所有可能被用到的公钥证书、非对称公私钥对、对称密钥等信息。

第 4.5 条列出了针对不同测试点所涉及的各种个人化数据，称为卡片特征。卡片特征继承自基本特征，可理解为 C＋＋语言中的子类。

第 4.4 条列出了卡片特征与选用的密钥之间的关系。

基本特征和卡片特征为测试时所必需的数据对象，可能并不能涵盖 JR/T

0025 规范中规定的所有数据对象，对于没有在此定义的数据对象，客户可自行为其赋值。

根据卡片功能的不同，产品提供方不需要支持本文件中列出的全部卡片特征。表6-1列出了支持不同功能的卡片所应支持的卡片特征。

表6-1　　　　　　　　卡片支持的功能与卡片特征的对应关系

卡片支持的应用	送检时应准备的卡片特征
仅支持国际算法的卡片	
接触式借记/贷记	卡片特征1至卡片特征27
接触式基于借记/贷记应用的小额支付	卡片特征29、卡片特征30、卡片特征51
快速借记/贷记（qPBOC）	卡片特征31至卡片特征45，卡片特征48和卡片特征49，卡片特征53至卡片特征55
非接触式小额支付扩展	卡片特征31至卡片特征49
非接触式借记/贷记	卡片特征1至卡片特征27（加入PPSE并采用非接界面下的PDOL个人化数据）
非接触式基于借记/贷记应用的小额支付	卡片特征29、卡片特征30、卡片特征51（加入PPSE并采用非接界面下的PDOL个人化数据）
仅支持SM算法的卡片	
接触式借记/贷记	卡片特征1至卡片特征27（采用非接界面下支持SM算法的PDOL个人化数据）
接触式基于借记/贷记应用的小额支付	卡片特征29至卡片特征30（加入PPSE并采用非接界面下的PDOL个人化数据）
快速借记/贷记（qPBOC）	卡片特征31至卡片特征45，卡片特征48和卡片特征49
非接触式小额支付扩展	卡片特征31至卡片特征47
非接触式借记/贷记	卡片特征1至卡片特征27（加入PPSE并采用非接界面下支持SM算法的PDOL个人化数据）
非接触式基于借记/贷记应用的小额支付	卡片特征29至卡片特征30（加入PPSE并采用非接界面下支持SM算法的PDOL个人化数据）
支持国际算法和SM算法的卡片	
接触式借记/贷记	卡片特征1至卡片特征28（与仅支持SM算法的卡片特征相比加入了国际对称与非对称算法相关的必备数据）
接触式基于借记/贷记应用的小额支付	卡片特征29至卡片特征30（与仅支持SM算法的卡片特征相比加入了国际对称与非对称算法相关的必备数据） 卡片特征51和卡片特征52

卡片支持的应用	送检时应准备的卡片特征
快速借记/贷记（qPBOC）	卡片特征 31 至卡片特征 45，卡片特征 48 和卡片特征 49，卡片特征 53 至卡片特征 55
非接触式小额支付扩展	卡片特征 31 至卡片特征 49
非接触式借记/贷记	卡片特征 1 至卡片特征 28（与仅支持 SM 算法的卡片特征相比加入了国际对称与非对称算法相关的必备数据）
非接触式基于借记/贷记应用的小额支付	卡片特征 29 至卡片特征 30（与仅支持 SM 算法的卡片特征相比加入了国际对称与非对称算法相关的必备数据）卡片特征 51 和卡片特征 52

若送检的卡片仅支持双算法，送检时应为每种卡片特征准备两套个人化数据，这两套个人化数据的区别在于 PDOL，一个带有 DF69，另一个不带有 DF69。若送检的卡片仅支持一种算法（不论是国际还是国密），则客户只需为每种卡片特征准备一套个人化数据。

若送检的卡片支持双币，送检时应为每种卡片特征准备两套个人化数据，一套数据用于测试单币，另一套数据用于测试双币，两套个人化数据的主要区别在于 9F68 字节 1 指明的支持的脱机金额检查的类型不同。

若送检的卡片支持扩展，送检时应在保留前面已建立的个人化数据的基础上，再准备一套用于测试扩展应用的个人化数据。

6.7.2.2　金融 IC 卡个人化样卡检测项目

此部分主要包括的测试项目如下：银联标识金融 IC 卡个人化样卡测试；银联认证——银联标识金融 IC 卡个人化认证测试。

1. 总体要求

本测试的测试目的在于检测个人化生产商是否具备制作 Q/CUP 046.1—2013 所规定的卡片的能力。故客户应提供个人化完毕的样卡，无须提供个人化数据，无须提供个人化工具与个人化手册。

2. 应用程序的选择

送检机构可以任选应用提供商提供的金融应用程序（或称为 COS），该应用程序应具备银行卡检测中心出具的在有效期内的检测报告。检测报告中所描述的应用提供商可以与委托客户不是同一企业，也可以与本次制作个人化的生产商不是同一企业，送检机构应在检测服务合同清楚地指明这些区别点。

若应用程序的检测报告中没有写明该应用程序支持某种算法，则送检机构不可使用该应用程序实现该算法的特征。

若应用程序的检测报告中没有写明该应用程序支持某种界面，则送检机构不可使用该应用程序实现该界面的特征。

若应用程序的检测报告中没有写明该应用程序支持某种功能，则送检机构不可使用该应用程序实现该功能的特征。

示例1：送检机构期望送检双算法（国际算法和SM算法）卡片，但应用程序的检测报告中指明该应用程序仅支持国际算法，则送检机构不可使用该应用程序制作双算法的卡片特征。此时，请联系应用程序提供商以获取帮助。

示例2：送检机构期望送检双界面卡片，但应用程序的检测报告中指明该应用程序仅支持接触式界面，则送检机构不可使用该应用程序制作双界面的卡片特征。此时，请联系应用程序提供商以获取帮助。

3. 特征概况

送检机构可以任选实现卡片特征中定义的一个或多个卡片特征。若客户实现了该卡片特征，则银行卡检测中心在正式测试时将会测试该卡片特征，并在检测报告上出具检测结果，否则检测报告上将会写明该特征未被送检机构实现。

表6-2描述了欲实现某种个人化特征时，应用程序应支持的功能。表中的对钩表示若客户期望实现该特征，则应提供相应功能的应用检测报告。一行中若有多个对钩，则多个对钩之间是逻辑"和"的关系。

从表中可以看出特征A1至特征C8仅为国际算法特征，共计15种。特征D1至特征F4仅为SM算法特征，共计10种。特征G1至特征I4为双算法特征，共计14种。

表6-2　　　　　　　　　　特征与应用程序的对应关系

	接触式	非接触式	借记/贷记	基于借记/贷记的小额支付	快速借记/贷记	双币	非接触式小额扩展	国际算法	SM算法
特征 A1	✓		✓					✓	
特征 A2	✓		✓					✓	
特征 A3	✓		✓	✓				✓	
特征 B1		✓	✓		✓			✓	
特征 B2		✓	✓		✓			✓	
特征 B3		✓	✓	✓	✓			✓	
特征 B4		✓	✓		✓		✓	✓	
特征 C1	✓	✓	✓	✓	✓			✓	
特征 C2	✓	✓	✓	✓	✓			✓	
特征 C3	✓	✓	✓	✓	✓	✓		✓	
特征 C4	✓	✓	✓	✓	✓	✓		✓	

续表

	接触式	非接触式	借记/贷记	基于借记/贷记的小额支付	快速借记/贷记	双币	非接触式小额扩展	国际算法	SM 算法
特征 C5	✓	✓	✓	✓	✓			✓	
特征 C6	✓	✓	✓	✓	✓		✓	✓	
特征 C7	✓	✓	✓	✓	✓			✓	
特征 C8	✓	✓	✓	✓	✓			✓	
特征 D1	✓		✓						✓
特征 D2	✓		✓						✓
特征 D3	✓		✓	✓					✓
特征 E1		✓	✓		✓				✓
特征 E2		✓	✓		✓				✓
特征 E3		✓	✓		✓				✓
特征 F1	✓	✓	✓		✓				✓
特征 F2	✓	✓	✓		✓				✓
特征 F3	✓	✓	✓		✓	✓			✓
特征 F4	✓	✓	✓		✓				✓
特征 G1	✓		✓					✓	✓
特征 G2	✓		✓					✓	✓
特征 G3	✓		✓	✓				✓	✓
特征 G4	✓		✓					✓	✓
特征 G5	✓		✓					✓	✓
特征 H1		✓	✓		✓			✓	✓
特征 H2		✓	✓		✓			✓	✓
特征 H3		✓	✓		✓			✓	✓
特征 H4		✓	✓		✓			✓	✓
特征 H5		✓	✓		✓			✓	
特征 I 1	✓	✓	✓	✓	✓	✓		✓	✓
特征 I 2	✓	✓	✓	✓	✓	✓		✓	✓
特征 I 3	✓	✓	✓		✓			✓	✓
特征 I 4	✓	✓	✓	✓	✓			✓	✓

4. 样卡数量

若客户实现了某个特征，则在送样时，每个特征应送 2 张样品。

5. 送检的最低要求

客户最少应支持以下功能：

■ 仅国际算法；

■ 两种通讯界面；

■ 借记/贷记；

■ 基于借记/贷记的小额支付（单币种）；

■ 快速借记/贷记（单币种）。

即实现特征 A1、A2、A3、B1、B2、B3、C1、C2、C5、C7 和 C8，共计 11 个特征。

其他个人化的具体要求可以参见检测中心提供的检测指南。

6.7.3　终端检测要求

根据 PBOC3.0 标准的终端相关规范要求，送检终端在送检前应做好相应准备，此部分将按具体的终端检测种类来阐述相关要求。

6.7.3.1　PBOC3.0 借记/贷记终端 Level 1

1. 文档要求

送检机构在送检时应提交以下文档：

■ Level 1 测试功能一致性声明（ICS）；

■ 终端的安装和使用手册。

2. 硬件要求

送检机构应提交三个终端样品给银行卡检测中心用于测试。每台送检的终端将在如下的条件下进行测试：

■ 温度（最小、正常、最大）

送检终端将在三种温度条件下进行测试，其中最小和最大温度为客户在 ICS 中提供的最小和最大工作温度。如不指明环境温度的最小值和最大值，则分别按 0 度和 50 度进行测试。

■ 电压和频率（最小、正常、最大）

银行卡检测中心将从送检机构提供的终端工作电压范围中确定终端的最小、正常、最大供电电压，分别为终端提供三种供电电压进行测试。

出于方便测试的目的，如果终端上存在锁卡设备，请将所有的锁卡设备去掉，以免影响触点定位测试中触点定位测试卡的插拔。

3. 软件要求

为能够自动完成电特性测试和协议测试，送检机构需要为送检终端针对下面的要求开发三个测试程序，一个用于电特性测试，另外两个用于协议测试。其中两个测试程序都要求卡片触点上电应该由应用来控制，而不是插卡后自动给卡片上电。另外一种协议测试程序需要插卡后 10 秒启动上电。具体的对三个测试用的应用要求如下：

■ 电特性测试程序

为自动完成所有的电特性测试，送检终端在测试前须下载一个应用程序。这个应用程序使终端通过按下某个按键来初始一个测试流程（test cycle），而不是由卡片的物理插拔来自动给触点上电和下电。

当终端开始一个测试过程后，终端应执行下列的交易流程：

（a）contact activation

（b）initiate answer to reset

（c）receive ATR from the test equipment

（d）perform application selection using PSE

（e）final selection（terminal shall AID = A0 00 00 00 03 10 10，此 AID 仅用于测试）

（f）contact deactivation

电特性测试应能提供两种模式的测试流程（test cycle），一种为单次触发模式，另一种为循环触发模式。

Single – shot mode：在单次触发模式被初始化之前，终端触点应处于下电状态，即使是有卡片插入。当单次触发模式开始，终端触点应被激活并开始以上描述的交易流程。在交易完成并且触点下电后，终端的触点应一直处于下电状态直到下次单次触发模式开始。

Timed – cycle mode：在循环触发模式被初始化之前，终端触点应处于下电状态，即使是有卡片插入。当循环触发模式开始，终端触点应被激活并开始上面描述的交易流程。在交易完成并且触点下电后，终端的触点应处于下电状态 5 到 6 秒，然后触点重新被激活，开始另一个交易流程。重复的测试流程应一直继续，直到终端被断电或离开循环触发模式。

■ 协议测试程序 A

为了所有的协议测试能够自动进行，终端在测试过程中需要在测试设备的控制下。因此一个测试应用程序需要下装到待测终端中。这个测试应用程序很简单也很容易编写。下载了协议测试应用 A 的终端，终端的触点应始终处于下电状态，即使是有卡片被插入，直到某个按键（由客户定义）被按下，终端的触点才应被激活，开始应用程序。在整个测试的过程中，测试 probe 不会从终端读卡器中拔出，测试应用的开始由按键激活。

■ 协议测试程序 B

装载了协议测试应用 B 的终端，终端的触点应始终处于下电状态，当有卡片被插入，10 秒后启动上电，终端的触点才应被激活，开始应用程序。在整个测试的过程中，测试 probe 不会从终端读卡器中拔出，测试应用的开始由按键激活。测试应用的具体描述可参见银行卡检测中心提供的检测指南。

6.7.3.2 PBOC3.0 借记/贷记终端 Level 2

1. 文档要求

送检机构在送检时应提交以下文档：

■ Level 2 测试功能一致性声明（ICS）；

■ 终端的安装和使用手册。

2. 对于送检终端的要求

（1）概述

■ 提供三个送检终端；

■ 提供用于联机交易测试的模拟后台；

■ 如果终端外接密码键盘，为了验证外置密码键盘到终端 PIN 是密文传输的，需厂商提供对外接密码键盘与终端间数据监控的方法和工具。

（2）应用选择

出于测试目的，下列 AID 应预先装入终端中：

AID1	A0 00 00 03 33 01 01；
AID2	A0 00 00 00 03 10 10；
AID3	A0 00 00 00 03 10 10 03；
AID4	A0 00 00 00 03 10 10 04；
AID5	A0 00 00 00 03 10 10 05；
AID6	A0 00 00 00 03 10 10 06；
AID7	A0 00 00 00 03 10 10 07；
AID8	A0 00 00 00 99 90 90；
AID9	A0 00 00 99 99 01；
AID10	A0 00 00 00 04 10 10；
AID11	A0 00 00 00 65 10 10。

终端中的 AID 可由检测中心添加或删除，并且对应于每个 AID 的 ASI 应可配置。

（3）CA 公钥

CA 公钥应可以由检测中心下装，并且下列的 CA 公钥应被预先下装到终端中：

■ 公钥索引"80""57""58""61""62""63""64""65""66"　对应 RID "A0 00 00 03 33"；

■ 公钥索引"94""96""97""50""51""53""57""58"　对应 RID "A0 00 00 00 03"；

■ 公钥索引"E1""E2""E3""E4""E5""E6"　对应 RID "A0 00 00 99 99"；

■ 公钥索引"FE""FC""FB""FD""FA""FF"　对应 RID "A0 00 00 00 04"；

■ 公钥索引"02"和"03"　对应 RID "A0 00 00 00 65"。

CA 公钥的值具体可以参见检测中心提供的检测指南。

（4）终端风险管理

如果终端支持异常文件检查，那么终端中的异常文件可以由测试人员配置。事先将下列账号写入异常文件：卡号#：　47 61 73 90 01 01 00 10。

基于对终端风险管理的支持情况，下列项可由测试人员配置：

■ 最低限额；

■ 随机选择目标百分数；

■ 偏置随机选择阈值；

■ 偏置随机选择的最大目标百分数。

基于对随机交易选择的支持情况，出于测试的目的，终端应能够为每个交易显示或打印终端随机数。

（5）终端行为代码

如果终端支持终端行为码，应该可以由测试人员修改配置；如果终端不支持终端行为码，请指出缺省的值。

（6）应用版本号

终端应用版本号初始应被设置为"008C"，该值应可由测试人员修改。

（7）终端国家代码

终端国家代码初始应被设置为"0840"，该值应可由测试人员修改。

（8）终端内部时钟

终端的内部时钟应可以由测试人员设置。

（9）证书回收列表

如果支持证书回收，则对于每个 RID（ A000000003、A000000004、A000009999）需要至少包含 30 个 CRL 入口（其中 29 个为一些虚构的证书序列号），另外 1 个设置为检测中心提供的检测指南中要求的值。

3. 模拟后台

（1）显示

出于测试目的，模拟后台应提供显示终端上送的报文的窗口，并且指出上送的报文类型。

（2）授权响应码

下发的授权响应码应可以被选择或人工输入，如果是提供选项的方式，应至少包括：Approve-00；Decline-05；Referral-01；Decline-51。

（3）发卡行脚本

送检机构按照检测中心的要求，将发卡行脚本事先编写好，并填加到模拟后台中，以便测试时能够通过选择不同的发卡行脚本来给终端下发案例所要求的发卡行脚本。另外，模拟后台应具有不下发发卡行脚本的功能，应具有超时不响应终端的功能，应具有手工输入发卡行脚本的功能。

（4）发卡行认证数据

模拟后台应具有不下发发卡行认证数据的功能，应具有超时不响应终端的功能，应具有手工输入发卡行认证数据的功能。

（5）联机密文 PIN

为了验证输入的 PIN 与上送报文中的密文 PIN 块一致，模拟后台应支持联机密文 PIN 的加密和解密功能。确保能够对手工输入的 PIN 进行加密，以验证上送报文中的 PIN Block 正确；能够对联机 PIN 密文进行解密，以验证解密后获取的 PIN 与输入一致。

6.7.3.3 基于借记/贷记的小额支付终端

基于借记/贷记的小额支付终端，除应按照相关要求做准备外，还应额外满足如下要求：若终端中存在以下数据，则以下数据应是可配置的：

■ 终端电子现金交易限额（9F7B）；

■ 终端电子现金支持指示器（9F7A）。

6.7.3.4 PBOC3.0 终端 Level 2（非接触式）

1. 概述

非接触式 Level 2 包括非接触式借记/贷记和快速借记/贷记（qPBOC）。送检 PBOC3.0 终端 Level 2（非接触式），应按照相关要求做准备，除此之外，还应按照本章的要求准备终端样品。

2. 对送检终端的要求

若终端中存在以下数据，则以下数据应是可配置的：

■ 非接触交易限额；

■ 终端 CVM 限额；

■ 非接触脱机最低限额。

7 PBOC3.0 项目实施与改造建议

7.1 PBOC3.0 实施要求

为进一步拓宽金融 IC 卡的使用范围，强化金融 IC 卡在安全方面的优势，提高持卡人的支付感受和支付效率，满足持卡人新近出现的支付需求，中国人民银行在广泛征求意见和认真分析论证以后，才推出了 PBOC3.0 规范。PBOC3.0 是在 PBOC2.0 的基础上推出的，相对于 PBOC2.0 标准进一步丰富了金融 IC 卡产品的功能，拓展了金融 IC 卡的使用领域。

2013 年 2 月，中国人民银行向各相关机构下发了"中国人民银行关于发布《中国金融集成电路（IC）卡规范（V3.0）》行业标准的通知"，正式发布《中国金融集成电路（IC）卡规范（V3.0）》行业标准（即 PBOC3.0）。

新版本的发布，对金融 IC 卡工作参与各方都提出了新要求。

1. 对于发卡方的要求

为支持 PBOC3.0 标准中新的特性，发卡机构需要对数据准备或个人化系统进行改造。PBOC3.0 标准新增的功能主要是由卡片本身来支持的，对于发卡行来说，仅仅需要从个人化数据上予以支持便可。因此，原则上来说，发卡行仅仅需要对数据准备系统和个人化系统进行少量调整，不需要对后台系统进行改造。

2. 对于收单方的要求

符合 PBOC2.0 标准的终端可以不经过任何改造便可受理 PBOC3.0 标准的卡片，可以继续使用直到自然更换。但为了充分发挥 PBOC3.0 标准金融 IC 卡在非接触支付方面的优势以及新增的其他功能及安全性，建议收单机构将支持非接触终端进行升级改造，逐步替换为符合 PBOC3.0 标准的终端。

3. 对于转接清算方的要求

转接清算是金融 IC 卡收单业务顺利实现的重要环节，转接清算机构也是银行卡联网通用的重要纽带。转接清算机构 PBOC 的迁移改造工程实施通常会经历启动准备、联机交易处理系统、代校验服务、代授权服务、文件处理系统、报表等几个阶段。要求 PBOC3.0 标准发布之后，转接清算机构要根据标准变化的内容，如新增的一些交易类型等，进行系统的相关升级。

4. 对于检测方的要求

中国人民银行要求自标准发布之日起，银行卡检测中心应按照 PBOC3.0 标准开展检测。对于检测认证的特殊要求在 7.4 中有详细叙述。

7.2　PBOC3.0 实施思路

鉴于 PBOC2.0 的卡片和终端已成规模，且 PBOC3.0 标准完全兼容 PBOC2.0 标准，因此 PBOC3.0 实施的总体思路应该为检测先行，通过发卡来带动收单，完成自然过渡。

- 发卡行可继续发行 PBOC2.0 卡片，截止时间按市场需求确定；
- 发卡行可根据本行业务开展情况决定卡片升级方案；
- 存量终端自然升级过渡；
- 新增终端符合 PBOC3.0 标准。

7.3　PBOC3.0 系统改造范围

对于 PBOC3.0 新增的功能，发卡行、收单行要对发卡行系统进行针对性的改造，具体的系统改造范围如图 7－1 所示。

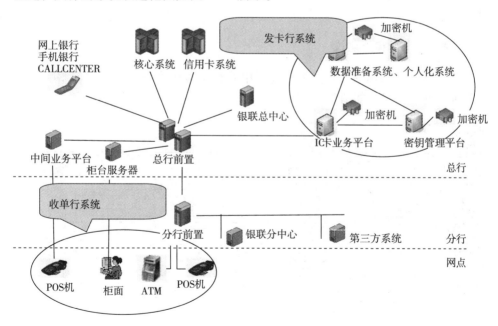

图 7－1　PBOC3.0 新增功能系统改造范围

金融 IC 卡卡片改造

卡片执行的一些细节有了变化，如持卡人姓名存放，非接触小额应用的 fD-DA 增加了新的计算方法；也有新扩展的应用，如双币电子现金、非接小额扩展应用。卡片供应商应按照新的规范修改金融 IC 卡片。

数据准备系统改造

发卡行的数据准备系统需要根据 PBOC3.0 规范，重新梳理卡片的分组数据，以保证个人化数据符合新规范，避免出现如返回同一标签给终端的错误，导致终端拒绝交易。

发卡行后台系统改造

对于双币电子现金卡，发卡行需要为第二币种设立新的电子现金账户。对于非接小额扩展应用，虽然发卡行收到的都是电子现金脱机消费文件，但发卡行根据和其他行业的合作方式，可能需要协助行业生成报表、完成行业的自己清算。

终端改造

终端需要考虑同时支持 PBOC3.0 和 PBOC2.0 规范的金融 IC 卡。受理行还可以发行金融 IC 卡互联网终端，供客户使用。

受理行后台系统改造

受理行后台系统应支持金融 IC 卡互联网终端的接入，并将交易转为银行内部交易报文。

7.4　发卡行实施建议

PBOC3.0 发布以后，在实施的过程中要充分考虑到各方面因素的影响，对于发卡方的实施建议如图 7 − 2 所示。

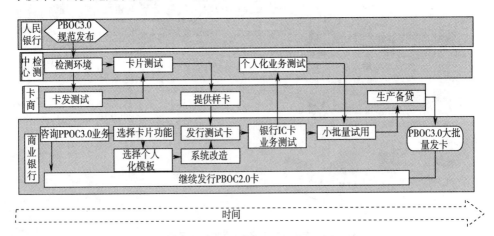

图 7 − 2　PBOC3.0 实施建议（发卡方实施示意图）

发卡机构在正式发行符合 PBOC3.0 标准的卡片之前，要经过详细的认证和实施，包括实施前的准备、实施的具体步骤以及后期的业务完善。涉及 PBOC3.0 的实施建议主要从以下几个方面阐述。

7.4.1　实施准备

1. 参加 PBOC3.0 标准学习和培训

为推动发卡业务尽快开展，发卡机构应首先对相关参与人员开展 PBOC3.0 标准相关知识的培训。培训人员范围应包括市场推广人员、客服员工、业务支持员工、后台处理员工、系统开发团队、法律顾问以及风险管理人员。培训内容主要包括国家相关政策、PBOC 规范、卡片规范（《银行卡卡片规范》）、转接规范（《银行卡联网联合技术规范》）、相关业务规则（如《银联卡业务运作规章》）等。

2. 根据业务需要制定业务策略

发卡机构应做好金融 IC 卡发展规划，确定实现的业务功能和策略。制定业务策略时应考虑以下因素：

非接触电子现金可用于分时分段计费领域，例如公交、地铁、出租车等；新增了互联网终端的定义，金融 IC 卡可借助互联网终端实现网络支付、账户查询、电子现金网上圈存等功能；新增了电子现金双币的支持，卡片可同时支持两种货币进行脱机小额支付，满足了经常来往于我国周边地区的人士的脱机消费需求；增加了对国产算法的支持，金融 IC 卡既可以选择同时支持具有我国自主知识产权的国产算法和国际通用密码算法，也可以选择仅支持国际通用密码算法。

3. 评估影响升级的因素

发卡方在确定发行新的 PBOC3.0 卡片之前，要充分考虑到制约发卡日程的各种因素，以预留充分的准备时间。发卡的制约因素主要有以下几点：

- 卡商开发周期
- 检测环境建设周期
- 卡片检测认证周期
- 系统改造周期
- 金融 IC 卡业务测试周期
- 金融 IC 卡掩膜生产备货周期
- 银行招标采购周期

4. 评估系统改造范围

针对 PBOC3.0 的新增功能以及修改内容，要仔细评估其影响因素，评估系统改造范围，给出投入产出的详细分析，制定卡片升级的详细计划。

5. 投入产出分析

发卡行要根据自身的业务需求和发展规划，制定详细的投入产出分析，根据科学的调研数据来确定自身对于 PBOC3.0 标准新增功能的支持情况。

6. 制定卡片升级计划

发卡行在发行 PBOC3.0 卡片之前，要制定卡片升级的详细计划，按照中国人民银行的政策要求以及自身业务的发展情况，最大限度满足行业、持卡人以及自身的发展需求。

7.4.2 实施步骤

1. 根据卡片功能选择个人化模板，同时进行发卡行系统的改造。

新增功能涉及的系统改造具体从以下两个方面阐述：

（1）基本功能

基本功能主要包括：标准借记/贷记、基于标准借记/贷记的小额支付、非接触金融 IC 卡支付、新增电子现金圈存日志、非接交易日志、新版本的 fDDA 等。可能涉及改造的系统有金融 IC 卡平台、数据准备系统、密管系统、个人化系统等。

（2）扩充功能

扩充功能主要是由金融 IC 卡为基础扩展出来的增值功能，包括：非接触小额扩展应用、双币电子现金应用、增强安全算法、金融 IC 卡互联网终端、SM 算法。扩展功能对于发卡行而言都是可选的，发卡行可以根据自身业务需要选择合适的功能。每种功能可能涉及的系统改造如下：

■ 非接触扩展应用：可能涉及的改造包括数据准备系统、密管系统、个人化系统等。

■ 双币电子现金：一般用于港澳地区发卡，境内机构无须实现。

■ 金融 IC 卡互联网终端：这部分涉及的改造分为三种方式：直接使用银行卡组织渠道（开通互联网渠道相关业务；互联网金融 IC 卡有卡自助消费权限；开通跨行指定账户圈存交易；开通银行卡管理类交易如转账、明细查询等；申请终端证书）；银行自有渠道（终端选型和采购、申请证书、渠道建设、系统与跨行转接系统对接等）；双处理中心系统（以上两种的所有内容）。

■ 国产算法支持：需要改造的系统有金融 IC 卡平台、数据准备系统、密管系统、个人化系统等。

2. 进行业务测试和卡片测试

系统改造完成后，要进行科学详细的业务测试和卡片测试，为后续发卡做好充分的准备。

3. 新采购的卡片应符合 PBOC3.0 标准

在卡片采购过程中，一定要确保卡片符合 PBOC3.0 标准的要求，要确保卡片通过专业检测中心的 PBOC3.0 测试。

7.4.3　业务完善

1. 根据市场反馈情况完善系统

发卡机构发行符合新标准的卡片以后，要密切关注市场的反馈情况，包括持卡人、商户等一系列问题的反馈，结合使用情况及时发现并解决新卡在发行中的使用问题，使系统更加完善以更好地满足市场需求。

2. 根据市场反馈情况对业务进行再调整

对于新增的业务及使用功能，要密切关注市场反馈情况，调查新业务在应用过程中出现的问题及状况，根据反馈情况必要时可以对功能和业务作出适当的调整。

7.5　收单行实施建议

收单机构在正式开通 PBOC3.0 收单业务前，要经过详细的认证和科学的安排，包括实施前的准备、实施的具体步骤以及后期的业务完善。涉及 PBOC3.0 的实施建议主要从以下几个方面阐述。

7.5.1　实施准备

1. 咨询并学习 PBOC3.0 新增功能及终端改造要求

为推动 PBOC3.0 收单业务，收单机构应首先对相关参与人员开展 PBOC3.0 规范、管理办法以及业务规则等相关知识的培训。了解 PBOC3.0 新增的功能以及终端改造的要求。

2. 确定终端可受理的卡片范围及需要具备的功能

拟开展收单业务的机构必须确保终端具备相应的 PBOC 交易支持的能力。收单机构应根据业务发展需求，决定自身系统的改造量及终端对 PBOC3.0 业务的支持程度。根据自身的业务情况和市场需求，确定可受理的卡片范围。

3. 确定终端部署方案

根据自身的业务需求情况及受理情况确定终端部署方案。

7.5.2　实施步骤

1. 存量终端可继续使用，并可以在下次常规升级中完成向 PBOC3.0 的自然过渡。

2. 对于新采购的终端应符合 PBOC3.0 标准。

3. 终端软件升级。

4. 终端业务测试。

5. 布放终端。

7.5.3　业务完善

收单机构布放终端后，要密切关注市场的反馈情况，包括发卡机构、持卡人、商户等一系列问题的反馈，结合使用情况及时发现并解决终端在使用中出现的问题，使终端和收单系统更加完善。

7.6 发卡行技术改造要求

7.6.1 PBOC3.0 必备功能改造

PBOC3.0 标准颁布将对相关发卡行的数据准备标准、卡片处理、联网联合等规范产生一定影响。其中为适应 PBOC3.0 标准，发卡行需要做如下相关改造。

（一）持卡人姓名写入改造

发卡行的个人化系统，需要针对新的规范做相关调整，正确使用"5F20"和"9F0B"两个标签，当姓名长度小于等于 26 个字节时，将姓名写入"5F20"，"9F0B"标签不能出现；当姓名长度超过 26 个字节小于 45 个字节时，将姓名写入"9F0B"标签，"5F20"标签不能出现。

发卡行的后台系统在下发脚本修改卡片的客户姓名时要正确使用"5F20"和"9F0B"两个标签。

（二）发卡行脚本处理

卡片应当能够正常处理应用解锁命令，无论发卡行认证是否执行。卡片不应当因发卡行认证未执行而拒绝执行发卡行脚本。若发卡行认证执行但失败，则卡片应当拒绝执行发卡行脚本，推荐此时卡片以"6985"响应发卡行脚本命令。

发卡行验证卡片 ARQC 后，如果验证通过，则生成 ARPC，再下发脚本；如果验证未通过，则不生成 ARPC，并下发应用锁定脚本，此时卡片未执行发卡行认证，可以执行该脚本，锁定应用。无论是否对卡片进行认证，发卡行均可以下发应用解锁脚本。

（三）GAC 与 GPO 命令数据不一致时卡片处理方法

卡片应当正确处理如果 CDOL1 和 PDOL 中均含有某个标签，但终端在生成应用密文（GENERATE AC）命令中给出的标签值与取处理选项（GPO）命令中给出的标签值不一致的情况。此时卡片应当以生成应用密文（GENERATE AC）命令中收到的该值为准，在该笔交易的后续所有流程中均应使用该值。卡片不应因生成应用密文（GENERATE AC）命令中某个标签的值与取处理选项（GPO）命令中某个标签的值不一致而以非"9000"响应生成应用密文（GENERATE AC）命令。

（四）卡片返回标签重复处理方法

若卡片返回标签重复，终端应当终止交易。因此，发卡行个人化系统需要保证卡片在一次交易中通过 GPO、GAC、AFL 返回给终端的标签不重复。

（五）发卡行脚本格式

发卡行以一个标签 72 的 BER – TLV 编码的结构数据对象作为一个发卡行脚本。一个发卡行脚本里可以包含一条或多条准备发送给金融 IC 卡的发卡行脚本命令，每一条发卡行脚本命令以标签为 86 的 BER – TLV 格式编码。一个发卡行脚本还可以包含且仅包含一条发卡行脚本标识，发卡行脚本标识的标签为"9F18"，发卡行可以自行定义该脚本标识。

（六）发卡行脚本处理结果

发卡行应正确分析终端上送的发卡行脚本结果（低半字节为出错的命令序号），并做相应的处理。如果发卡行下发了发卡行脚本标识（标签为"9F18"），则需要判断终端上送的发卡行脚本结果中的发卡行脚本标识是否匹配。

由于终端上送的发卡行脚本结果可能附在毫不相关的联机交易中上送，发卡行可以考虑利用发卡行脚本标识（标签为"9F18"）来匹配一个发卡行脚本。

（七）个人化数据必须遵循的规则

（a）如果发卡机构期望启用 qPBOC 功能，则卡片附加处理（9F68）必须被个人化至卡中。

（b）如果 CVM 列表中存在脱机 PIN 的入口，则脱机 PIN 的值以及 PIN 尝试限制数应当被个人化至卡中，且 PIN 尝试计数器（9F17）的值应当能被 GET DATA 命令取回。

（c）依据 JR/T 0025.12，电子现金余额（9F79）的取得方式为 GET DATA 命令，故电子现金余额（9F79）不应当被写入可供终端用 READ RECORD 命令读出的记录中。

（d）发卡机构应当发行支持 DDA 和（或）CDA 的卡片，不应发行仅支持 SDA 的卡片。

（e）CDOL1 和 CDOL2 应被放置在 AFL 中指明的参与脱机数据验证的记录中。

（f）如果卡片上存在磁条，那么芯片中数据应当遵循下列规则：

——磁条 2 等效数据（57）中的主账号应当与磁条第 2 磁道数据中的主账号保持一致；

——磁条 2 等效数据（57）中的失效日期应当与磁条第 2 磁道数据中的失效日期保持一致；

——磁条 2 等效数据（57）中的服务代码应当与磁条第 2 磁道数据中的服务代码保持一致；

——应用主账号（5A）应当与磁条第 2 磁道数据中的主账号保持一致；

——应用失效日期（5F24）的年月值应当与磁条第 2 磁道数据中的失效日

期保持一致；

—— 服务码（5F30）应当与磁条第2磁道数据中的服务代码保持一致。

（g）在任何情况下，AFL与数据分组的设计，必须同时遵循下列规则：

—— 同一笔交易，同一条记录同一个数据元应只出现一次；

—— 同一笔交易，不同的记录中同一个数据元应只出现一次；

—— 同一笔交易，GPO响应中已经返回的数据不应在读记录时再次返回。（特别注意的是，包括但不仅限于qPBOC脱机批准交易时的5F34）。

（八）9F10中发卡行自定义数据的要求

建议发卡行要求卡片在电子现金每一笔批准的交易中（无论是联机授权还是脱机消费）都能在9F10中的发卡行自定义数据里包含可用脱机消费金额。这样发卡行对卡片电子现金的余额变动情况能更清楚地掌握。为客户有争议交易的后续处理提供依据。

（九）数据元的取得及修改方式

发卡行可以通过脚本命令修改卡片CVM限额（标签"9F6B"）。

发卡行个人化系统不允许将电子现金余额（标签"9F79"）、电子现金余额上限（标签"9F77"）、电子现金重置阈值（标签"9F6D"）、电子现金单笔交易限额（标签"9F78"）放在AFL指定的记录短文件，以避免终端通过READ RECORD命令读取该值，这些标签值只能通过GET DATA命令读取。

对于电子现金交易或qPBOC脱机批准的交易，卡片应当返回此电子现金发卡行授权码9F74。

（十）qPBOC脱机交易最后一条记录的长度

为保证脱机交易的挥卡成功率，发卡行应修改AFL，使qPBOC脱机批准的交易，AFL指明的终端须读取的最后一条记录70模板长度应不超过32字节。建议在这条记录中仅放置电子现金发卡行授权码（9F74）。

（十一）电子现金重置阈值处理方法

发卡行在卡片中写入电子现金重置阈值，该值供收单行终端使用，为触发卡片进行自动圈存的余额下限，当卡片上的电子现金余额小于该阈值时，终端可请求联机，发卡行可对该交易下发发卡行脚本，以完成自动圈存。

（十二）fDDA扩展

发卡行发行的卡片可以选择支持"00"版本或"01"版本或者两个都支持的fDDA签名方法。由于终端支持的fDDA版本是通过终端交易属性第4字节第8位标识的，即终端只能告诉卡片终端是支持版本"00"还是版本"01"，不能两者都支持，所以如果卡片只支持1种fDDA版本，适应性较差，因此建议卡片两个版本都支持。

7.6.2　非接小额扩展应用改造

目前在 PBOC 标准上实现的非接触式金融 IC 卡小额支付扩展应用主要是指各个行业的特色应用，主要应用于分段扣费、脱机预授权、单次扣款优惠等特定的小额支付场合。

由于这些应用只使用在特定的小额支付场合，对于金融 IC 卡的要求与普通金融应用还是有些许不同之处，因此在发卡行发行满足这些应用的金融 IC 卡时需要考虑自身各个系统的升级改造，包括发卡行金融 IC 卡的数据准备系统、发卡行金融 IC 卡的安全管理中心、发卡行金融 IC 卡的个人化系统、发卡行业务系统等，以满足包含非接小额扩展应用的金融 IC 卡的发行。

7.6.2.1　金融 IC 卡实现分段扣费卡片要求

（一）分段扣费交易介绍

金融 IC 卡非接小额扩展应用中的分段扣费的实现是在金融 IC 卡原有的 qP-BOC 交易流程中新增 READ CAPP DATA 指令和 UPDATE CAPP DATA CACHE 指令用于扩展应用记录的读取与更新实现的。而且扣款操作和扩展应用记录的更新必须同时进行，在 READ RECORD 命令成功读取到 AFL 指定的最后一条记录前统一更新。

（二）分段扣费交易处理卡片要求

分段扣费交易处理流程较之于金融 IC 卡的普通金融应用交易具有自己流程处理的一些特殊性，在一些细节处理上和普通金融应用交易是有差别的。分段扣费交易处理流程中对卡片特殊要求主要体现在以下几个方面：

1. 卡片应用信息返回

终端选择应用时卡片需要返回应用的文件控制信息（FCI），如果卡片是支持 SM2 算法的卡，则此 FCI 中包含的 PDOL 数据必须有标签 DF69（SM2 算法支持指示器）和标签 9F1A（终端国家代码）。该 FCI 中还需要包含标签 DF61（分段扣费标识符）以表明卡片是否支持分段扣费应用和标签 DF60（CAPP 交易指示位）。卡片在响应终端的 READ CAPP DATA 指令时，需要将分段扣费扩展应用专用文件的内容返回给终端。

2. 应用初始化

在应用初始化时卡片接收 GPO 指令数据并解析数据域，根据解析出来的 CAPP 交易指示位值判断是否能够进入分段扣费交易流程。

3. 分段扣费处理

分段扣费处理步骤是较普通金融应用交易处理流程新增加的处理步骤。此时卡片接收 UPDATE CAPP DATA CACHE 指令报文校验 MAC 并缓存 CAPP 记录，待交易完成时一起写入卡片。

4. 消费额扣款与 CAPP 记录更新

卡片在对消费金额进行扣款操作和更新 CAPP 记录操作时，要保证以上两个操作同时完成，而且是在返回 GPO 指令最后一条记录前完成。在进行消费金额扣款时卡片需要支持消费金额为 0 的交易。

5. 新版本 fDDA

如果卡片是支持版本号为"01"的 fDDA，卡片在进行 fDDA 的动态数据签名生成前需要将 DF61 的值填充到卡片内标签 9F69（卡片认证相关数据）的第 8 字节中。

7.6.2.2　金融 IC 卡实现脱机预授权卡片要求

（一）脱机预授权交易介绍

脱机预授权分为脱机预授权与脱机预授权完成两个步骤，脱机预授权时冻结一部分电子现金的余额作为预授权金额；脱机预授权完成时完成实际消费金额的扣款和冻结金额的恢复。脱机预授权交易是特殊的分段扣费交易。

（二）脱机预授权交易处理卡片要求

脱机预授权交易处理流程较之于金融 IC 卡的普通金融应用交易具有自己流程处理的一些特殊性，在一些细节处理上和普通金融应用交易是有差别的。脱机预授权交易处理流程中对卡片特殊要求主要体现在以下几个方面：

1. 卡片应用信息返回

终端选择应用时卡片需要返回应用的文件控制信息（FCI），需要包含标签 DF61（分段扣费标识符）以表明卡片是否支持脱机预授权应用和标签 DF60（CAPP 交易指示位）。卡片在响应终端的 READ CAPP DATA 指令时，需要将脱机预授权扩展应用专用文件的文件内容返回给终端。

2. 应用初始化

在应用初始化时卡片接收 GPO 指令数据并解析数据域，根据解析出来的 CAPP 交易指示位的不同值或不同的交易类型采用不同的电子现金余额计算方法：如果交易类型是脱机预授权完成，则参与卡片风险管理的电子现金的余额 = 当前电子现金余额 + 脱机预授权金额；如果 CAPP 交易指示位为"2"则新的电子现金余额 = 电子现金余额 − 脱机预授权金额；如果 CAPP 交易指示位为"3"则新的电子现金余额 = 电子现金余额 + 脱机预授权金额 − 脱机预授权完成金额。

3. 脱机预授权处理

脱机预授权处理步骤是较普通金融应用交易处理流程新增加的处理步骤。此时卡片接收 UPDATE CAPP DATA CACHE 指令报文校验 MAC 并缓存 CAPP 记录，待交易完成时一起写入卡片。

4. 消费额扣款与 CAPP 记录更新

卡片检查当前 UPDATE CAPP DATA CACHE 所更新的 CAPP 记录是否与最后一条 READ CAPP DATA 的 CAPP 记录一致且更新成功，如果是则同步完成脱机预授权金额的处理、电子现金余额的更新和 CAPP 记录的实际更新。

5. 新版本 fDDA

如果卡片是支持版本号为"01"的 fDDA，卡片在进行 fDDA 的动态数据签名生成前需要将 DF61 的值填充到卡片内标签 9F69（卡片认证相关数据）的第 8 字节中。

7.6.2.3　金融 IC 卡实现单次扣款优惠卡片要求

（一）单次扣款优惠交易介绍

单次扣款优惠指的是在交易时根据读取的扩展应用专用文件信息，判断卡片是否需要进行优惠处理并且在需要优惠处理时按照优惠规则计算消费金额的过程。

（二）单次扣款优惠交易处理卡片要求

单次扣款优惠交易特殊处理要求比较简单，卡片返回的文件控制信息（FCI）中的 PDOL 数据中需要包含标签 DF60（CAPP 交易指示位），卡片中应该存储单次扣费优惠扩展应用专用文件和扩展应用循环记录文件（存储交易日志记录）。优惠策略可能参考最近的几次交易，消费金额的计算需要依照最近几次交易的交易记录。

7.6.2.4　金融 IC 卡实现扩展应用卡片个人化要求

为了支持金融 IC 卡非接小额支付扩展应用，在卡片个人化时，卡片内数据在原有数据元基础上必须增加扩展应用专有数据元，例如 DF61、DF62 等。

在个人化时需要为支持扩展应用的金融 IC 卡创建扩展应用记录文件同时需要为每个扩展应用文件创建扩展应用的开通密钥。金融 IC 卡中非接小额扩展应用的专用文件包括了扩展应用专用文件和扩展应用循环记录文件两种。扩展应用专用文件是一种变长记录文件，主要用于存储扩展应用的专用数据；扩展应用循环记录文件是一种循环记录结构，主要用于一些日志类数据记录的存储，每次交易通过 UPDATE CAPP DATA CACHE 指令进行更新时只更新第一条记录。

7.6.2.5　金融 IC 卡发卡系统改造

（一）数据准备系统改造

发卡行数据准备系统的改造主要是在发卡行的数据准备系统中维护支持非接小额扩展应用的金融 IC 卡个人化模板，该个人化模板中需要包含新增数据元 DF60、DF61，并且如果卡片内分段扣费扩展应用还支持押金抵扣功能则必须在模板数据中包含新增数据元 DF62、DF63。在数据准备系统生成金融 IC 卡个人化数据时，上述四个数据元需要出现在适当的数据分组或数据模板中，PDOL（标签"9F38"）中增加"CAPP 交易指示位"（标签"DF60"）项，"发卡行自定义数据"（标签"BF0C"）中增加"分段扣费应用标识"（标签"DF61"）项。如果要求透支功能，增加"电子现金分段扣费抵扣限额"（标签"DF62"）和"电子现金分段扣费已抵扣金额"（标签"DF63"）两个关于透支交易的数据。同时在生成数据分组时需要新增数据分组来存放非接小额扩展应用变长记录和循环记录的文件开通保护密钥。

（二）安全管理中心改造

发卡行安全管理中心改造主要是升级密钥安全中心，实现根据非接小额扩展应用个人化模板数据生成符合金融 IC 卡非接小额扩展应用的发卡行公钥证书、金融 IC 卡公钥证书、金融 IC 卡应用对称密钥、金融 IC 卡非对称私钥、金融 IC 卡脱机认证签名数据及生成金融 IC 卡非接小额扩展应用的开通密钥。

（三）个人化系统改造

发卡行个人化系统改造主要是升级个人化设备及个人化系统，以满足包含非接小额扩展应用的金融 IC 卡的个人化需求。个人化系统需要能够正确解析由数据准备系统生成的包含非接小额扩展应用的金融 IC 卡的个人化数据并准确地写入卡中。

7.6.3 双币电子现金改造

7.6.3.1 个人化系统改造

双币电子现金在标准电子现金和 qPBOC 基础上，在卡中增加了一组第二币种相关数据元，交易时卡片根据交易货币代码，选择对应币种的数据元进行风险检查和余额更新。

- 双币电子现金应将新增的第二币种相关数据元个人化至卡片中。

- 基于借记/贷记应用的双币电子现金应用选择时，返回的 PDOL 应至少包含电子现金终端支持指示器（标签"9F7A"）、授权金额（标签"9F02"）和交易货币代码（标签"5F2A"）。

- 基于 qPBOC 的双币电子现金应用选择时，返回的 PDOL 应至少包含交易货币代码（标签"5F2A"）。

- 卡片附加处理选项（标签"9F68"）中第 1 字节第 7 位"支持小额和 CT-TA 检查"和第 1 字节第 6 位"支持小额或 CTTA 检查"应设置为"0"，第 1 字节第 8 位"支持小额检查"应设置为"1"。

- 发卡行应用数据（标签"9F10"）中的发卡行自定义数据（IDD）不应选择以下选项：

（a）IDD ID 为 0×02，发卡行自定义数据选项为 CTTA（累计交易总金额）。

（b）IDD ID 为 0×03，发卡行自定义数据选项为电子现金余额和 CTTA。

（c）IDD ID 为 0×04，发卡行自定义数据选项为 CTTA 和 CTTAL（累计交易总金额限制）。

7.6.3.2　账户设置

发卡行应按照现有电子现金账户的设置方案，为第二币种电子现金设置一个第二币种电子现金账户，通过卡片第二币种电子现金余额脱机授权完成消费交易，后续针对第二币种电子现金账户进行清算。

- 客户个性化参数设置

客户开卡时，应可以对第二币种电子现金余额上限，第二币种电子现金单笔交易限额，第二币种电子现金重置阈值，第二币种卡片 CVM 限额进行设置。发卡行可选择由客户自行设置第二币种电子现金的这些参数，也可以选择将电子现金的参数换算成第二币种电子现金参数进行设置。

- 客户对账单

发卡行为客户提供的对账单中，应将第二币种电子现金的交易单独列出，以方便客户查询。

- 电子现金脱机消费

发卡行应通过脱机消费明细上传的交易货币代码，判断电子现金脱机消费使用的是电子现金还是第二币种电子现金，并对相应的账户进行清算。

- 电子现金圈存

发卡行应通过联机授权交易上传的交易货币代码，判断当前交易卡片是使用的电子现金还是第二币种电子现金，并使用相应账户的控制参数判断圈存金额，下发圈存脚本。

- 电子现金余额监控

有些发卡行会监控记录每一笔电子现金联机授权时的电子现金余额，在卡片具有第二币种电子现金后，通过联机授权交易上传的交易货币代码，分别记录为电子现金余额和第二币种电子现金余额。

- 销卡

对于双币电子现金卡，需要增加一次卡片联机授权流程，将卡片中的第二币种电子现金余额上送给发卡行后台系统，由发卡行后台系统完成第二币种电子现金的圈提，并下发第二币种电子现金余额清零的脚本。

7.6.4　金融 IC 卡互联网终端改造

金融 IC 卡互联网终端是通过互联网渠道、用于与金融 IC 卡配合共同完成金融 IC 卡交易的小型读卡设备。可以提供给客户，供客户在家里完成插卡消费。

7.6.4.1 终端改造

（一）终端硬件组成要求，如表 7 - 1 所示

表 7 - 1 终端硬件组成要求

项目号	终端类型 硬件模块	接触式金融 IC 卡 互联网终端	非接触式金融 IC 卡 互联网终端	双界面金融 IC 卡 互联网终端
1	键盘	必备	必备	必备
2	显示屏	必备	必备	必备
3	接触式金融 IC 卡读卡模块	必备	无	必备
4	非接触式金融 IC 卡读卡模块	无	必备	必备
5	主机通信模块	必备	必备	必备
6	安全模块	必备	必备	必备

（二）终端安全要求

• 金融 IC 卡互联网终端应使用安全模块保证个人标识代码（PIN）等敏感信息的安全输入和加密处理，支持与处理中心之间建立安全通道，对与外部交互的数据进行加、解密运算及合法性、完整性验证。

• 金融 IC 卡互联网终端应能够安全地存储密钥，禁止外部对密钥的直接访问，并通过有效的安全机制防止密钥被非法注入、替换和使用。

• 应保证金融 IC 卡互联网终端的固件和软件不被非法注入或更新。

• 持卡人在金融 IC 卡互联网终端上键入密码时，应只显示星号，不显示明文。

• 金融 IC 卡互联网终端的安全存储空间应至少能够满足本部分所涉及的交易所需的证书、密钥的安全存储要求。

（三）终端个人化

金融 IC 卡互联网终端个人化是在终端出厂前将终端个人化数据预先写入终端的过程，其中 CA 根证书、终端证书、PIN 加密证书需要从 CA 中心服务器下载。具体步骤如下：

• 向终端写入终端数据信息

终端数据由以下信息组成：所属机构编码、所属机构自定义数据、终端标识码。终端数据应当在终端出厂前预置，出厂后不允许更改。

• 向终端设备中安装终端证书

终端证书应由终端所属机构向 CA 中心申请，并由 CA 中心签发。该证书是用于标识终端合法身份的唯一公钥证书。终端应自己生成终端公私钥对，终端

私钥存放在终端上安全模块的独立不可读区域，不能读取或被导出，而终端公钥可以被导出，并提交到 CA 中心，由 CA 中心的私钥对终端公钥加密生成终端证书，下发给终端。

- 向终端设备中安装 CA 根证书

终端设备中安装的 CA 根证书用于验证渠道证书的真伪，以辨别处理中心的合法身份，需要在个人化过程中写入金融 IC 卡互联网终端和处理中心的安全设备中。

- 向终端设备中安装 PIN 加密证书

PIN 加密证书用于金融 IC 卡互联网终端在交易过程中保护金融交易 PIN。金融 IC 卡互联网终端发放前需要预置 PIN 加密证书，其申请与发放流程同终端证书。

- 终端交易流程

（a）金融 IC 卡互联网终端按照握手协议同处理中心建立端到端的逻辑安全通道。

（b）金融 IC 卡互联网终端按照记录协议同处理中心完成交易数据传输。

（c）以符合 JR/T 0025.6 的规定，执行终端的处理流程。注意：

◇ 金融 IC 卡互联网终端，仅支持联机交易，终端可不支持脱机数据认证。

◇ 金融 IC 卡互联网终端进行联机交易流程时，应强制进行联机 PIN 验证。终端应显示交易金额，并提示持卡人在终端上输入 PIN。

◇ 金融 IC 卡互联网终端在终端风险管理中设置本次交易为强制联机。

◇ 在交易结束时，金融 IC 卡互联网终端应以声光电等方式提示持卡人交易结束。

◇ 对于圈存交易，若金融 IC 卡执行脚本响应超时，金融 IC 卡互联网终端不发起冲正。

◇ 对于圈存交易终端应自动查询电子现金余额上限，并提示持卡人可圈存最大金额。

7.6.4.2 处理中心改造

金融 IC 卡互联网终端通过与其连接的主机等联网设备，经过 Internet 接入到处理中心。处理中心需要提供处理握手协议的功能，以建立处理中心与金融 IC 卡互联网终端的端到端逻辑安全通道。然后处理中心再作为一个交易渠道，将金融 IC 卡互联网终端发起的交易转发到发卡行处理。

- 渠道证书下载

渠道证书可以用来验证处理中心服务器的真伪，防止服务器被假冒，并在与终端设备进行安全通讯时证明服务器的身份。处理中心应通过处理中心的加密机生成渠道公私钥对，渠道私钥存放在处理中心的加密机中，不能读取或被导出，而渠道公钥可以被导出，并提交到 CA 中心，由 CA 中心的私钥对渠道公钥加密生成渠道证书，下发给处理中心。

- CA 根证书下载

处理中心的 CA 根证书用于验证终端证书和 PIN 加密证书的真伪，以辨别终端的合法身份，需要导入处理中心的加密机中。

- 处理中心功能

（1）按照握手协议同终端建立端到端的逻辑安全通道。

（2）按照记录协议接收终端联机交易请求，向终端返回联机交易应答。

（3）将终端发送的交易请求转换为银行内部交易请求报文，发送给发卡行处理。

7.6.5　SM 算法应用改造

PBOC3.0 规范中要求金融 IC 卡支持国家商用密码算法。国家商用密码算法主要涉及了对称密钥算法、非对称密钥算法、哈希算法。其中对称密钥算法使用国家商用密码算法 SM4，数据块分组采用 128 位分组方法，密钥长度是 128位；非对称密钥算法使用国家商用密码算法 SM2，密钥长度为 256 位；哈希算法使用国家商用密码算法 SM3，哈希长度为 256 位。

对于发卡行来说自己的所有系统要升级到国家商用密码算法，主要涉及的系统有发卡系统和发卡行主机系统。发卡系统主要有发卡行金融 IC 卡发卡系统、发卡行金融 IC 卡数据准备系统、发卡行金融 IC 卡安全管理中心（KMS）、发卡行金融 IC 卡个人化系统以及配套使用的硬件加密机或者加密服务平台等，同时对于发卡行合作的卡商也需要升级卡片的操作系统。发卡行主机系统主要包括金融 IC 卡前置系统（如果存在）、发卡行核心业务系统、具有脱机认证功能的柜面及配套使用的终端。

7.6.5.1　发卡行发卡相关系统 SM 算法升级

（一）发卡行金融 IC 卡发卡系统国密升级改造

对于发卡行的金融 IC 卡发卡系统，需要在系统中新增及维护采用国家商用密码算法的金融 IC 卡的卡产品以区别之前已经发行的采用国际密码算法的金融IC 卡；还需要新增 SM4 密钥，包含用于联机的卡认证和发卡行认证的 MDK－AC 密钥、用于加密发卡行的脚本机密信息的 MDK－ENC 密钥、用于校验发卡行脚本信息的 MDK－MAC 密钥的本地存储。

（二）发卡行金融 IC 卡数据准备系统国密升级改造

对于发卡行金融 IC 卡数据准备系统来说需要在系统中新增符合国家商用密码算法的金融 IC 卡个人化模板以及各种模板参数的维护，新增的符合国家商用密码算法的金融 IC 卡个人化模板数据中需包含标签 DF69 国家商用密码算法数据元，该数据元置于 PDOL 中；也可以增加既支持国家商用密码算法又支持国际密码算法的金融 IC 卡个人化模板及各种模板参数的维护，由发卡行自行决定需不需要发行双算法的金融 IC 卡；最后需要新增从安全管理中心（KMS）获取采用国家商用密码算法计算生成的金融 IC 卡相关密钥及证书的调用接口。

（三）发卡行金融 IC 卡安全管理中心国密升级改造

对于发卡行金融 IC 卡安全管理中心来说需要在系统中新增国家商用密码算法 SM2、SM4 密钥的生成及维护管理功能；需要新增国家商用密码算法的发卡行证书申请文件的生成并具有验证国家商用密码算法的发卡行证书和导入到系统的功能；需要新增国家商用密码算法的金融 IC 卡证书的生成功能；需要支持国家商用密码算法 SM3 以进行证书中哈希值的计算；最后还需要新增采用国家商用密码算法计算金融 IC 卡脱机认证静态数据签名的功能。

（四）发卡行金融 IC 卡个人化系统国密升级改造

发卡行金融 IC 卡个人化系统需要升级个人化设备与配套软件，以满足采用国家商用密码算法的金融 IC 卡的个人化需求。

（五）金融 IC 卡发卡配套使用的硬件加密机国密升级改造

加密机厂商需要完成加密机的升级改造。加密机需要新增国家商用密码算法 SM2/SM4 密钥的生成指令；新增采用国家商用密码算法 SM2 作数据签名指令；新增采用国家商用密码算法 SM4 计算 ARQC/TC/ARPC 指令（可选）；新增采用国家商用密码算法 SM4 计算发卡行脚本及个人化脚本 MAC 指令（可选）；新增采用国家商用密码算法加密脚本的指令（可选）；新增使用 MDK - AC、MDK - MAC、MDK - ENC 通过国际密码算法分散获取 UDK - AC、UDK - MAC、UDK - ENC 子密钥的指令。

（六）金融 IC 卡卡片操作系统升级改造

与发卡行合作的各个卡商需要升级卡片操作系统。卡商生产的卡片需要新增国家商用密码算法 SM2/SM3/SM4 模块，实现 ARQC/ARPC/TC/AAC 密文计算，以及实现 DDA 中需要的动态签名数据的计算。

7.6.5.2 发卡行主机系统 SM 算法升级

（一）金融 IC 卡前置系统 SM 算法升级改造

金融 IC 卡前置系统指的是发卡行用于金融 IC 卡交易与处理的前置系统。发卡行根据需要可以建设前置系统也可以不建设前置系统。但是如果建设了金融 IC 卡前置系统则该系统也在国家商用密码算法系统改造升级范围之内。在金融 IC 卡前置系统需要解析报文中标签 9F10 数据，截取其中的算法标识位判断是否采用国家商用密码算法，如果是 04（04 表示是国家商用密码算法中的对称算法

SM4）则需要调用使用国家商用密码算法（SM4）计算 ARQC/ARPC 的接口，实现金融 IC 卡交易的联机验证。同时需要在金融 IC 卡前置系统新增金融 IC 卡应用主密钥国家商用密码算法 SM4 密钥的本地存储，供金融 IC 卡交易的联机验证使用。

（二）发卡行核心业务系统 SM 算法升级改造

发卡行核心业务系统有关国家商用密码算法升级改造主要包括核心工作密钥生成算法切换到使用国家商用密码算法生成；核心 PIN 加密密钥生成算法切换到使用国家商用密码算法生成；保护密钥的生成切换到使用国家商用密码算法生成；交易报文的报文鉴别码 MAC 的计算算法切换到使用国家商用密码算法计算。同时核心业务系统配套使用的加密机或加密平台需要新增使用国家商用密码算法生成密钥、使用国家商用密码算法进行加解密计算的指令或接口。

（三）柜面 SM 算法升级改造

金融 IC 卡的联机交易脱机认证功能是可选的，发卡行可以决定银行的柜面是否支持金融 IC 卡交易的脱机认证功能。如果发卡行柜面选择支持脱机认证功能，则柜面也在国家商用密码算法升级改造的范围之内。柜面需要新增下载国家商用密码算法的根 CA 公钥的功能；还需要新增基于国家商用密码算法的脱机认证功能。

7.7　收单行技术改造要求

7.7.1　PBOC3.0 必备功能改造

（一）持卡人姓名写入改造

收单行终端如果需要解析出持卡人姓名，应该正确判断"5F20"和"9F0B"两个标签，并兼容 PBOC2.0 的卡片，如果只有"5F20"标签，则持卡人姓名为"5F20"标签的值；如果只有"9F0B"标签，则持卡人姓名为"9F0B"标签的值；如果两个标签都有，则将两个标签的值串起来成为持卡人姓名。

（二）发卡行脚本处理

收单行终端如果发现接收到的发卡行应答没有 ARPC，则应不执行发卡行认证，而是向卡片发起交易结束指令。如果发卡行应答中有卡片脚本，需要将脚本发送给卡片执行，而不管发卡行认证有没有执行，执行是否成功。

（三）卡片返回标签重复处理方法

若卡片返回标签重复，终端应当终止交易。

（四）发卡行脚本处理结果

当发卡行脚本命令处理失败时，终端应置发卡行脚本结果低半字节为出错的命令序号。如果发卡行脚本中包含发卡行脚本标识（标签"9F18"），终端需要将发卡行脚本标识附在发卡行脚本结果中原封不动地传递给发卡行。

终端必须具备将发卡行脚本执行结果传送给发卡行的能力。脚本处理完成之后，终端可选择通过脚本结果通知，专门返回发卡行脚本处理结果；也可以选择通过在下一笔联机交易报文（包括但不仅限于冲正、批上送、批结算、联机授权、通知）向发卡行传送脚本处理结果。如果选择通过在下一笔联机交易报文向发卡行传送脚本处理结果，则收单行应能够判断后续的哪一笔交易属于同一发卡行，从而将脚本处理结果返回给正确的发卡行（该判断可以由终端实现，也可以由收单行的后台系统实现）。

（五）电子现金重置阈值处理方法

收单行具备联机功能的终端在处理电子现金交易时，应通过 GET DATA 命令读取电子现金重置阈值（标签"9F6D"）和电子现金余额（标签"9F79"），如果电子现金余额小于电子现金重置阈值，终端可以向发卡行发起联机授权交易，供发卡行完成电子现金自动圈存。如果是脱机消费交易，建议收单行终端先完成电子现金自动圈存后，再处理电子现金脱机消费。

（六）电子现金终端交易限额

收单行可以为每一台终端定制电子现金终端交易限额参数，若终端存在此数据元，当授权金额大于等于此限额时，终端将电子现金终端支持指示器的值置为零，并不将该交易作为电子现金交易处理；若不存在此数据元，当授权金额大于等于终端最低限额（9F1B）时，终端将电子现金终端支持指示器的值置为零，并不将该交易作为电子现金交易处理。

（七）fDDA 扩展

收单行终端应根据终端支持的 fDDA 版本，正确填写终端交易属性第 4 字节第 8 位，旧终端该位为"0"，表示支持"00"版本的 fDDA。新安装的终端建议两种 fDDA 版本都支持，并通过下发终端参数决定终端优先支持的 fDDA 版本。先向卡片发送优先支持的 fDDA 版本，如果卡片不支持，再发送支持的另一个 fDDA 版本给卡片。

7.7.2 非接小额扩展应用改造

7.7.2.1 金融 IC 卡实现分段扣费终端要求

分段扣费交易处理流程较之于金融 IC 卡的普通金融应用交易具有自己流程处理的一些特殊性，在一些细节处理上和普通金融应用交易是有差别的。分段扣费交易处理流程中对终端特殊要求主要体现在以下几个方面：

I. 应用的选择

终端选择应用时卡片返回应用的文件控制信息（FCI），终端应能够解析该

FCI 信息各个标签数据，如果终端根据解析出的数据判断卡片是支持 SM 算法的卡，则终端也必须能够支持 SM 算法。对于是支持非接扩展应用的金融 IC 卡，返回的 FCI 信息中会包含标签 DF61（分段扣费标识符）和标签 DF60（CAPP 交易指示位），终端需要能识别这些标签，并根据需要为这些标签设置对应值。

2. 读取卡片 CAPP 记录

读取卡片 CAPP 记录步骤是较普通金融应用交易处理流程新增加的处理步骤。终端需要支持 READ CAPP DATA 命令的发送以读取卡片内 CAPP 记录，能够接收卡片返回的 CAPP 记录。终端需要支持对 CAPP 记录的数据解析并判断卡片是否支持特定的非接小额扩展应用。如果卡片中有多条 CAPP 记录需要返回则终端需要能够组织多条 READ CAPP DATA 命令读取。

3. 初始化应用

在应用初始化时终端根据 PDOL 中指定的标签组织数据报文发送 GPO 指令给卡片，在数据报文中要包含 CAPP 交易指示位。

4. 分段扣费处理

分段扣费处理步骤是较普通金融应用交易处理流程新增加的处理步骤。此时需要终端支持 UPDATE CAPP DATA CACHE 命令的数据报文组织及发送给卡片，根据实际需要支持发送多条 UPDATE CAPP DATA CACHE 命令。

5. 新版本 fDDA

如果卡片是支持版本号为"01"的 fDDA，卡片返回的动态签名数据是根据"01"版本要求的数据生成，则终端也必须支持采用"01"版本要求的数据生成动态签名数据实现 fDDA 功能。此时终端需要支持对标签 9F69（卡片认证相关数据）的解析。

7.7.2.2 金融 IC 卡实现脱机预授权终端要求

脱机预授权交易处理流程较之于金融 IC 卡的普通金融应用交易具有自己流程处理的一些特殊性，在一些细节处理上和普通金融应用交易是有差别的。脱机预授权交易处理流程中对终端特殊要求主要体现在以下几个方面：

1. 应用选择

脱机预授权交易在终端进行应用选择阶段对终端要求与分段扣费交易相似，可参考分段扣费交易流程在应用选择步骤中对终端的需求。

2. 读取卡片 CAPP 记录

脱机预授权交易在终端读取卡片 CAPP 记录阶段对终端要求与分段扣费交易相似，可参考分段扣费交易流程在读取卡片 CAPP 记录步骤中对终端的需求。但是脱机预授权交易中终端在获得卡片内脱机预授权扩展应用专用文件记录后还需要解析出其中的应用数据脱机预授权状态、脱机预授权金额、脱机预授权日期或者有效期用来判断卡片脱机预授权是否已经完成，从而确定本次交易的具体交易子类型。并且能够根据需要设置 CAPP 交易指示位的不同值。

3. 初始化应用

脱机预授权交易在终端初始化应用阶段对终端要求与分段扣费交易相似，可参考分段扣费交易流程在初始化应用步骤中对终端的需求。

4. 脱机预授权处理

当脱机预授权完成交易和脱机预授权交易发生在同一终端上时，终端使用脱机预授权完成交易生成的交易数据覆盖脱机预授权交易数据，对于以上两笔相关交易，终端只保存一条脱机预授权完成的交易记录。

5. 新版本 fDDA

如果卡片是支持版本号为"01"的 fDDA，卡片返回的动态签名数据是根据"01"版本要求的数据生成，则终端也必须支持采用"01"版本要求的数据生成动态签名数据实现 fDDA 功能。此时终端需要支持对标签 9F69（卡片认证相关数据）的解析。

7.7.2.3　金融 IC 卡实现单次扣款优惠终端要求

终端发出 READ CAPP DATA 命令查询变长记录结构的优惠应用 CAPP 专用文件，判断卡片是否支持优惠应用。如支持，终端根据需要发送一条或多条 READ RECORD 命令读取循环记录结构的日志记录 CAPP 专用文件中的记录内容；如优惠规则中指明优惠需要参考最近的多次交易，则终端需要读取循环文件中的最近几条记录，作为消费金额计算的依据。

7.7.2.4　金融 IC 卡收单行系统改造

收单行需要升级终端机具，在终端上进行非接小额扩展应用交易时，终端必须能够读取金融 IC 卡中针对非接小额扩展应用新增的数据元标签，并能够解析数据元数据作为终端进行交易检查的依据。终端必须能够支持发送 READ CAPP DATA 命令以读取金融 IC 卡中非接小额扩展应用的专用记录文件；需要支持发送 UPDATE CAPP DATA CACHE 命令以告诉卡片更新缓存中 CAPP 记录内容；需要支持发送 GET TRANS PROVE 命令以获取指定 ATC（应用交易计数器）对应扩展应用交易的 TC（脱机交易应用密文）。

7.7.2.5　金融 IC 卡扩展应用示例

本章节主要以地铁收费为例讲述非接小额扩展应用中分段扣费扩展应用的交易流程。在这个交易中整个流程包含了两个交易阶段：进闸交易阶段和出闸交易阶段。

（一）进闸交易阶段

进闸交易其实是一个消费金额为 0 的进入消费区交易。其交易流程为：

1. 终端选择 PPSE，根据卡片返回信息中的应用 AID 选择卡片相应应用，卡片返回 PDOL 数据，请求终端交易属性并包含 CAPP 交易指示位。

2. 终端通过 READ CAPP DATA 命令读取卡片中地铁 CAPP 专用文件。

3. 卡片若支持地铁 CAPP 文件则返回地铁 CAPP 文件记录专有数据给终端。

4. 终端根据获取的专有数据判断卡片是否支持地铁分段扣费应用，根据专有数据判断上次是否正常离开消费区，并决定本次交易金额为 0 的进闸交易是否被接受。如果被接受则终端进行消费金额为 0 的分段扣费交易，终端发送 GPO 命令给卡片。

5. 终端收到卡片返回信息并且脱机被卡片接受，组织 UPDATE CAPP DATA CACHE 命令数据更新地铁分段扣费专用数据，对于地铁分段扣费应用，必须记录进闸交易闸机代码、进闸交易线路等关键信息以及地铁分段扣费应用专有数据，以便在出闸时计算实际的消费金额。发送命令给卡片。

6. 卡片更新缓存中的 CAPP 记录内容。

7. 终端发送 READ RECORD 命令（多条循环）读取卡内记录。

8. 卡片返回记录数据并判断返回的记录是最后一条时，需要在返回记录前完成实际消费金额扣款和 CAPP 数据的更新。

9. 终端进行卡片动态数据认证。如果认证通过，终端允许持卡人进入消费区。

（二）出闸交易阶段

出闸交易的流程：

1. 终端选择 PPSE，根据卡片返回信息中的应用 AID 选择卡片相应应用，卡片返回 PDOL 数据，请求终端交易属性并包含 CAPP 交易指示位。

2. 终端通过 READ CAPP DATA 命令读取卡片中地铁 CAPP 专用文件。

3. 卡片若支持地铁 CAPP 文件则返回地铁 CAPP 文件记录专有数据给终端。

4. 终端根据获取的专有数据判断卡片是否支持地铁分段扣费应用，根据专有数据判断上次是否正常进入消费区。如果是则终端根据扩展应用专用文件中的进闸信息计算本次乘坐地铁的消费金额。如果本次交易被允许进行出闸交易，则终端进行分段扣费交易，更新扩展应用专用文件，终端发送 GPO 命令给卡片。

5. 终端收到卡片返回信息并且脱机被卡片接受，组织 UPDATE CAPP DATA CACHE 命令数据更新地铁分段扣费专用数据，对于地铁分段扣费应用，必须记录出闸交易闸机代码、出闸交易金额等关键信息以及地铁分段扣费应用专有数据。发送命令给卡片。

6. 卡片更新缓存中的 CAPP 记录内容。

7. 终端发送 READ RECORD 命令（多条循环）读取卡内记录。

8. 卡片返回记录数据并判断返回的记录是最后一条时，需要在返回记录前完成实际消费金额扣款和 CAPP 数据的更新。

9. 终端进行卡片动态数据认证。如果认证通过，终端允许持卡人离开消费区。

7.7.3　双币电子现金改造

双币电子现金在标准电子现金和 qPBOC 基础上，在卡中增加一组第二币种相关数据元，交易时卡片根据交易货币代码，选择对应币种的数据元进行风险检查和余额更新。

只要收单行在电子现金交易中正确传递了交易货币代码，收单行现有系统不需要改造就可以支持双币电子现金卡的脱机消费。如果收单行未传递交易货币代码，则需要改造系统以正确传递交易货币代码。

如果收单行要支持第二币种电子现金的查询、圈存交易，需要修改终端交易流程，在 GPO 之前通过 GET DATA 指令读取第二币种电子现金应用货币代码"DF71"，再在 GPO 指令中通过标签"5F2A"将交易货币代码传递给卡片，完成卡片正确的初始化。

7.7.4　SM 算法应用改造

对于收单行来说系统要升级到国家商用密码算法，主要涉及的系统有终端前置系统和终端。终端前置系统主要有 ATM 前置系统、POS 前置系统等；终端主要有 ATM 终端、POS 终端、金融 IC 卡读卡器终端等。

7.7.4.1　ATM、POS 类前置系统国密商用算法升级改造

ATM、POS 类前置系统中在进行国家商用密码算法的升级改造中需要新增国家商用密码算法的根 CA 公钥及相关信息的本地存储，供终端进行下载；还需要在系统中管理和维护终端国家商用密码算法支持指示器 DF69 值。

7.7.4.2　ATM、POS 类终端 SM 算法升级改造

ATM、POS 类终端在进行国家商用密码算法的升级改造中重要的一个环节是金融 IC 卡数据脱机认证。终端对脱机认证的支持是可选的，如果终端支持了脱机认证功能，则首先需要新增对国家商用密码算法的根 CA 公钥的下载和识别的功能；然后需要支持对标签 DF69 的解读，判断卡片对国家商用密码算法的支持情况，根据不同的 DF69 值执行不同算法的脱机认证流程；最后还需要终端必须具有国家商用密码算法 SM2、SM3 计算模块，根据 PBOC3.0 规范的第 17 部分《借记/贷记应用安全增强规范》中描述的脱机认证流程及计算方法进行脱机认证。

8 PBOC 标准配套支撑体系

8.1 电子现金跨行圈存

8.1.1 工程建设概要情况

2011 年 3 月 15 日，中国人民银行在全国范围启动金融 IC 卡推广工作。中国人民银行各分支机构、各商业银行和中国银联分别从不同的职责范围出发，开展了协同共建工作。推广工作得到了相关部委的大力支持，产业界各方也予以全力配合，当前，我国金融 IC 卡工作整体进展顺利，呈现出健康、稳定、有序发展的良好态势。截至 2013 年 8 月底，全国累计发行金融 IC 卡 3.4 亿张，受理环境改造已基本完成，811.2 万台 POS 和 49.3 万台 ATM 终端改造率分别达到 98.7% 和 97.4%。金融 IC 卡公共服务领域应用在 8 大类 30 个行业实现突破，覆盖公共交通、文化教育、医疗卫生、社会保障、城市管理、公益事业、生活服务、企业服务等多个领域，有效创新了公共服务手段，开创了金融 IC 卡服务民生的新局面。

2013 年 8 月 8 日，国务院发布了《关于促进信息消费扩大内需的若干意见》（国发〔2013〕32 号），意见将"大力推进金融集成电路卡（金融 IC 卡）在公共服务领域的一卡多应用"作为促进信息消费、实施信息惠民工程的重要举措，为金融 IC 卡推广工作赋予了新的使命。

国务院的意见是在对我国当前金融 IC 卡工作和公共服务现状的充分调研基础上提出的。我国公共服务领域的信息化应用通常呈现出用户海量化、操作即时化、领域多元化、资料隐私化的特点，需要安全且有较高信息处理能力的信息载体，同时还要满足公共服务领域对小额快速支付的迫切需要。在金融 IC 卡出现之前，尚无一种较好的卡基信息化工具能承载多应用的功能，同时满足上述要求。在金融 IC 卡借记/贷记功能基础上形成的电子现金，具有可脱机使用，无须密码验证和金额上限保护的安全支付特性，是金融 IC 卡支付功能的创新产品，在金融 IC 卡公共服务领域应用中扮演着重要的角色，它的推广应用将有效填补公共服务领域在这一方面长期缺失的空白。

经过两年多的试点推动，目前金融 IC 卡已逐渐成为新发行银行卡的主流产品，随着受理环境改造的逐步完成，金融 IC 卡已可在全国的绝大部分 ATM 和 POS 终端上普遍使用，在公共服务领域发挥着日益重要的作用，特别是其电子现金功能已广泛应用于公交、地铁、超市、菜市场、出租车、门票等有快速小额支付需求的场所，这种新颖电子支付工具也被越来越多的持卡人所熟悉和青睐。交易频率的快速上升对电子现金方便、安全的充值产生了急迫需求，但由于具备电子现金圈存功能的自助终端较少，且商业银行的自助终端尚不能实现跨银行圈存，持卡人还不能方便地实现电子现金充值，这种约束已成为阻碍电子现金发挥作用的事实瓶颈。为进一步整合银行信息化设施资源、便利民生，使金融 IC 卡电子现金功能早日形成持续为公共服务领域支付服务的能力，中国人民银行从社会实际需要出发，协调各银行业机构达成共识，研究制定了工作方案，及时开展了电子现金跨行圈存工作。各发卡银行也根据自身情况，实事求是地提出了可行的工作措施。中国银联受各发卡银行委托，承担了电子现金圈存的所有跨行服务工作。

2013 年 5 月，电子现金跨行圈存规范及方案编制等工作启动，经过工作组及商业银行的多次讨论及意见征求，同年 7 月底中国人民银行启动了电子现金跨行圈存试点。试点工作选择上海、成都、贵阳、长沙、宁波五个城市，按照先易后难、循序渐进的原则，首先在 ATM 等自助终端上实现接触式电子现金跨行圈存，后续将逐步扩大试点范围。

试点期间各商业银行及中国银联紧密协作、密切配合，在短时间内完成了系统升级、终端设备的改造及联调测试等工作。工行、农行、中行、建行、交行五家全国性商业银行、中信银行等 12 家股份制商业银行、中国邮政储蓄银行及五个试点地区的部分区域性商业银行顺利完成系统升级改造。试点地区 4 万多台 ATM 终端中超过 80% 按期完成终端设备升级，具备了电子现金跨行圈存功能。为便于持卡人更好地享受金融 IC 卡服务，准确识别相关服务功能，在已经完成升级的终端上，各商业银行组织张贴了"金融 IC 卡信息惠民工程"标识。贴有这些标识的自助设备，将提供符合中国人民银行标准的跨行圈存服务。同年 9 月 25 日，中国人民银行组织召开"金融 IC 卡电子现金跨行圈存全国推广发布会"，电子现金跨行圈存功能同日起在全国推广。

经过半年多的努力，2013 年底电子现金跨行圈存功能全面完成推广，全国近 54 万台 ATM 完成了电子现金跨行圈存改造，便利了电子现金充值，有效推动了电子现金应用发展。

圈存实现了金融 IC 卡持卡人将其银行账户上的资金划转到金融 IC 卡电子现金支付工具的需求。由于电子现金跨行圈存的整个流程涉及发卡银行、受理银行和转接清算组织等多个服务提供机构，业务流程较以往的银行卡支付流程更为复杂，同时涉及商业银行之间的终端设备等资源共享问题，在服务提供机构之间必然会产生一定的成本费用。中国人民银行从贯彻落实国务院促进信息消费的惠民要求出发，提出了在试点及推广期间银行业机构不向持卡人收取跨行圈存任何费用的要求，得到了项目参与单位的一致响应。

为使电子现金跨行圈存功能得到广泛使用，中国人民银行还组织银行业各参与机构开展了专项宣传工作，"金融 IC 卡信息惠民工程"标识的应用成为宣传工作的主要手段。"金融 IC 卡信息惠民工程"标识是根据国务院《关于促进信息消费扩大内需的若干意见》（国发〔2013〕32 号）的精神，为使银行自助设备支持公共服务信息化及加快实现信息惠民工程成果应用，大力推进金融 IC 卡在公共服务领域应用的要求而设定的服务标识。标识主要用于帮助金融 IC 卡持卡人识别自助受理终端的惠民服务相关信息，以获取更好的服务。标识采用非接触金融 IC 卡制作，通过在标识中记录有关信息，不仅可以方便持卡人了解终端的相关信息，而且可以帮助相关单位对终端进行管理。

凡贴有标识的终端可以为持卡人提供与金融 IC 卡相关的各类优质服务，如跨行圈存等。今后持卡人也可以通过在带有非接触功能的手机下载相关应用后，查询标识中的相关电子信息。

8.1.2 关键技术实现方案

8.1.2.1 跨行圈存系统功能设计

跨行圈存功能首先实现跨行的指定账户圈存。涉及发卡系统、转接交换系统和受理系统、终端渠道等业务角色。指定账户圈存参与方包括终端机具、受理方、交换中心、发卡方，业务架构如图 8-1 所示。

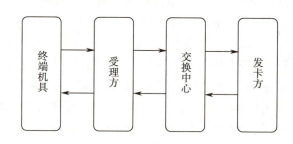

图 8-1　圈存业务架构

跨行圈存是一个资源共享系统，理论上参与的机构越多越好，但为保持参与机构系统间规范连接，在技术实现上对各个接入机构都有规范性要求。

对受理机构要求。具体要求详见《银联卡业务运作规章》第七卷（二）《金融 IC 卡（电子现金）业务规则》。其中，在指定账户圈存方面，受理机构系统及布放的 ATM、自助终端应支持跨行指定账户圈存交易；受理机构应支持交易类型为指定账户圈存、指定账户圈存冲正、脚本处理结果通知交易；另外，对于受理机构，在开放受理终端渠道时，应按照本指南章节5《跨行圈存终端应用要求》部分的规定执行。

对发卡机构要求。具体要求详见《银联卡业务运作规章》第七卷（二）《金融 IC 卡（电子现金）业务规则》。其中，在指定账户圈存方面，发卡机构应支持的交易类型为指定账户圈存、指定账户圈存冲正、脚本处理结果通知交易；终端渠道方面，发卡机构应支持 ATM、自助终端等交易渠道；对于指定账户圈存交易，发卡行在应答报文中回复脚本时，建议该脚本中只包含一条指令。

对交易处理也有规范要求。通过指定账户圈存交易，持卡人可将与电子现金绑定的借记或贷记账户中的资金（额度）划入到电子现金账户中。其中交易本金不参加清算，但手续费需参加清算。电子现金与绑定的借记或贷记账户应属同一家发卡机构，该借记或贷记账户为电子现金主账户，电子现金无单独账号。

该交易必须在具备圈存功能的终端上联机进行，终端包括 ATM、自助终端等。根据业务层面的规范要求，该交易必须提交绑定的借记或贷记账户的个人密码（PIN）。

指定账户跨行圈存交易处理流程如图 8 - 2 所示。

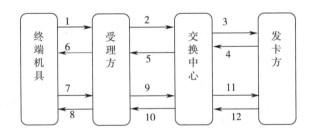

图 8 - 2　指定账户跨行圈存交易处理流程图

其中，操作要求如下：

1—终端机具发往受理方的电子现金应用的指定账户圈存交易请求

2—受理方发往交换中心的电子现金应用的指定账户圈存交易请求

3—交换中心发往发卡方的电子现金应用的指定账户圈存交易请求

4—发卡方发往交换中心的电子现金应用的指定账户圈存交易应答

5—交换中心发往受理方的电子现金应用的指定账户圈存交易应答

6—受理方发往终端机具的电子现金应用的指定账户圈存交易应答

7—终端机具发往受理方的脚本处理结果通知，告知发卡方该笔圈存交易处

理的结果

8—受理方返回终端机具的脚本处理结果通知应答

9—受理方发往交换中心的脚本处理结果通知，告知发卡方该笔圈存交易处理的结果

10—交换中心返回受理方的脚本处理结果通知应答

11—交换中心发往发卡方的脚本处理结果通知，告知发卡方该笔圈存交易处理的结果

12—发卡方返回交换中心的脚本处理结果通知应答

对于异常处理，跨行圈存系统定义了如下几种情况：

1—受理方无法转发来自终端的请求

2—交换中心收不到请求

3—交换中心不能向发卡方转发请求

4—发卡方收不到请求

5—发卡方不能向交换中心发送对请求的应答

6—交换中心收不到发卡方的应答

7—交换中心收到发卡方迟到的承兑应答

8—交换中心不能向受理方转发对请求的应答

9—交换中心收到受理方发送的早冲正

10—受理方收不到交换中心的应答

11—受理方从交换中心收到迟到的承兑应答

12—受理方不能向终端发送操作命令

13—终端接收不到受理方发送的操作命令

14—终端写卡不成功

15—终端无法获知写卡操作结果

8.1.2.2 跨行圈存系统终端应用设计

终端应用要求包括终端界面和终端处理流程两部分内容，每部分中分别针对 ATM、自助终端等不同终端类型进行要求。

"终端界面"部分提出关键要素的描述要求，但对具体界面的展示形式、布局、添加内容、菜单等不做强制要求，仅提供主要操作界面的推荐范例作为参考。

"终端处理流程"部分阐述交易在终端侧处理过程中操作员或持卡人的必要操作，流程中所述界面均引用"终端界面"部分给出的示例。流程中涉及与菜单层次设计相关的部分作为推荐内容供使用者参考，不做强制要求。

ATM 界面基本要求参见《银行卡自动柜员机（ATM）终端规范》（JR/T

0002—2009），该部分在 JR/T 0002—2009 基础上对电子现金圈存类交易的显示要素、术语、核心操作流程等提出要求，具体界面形式、布局、添加内容、菜单等不做强制要求，仅提供推荐范例作为参考。

在电子现金跨行圈存系统中，为了便于持卡人理解，"圈存"交易在终端界面上显示为"充值"，两者在业务上是等价的。

具体对应关系如表 8-1 所示。

表 8-1　　　　　　　　　　　电子现金跨行圈存对应关系

给持卡人或客户显示内容	规范正文描述内容
绑定账户充值	指定账户圈存

电子现金操作菜单如图 8-3 所示。

图 8-3　电子现金操作菜单

跨行圈存系统对终端处理流程也进行了规范。

电子现金圈存为联机交易，且电子现金余额更改需要通过卡片执行交易应答中包含的发卡行脚本来完成，因此读卡处理采用 PBOC 标准借记/贷记流程，具体要求参见《中国金融集成电路（IC）卡规范》第 4 部分《借记/贷记应用规范》（JR/T 0025.4—2013）。

ATM 跨行圈存相关的核心流程，交易结束后提示打印凭证、持卡人取回卡片等步骤、现金圈存过程中判断并提示持卡人取走未识别钞票、钞票存入明细显示、是否继续加钞等步骤，均与现有 ATM 操作一致。

跨行圈存系统还设置了电子现金通用流程。通用流程指从终端处于待机状态开始直到进入电子现金交易选择界面为止的流程，对于全部电子现金交易适用。根据持卡人对电子现金具体交易类型的选择，进入后续交易处理流程如图 8-4 所示。

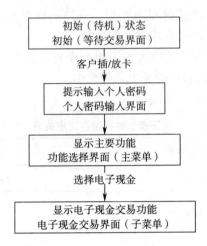

图 8 – 4 ATM 电子现金通用流程

跨行圈存系统设置的电子现金余额查询处理流程如下。持卡人可在获得电子现金余额查询结果后，在"电子现金余额显示界面"下直接选择具体圈存类型，进入后续圈存交易处理流程。

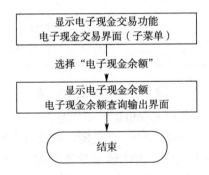

图 8 – 5 ATM 电子现金余额查询处理流程

跨行圈存系统设置的指定账户圈存处理流程如下。持卡人在电子现金通用流程最后一步"电子现金交易子界面"中选择"绑定账户充值"，终端进入"指定账户圈存处理流程"。"是否双币种"通过是否存在 DF79 标签来判断。持卡人还可通过在"电子现金查询界面"中直接选择"绑定账户充值"进入本流程。

跨行圈存系统设置的自助终端处理显示与 ATM 基本一致，具体参见 ATM 处理要求。

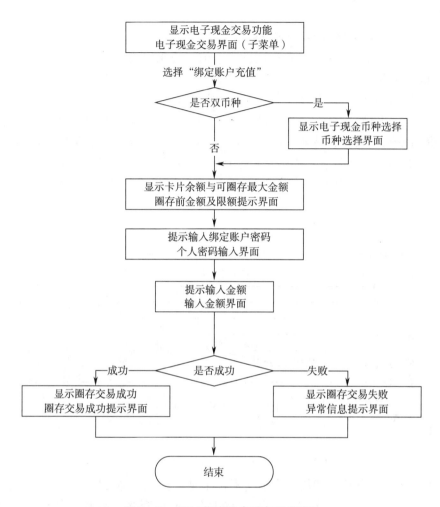

图 8-6 ATM 指定账户圈存处理流程

8.1.2.3 跨行圈存系统业务应用设计

跨行圈存系统对功能开通及日常资金清算要求也相应作了规范。发卡机构、受理机构开通跨行圈存业务前，应通过银行卡清算机构的相关测试。交易的清算及相关流程参照了《银联卡业务运作规章》第七卷（二）《金融 IC 卡（电子现金）业务规则》，同时，附加了一些其他要求，如电子现金发卡机构应通过设置圈存最低限额等方式，以减少交易拥堵程度，提高信息系统处理效率；为降低业务风险，对每卡每日可圈存次数也建议设置上限。此外，交易差错处理参照了《银联卡业务运作规章》第七卷（二）《金融 IC 卡（电子现金）业务规则》及第四卷《差错争议业务规则》，包括确认查询、贷记调整、一次退单三个流程。

8.1.3　系统投产成效初步评估

2013 年 7 月，电子现金跨行圈存在上海、成都、贵阳、长沙、宁波等金融 IC 卡电子现金使用较为普遍的地区开展试点；2013 年 10 月启动全国推广，年底近 54 万台 ATM 中，除少数老旧设备因改造成本问题未实现外，98.53% 的 ATM 已完成电子现金跨行圈存改造。随着电子现金跨行圈存功能的开通，电子现金跨行圈存交易笔数及交易金额快速增长。2014 年 1 月全国电子现金跨行圈存的交易笔数已达 12 万多笔，交易金额达 1500 多万元，分别是 2013 年 7 月试点启动初期的近 25 倍和 9.6 倍，是 2013 年 10 月全国推广初期的 5.6 倍和 2.6 倍。交易情况详见图 8−7。

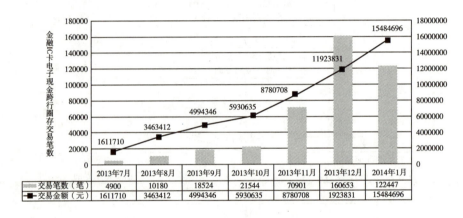

	2013年7月	2013年8月	2013年9月	2013年10月	2013年11月	2013年12月	2014年1月
交易笔数（笔）	4900	10180	18524	21544	70901	160653	122447
交易金额（元）	1611710	3463412	4994346	5930635	8780708	1923831	15484696

图 8−7　全国电子现金跨行圈存交易情况

从统计情况分析，四川、广东（不含深圳，下同）、福建、湖北、江苏、上海、宁波、浙江（不含宁波）、深圳、陕西等地跨行圈存交易笔数排名前十。湖北、湖南、广东、上海、云南、陕西、广西、福建、江苏、四川跨行圈存交易金额排名前十。数据表明，电子现金应用领域广泛、使用率高，宣传工作持续开展的地区，电子现金跨行圈存交易量也越高。如四川、广东、江苏、宁波、湖南、安徽等地电子现金在地铁、公交、出租车等公共交通领域应用；陕西、江苏、广西、上海等地电子现金在农贸市场、快餐领域应用；广东、福建等地电子现金在影剧院、大学城校园卡等文化教育服务领域应用；湖北、福建、上海、陕西等地区结合非接商圈建设开展的专项宣传、促销等活动。同时跨行圈存功能的开通又很好地促进了电子现金交易的大幅增加，形成了相互呼应的促进关系。

8.2 多应用平台和规范

8.2.1 项目背景情况

一卡加载多种应用是智能卡的基本优势，也是银行磁条卡升级的主要目标。中国人民银行在芯片卡迁移工程决策伊始，就考虑了资源共享问题，2008年初，在批准金融 IC 卡第一个试点时，即要求宁波市以一卡多应用为目标。一卡多应用具有多种含义，直观地说就是银行卡应用在传统服务领域之外的其他服务场所，当下正在轰轰烈烈开展的金融 IC 卡在公共服务领域的应用就是一卡多应用的重要内容。一卡多应用是一种新技术支撑下对新理念的贯彻，大部分地区都不会在一开始就将大量非银行应用纳入金融 IC 卡，而且实际工作中也难以预测有多少成熟应用可以加载，因此，必定有新旧观念矛盾和循序渐进发展的过程。

体制环境会是一卡多应用首先遇到的障碍。与当年我国银行业推动联网通用，实现一柜一机的情况相似，作为经营实体的商业银行，发行银行卡是其开展个人金融业务的主要手段，因此保障自身利益是理所应当的。商业银行发展多应用，除了服务民生、回报社会外，扩大银行卡市场、提升交易率、获取竞争先机确实是经营工作的基本要求。在多应用领域拓展过程中，由于涉及设施投入、资金投入以及知识产权投入等事项，商业银行必然会规划将来应得到的回报。但从整体社会效益和经济效益而言，资源互不通用必将造成极大浪费。不但如此，这种效应如果传递到持卡人，带来的就不仅仅是经济问题，而会成为卡片泛滥、信息泄露等社会问题。

一些地方的商业银行机构在经过艰苦努力、投入大量资源后，顺利进入了特殊公共服务领域的收单市场，如公共交通、文化教育、医疗卫生等，从投资回报规律考虑，这些领域的收单业务利润要抵消投入，则会是一个比较长期的过程，因此，在行业合作协定上以及技术处理手段上设置拒外防火墙是最常用的做法。据中国人民银行的调查，目前商业银行发行的多应用卡，大部分浪费了信息技术资源，其结果往往是一卡一应用、一人多张卡。

技术环境是一卡多应用的暂时性障碍。中国人民银行立足自身职责，前瞻性地开展金融 IC 卡标准体系建设，务实开展联网通用协调，使得银行业的金融 IC 卡系统从设计开发起，就保障了相互间业务和技术的联通性。与银行业金融 IC 卡工作的技术环境不同，公共服务的技术支撑标准大都呈现一地一规、一行一标的原始状态。公共交通与文化教育间信息格式不同，医疗卫生与社会保障间标准不一，就连公用事业单一行业内，水、电、煤都有独立的信息化规范，为一卡多应用形成了技术障碍，而且，短期内，这种现状似乎无法扭转。

能不能绕开体制制约，尝试从其他途径实现理想中的一卡多应用，将政府提供的公共服务浓缩于一张金融 IC 卡上，有些地方政府作出了努力探索，比如，贵州省政府看到了社会资源集约化的美好前景，经过深入调研和慎重思考，确定在全省范围内，利用金融 IC 卡平台，实现贵州通的发行应用。贵州通是金融 IC 卡加载综合性公共服务应用的典型案例，达到了技术标准化、准入无门槛的境界。只要商业银行金融 IC 卡服务条件成熟，政府将会随时欢迎加入。贵州省政府的改革创新举动，引起了全国各地的关注，安徽省、河北省、山西省、青海省等也纷纷出台了相应举措。可以预见，在不久的将来，一卡加载多种应用会成为全国各地通行的金融 IC 卡应用策略。

但是，目前形成的一卡一应用存量规模是一个历史阶段的必然积淀，从资源综合利用和原有成果运用的角度而言，也不可能弃之不用。因此，对于现有的多应用状况，应该提供一种改进策略，立足点就是发挥市场在资源配置中的决定性作用，充分尊重持卡人的主观意愿。如果持卡人愿意一事一卡，现在的金融 IC 卡体系保持现状即可支持；但是，一卡走天下的便利和资源集约化的高效毕竟是社会各界的普遍期盼，因此，可以也应该建设一个机制市场化、技术标准化、应用动态化的多应用交互平台，为一事一卡提供一种整合的渠道。在多应用交互平台支持下，持卡人可以在已有的多张附有多应用功能的金融 IC 卡中进行选择，以自己喜欢的商业银行发行的金融 IC 卡为多应用的宿主卡，授权宿主银行通过多应用交互平台，向其他银行索取用户留存的多应用行业信息，加载在一张金融 IC 卡上。当然，这仅仅是法律上和技术上的解决方案，还需要充分尊重市场规律，在加载多应用后解决多应用迁移带来的银行间利益补偿问题。

金融 IC 卡除了可以加载公共服务领域的功能，还应该大力拓展其他金融服务功能，比如加载了贷款卡功能，就能方便获取贷款；加载了身份认证功能，就能获取征信报告；加载了开户许可证功能，就能方便开立银行账户，真正的多应用前景将十分美好。

在不同行业间放开诸如权力、利益、技术等资源共享的各种阀门后，多种行业信息加载于一张金融 IC 卡上的目标也不是近在咫尺，而是需要一种信息交换技术的支持，就像银行卡联网通用一样，在计算机平台支持下，实现应用管理各方的网络接入，进而达到各种行业信息在网上安全流通，汇入一张卡上。为了实现全国通用和跨行业共享，金融 IC 卡上的信息格式必须保持一致，因此，必须制订一种银行业共同遵守的多应用规范，在规范约束下，才能建设一个信息互通共享的多应用平台。由于我国公共服务的地域特征十分明显，按区域设置多应用平台能最大限度契合民生需要，因此，建设一套以地方平台为基础、中央平台为枢纽的多应用平台支撑体系，将能很好地服务一卡多应用的需要。

8.2.2 多应用规范设计架构

1. 芯片技术要求

金融 IC 卡多应用以单一芯片为介质，同时支持接触式和非接触式接口。芯片存储容量、需支持的加密算法等应满足《中国金融集成电路（IC）卡规范》（JR/T 0025—2013）和相关行业应用的具体要求。

2. 卡片文件结构

金融 IC 卡多应用卡片操作系统应基于可动态加载的多应用 COS 实现，依据金融应用和行业应用需求，卡片应建立接触式金融支付系统环境（PSE）、非接触式金融近距离支付系统环境（PPSE）（可选）和行业应用系统环境，金融、行业应用的数据文件和密钥文件分别建立在各自环境下，独立管理，互不影响，卡片文件结构如图 8 – 8 所示。终端通过选择 PSE、PPSE 进入金融应用环境，通

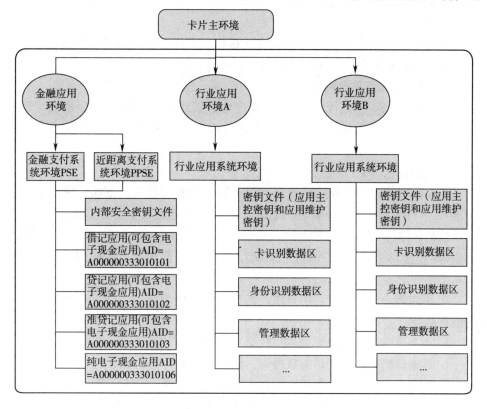

图 8 – 8　卡片文件结构

过选择相应行业应用文件进入行业应用环境。

PSE 与 PPSE 共用同一套金融应用数据文件和密钥文件。在接触式接口下，终端通过选择 PSE 进入金融应用；在非接触接口下，终端通过选择 PPSE 进入金融应用。进入金融应用后，相关指令、交易流程、安全机制遵循《中国金融集成电路（IC）卡规范》（JR/T 0025—2013）的要求。

3. 卡片密钥设计及应用管理

金融 IC 卡多应用设置卡片主环境，主环境由发卡行负责管理和维护，并负责创建各个应用系统环境。在完成相关行业应用系统环境创建后，行业应用的相关操作转由行业应用系统环境密钥控制。金融应用和相关行业应用在各自的应用环境中，分别遵循《中国金融集成电路（IC）卡规范》（JR/T 0025—2013）和行业应用规范等定义的安全机制，不同应用在各自密钥的保护下，互相隔离，相互独立。

金融 IC 卡的卡片行业多应用支持动态的管理，卡片的多应用需求可根据持卡人的实际需求动态加载和调整。

4. 卡片设计

金融 IC 卡多应用卡面设计应符合《银行卡卡片规范》和《中国金融集成电路（IC）卡规范》等定义的有关标准。

8.2.3 多应用平台建设

金融 IC 卡多应用平台主要包括卡片信息管理系统、数据管理系统、密钥管理系统、行业应用运营管理系统等核心功能模块以及其他运营所需功能模块。

卡片信息管理系统主要部署于发卡银行端，应实现金融 IC 卡卡片信息管理、卡片区域管理、卡片应用管理和制卡脚本管理等功能。其次，还应实现对金融 IC 卡行业应用的整体管理，记录金融 IC 卡开通的行业应用功能，制定行业应用数据，结合密钥系统控制金融 IC 卡内行业应用功能的配置、设定、调整和更新等功能。系统分为卡片管理平台客户端、业务逻辑层、数据访问层和数据库 4 个部分。

1. 平台客户端：负责和用户之间的交互式业务流程，完成并呈现客户知道的所有功能。

2. 业务逻辑层：负责无须与用户交互的固定私有隐藏流程的处理任务。

3. 数据访问层：负责访问数据库，隔离业务逻辑和数据库。

4. 数据库：负责数据存储、数据库内部数据处理。

卡片管理系统功能主要分为系统登录、登记录入、读卡售卡、功能卡补卡、功能卡转卡、卡挂失、解挂、销户、电子现金余额查询、打印等功能，卡的发行管理可实现单个或成批发卡，即从外部文件或外部数据库中导入相关的信息，实现卡片的批量发行。卡片管理目前主要可由各发卡行自行完成，未来在条件允许下，也可由多应用平台统一管理。

各接入单位的卡片管理系统中针对金融 IC 卡加载行业应用，至少提供两种方式：一是人工办理。金融 IC 卡持卡人持卡到各银行网点，由网点工作人员手工录入信息并进行行业应用信息加载；二是自助终端办理。金融 IC 卡持卡人持卡在行业应用自助终端设备上，自己任意选择所需加载的行业应用，完成行业信息加载。

平台可首先在发卡方的银行网点或自助终端上实现卡片多应用加载。未来条件成熟后，可以在任何一个银行的网点或自助终端上以及在行业应用方的机具上实现多应用的加载。

无论是人工办理还是自助办理，都需要获取行业单位数据。其具体流程见图 8 - 9。

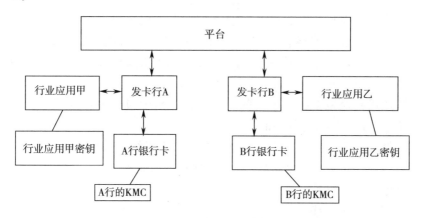

图 8 - 9　多应用加载流程

（1）A 行金融 IC 卡去加载 B 行拓展的行业应用，则需要借助多应用平台把请求转发到行业拓展方的银行获得行业单位数据，并把最终加载结果返回给多应用平台。

（2）A 行的金融 IC 卡去加载本行拓展的行业应用，则可以直接获得行业单位数据。

在加载行业应用时，按获取行业数据的内容不同可分为三种情况。

第一种是对于个人信息无要求的行业应用领域（如公交、地铁、出租车等应用），无须写入个人化的信息，只需写入行业应用标志位（按事先统一规划好的行业应用编号）即可，具体应用时，判断写入的标志位有无。

第二种是能够实时返回的行业生成数据。这些数据主要包括个性化信息。

应用加载方在发起请求时，必须带有持卡人的个人信息。行业应用拓展银行可以根据单位授权，根据收到的个性化信息生成数据。也可以转发给行业应用单位，由其生成数据。并最终将结果返回给应用加载方。

第三种是无法实时返回的行业生成数据。这些数据主要包括行业单位根据个性化信息需要审核以及授权的数据。

上述三种类型中，前两种可以当场办理完成，而第三种客户需要去加载方办理两次。

在平台安全架构中，商业银行和行业单位间、商业银行与多应用平台之间、行业单位与多应用平台之间由于需要传输个性化信息，因此必须对报文进行数据加密、网络 IP 层加密等，实施多种安全方式。密钥管理系统负责这些加密密钥的分类、生命周期管理（动态产生、使用、销毁）。对于执行金融 IC 卡写入操作的密钥信息，由发卡行保管以及控制。对于在非发卡方执行写入操作时，需要由发卡方临时授权，并将生成的随机密钥由多应用平台实时转发到写卡方。多应用平台以及写卡方均不保留此随机密钥。在传输过程中，为防止窃取及篡改，明确各方责任，必须对写卡密钥进行加密，且在不同的节点上进行换密。对于应用在行业单位数据加密的密钥，由数据生成方生成并保管。

交易数据处理是多应用平台的主要功能，至少包括消息处理、对账处理、数据查询、用户活动审计等功能。

消息处理主要负责数据管理系统与银行卡跨行结算系统和商业银行之间的事件请求处理，如交易数据分发、数据对账以及卡业务数据传递等。

消息处理具有如下功能：

（1）运行参数下载

由应用系统驱动交易处理子系统向各接入单位应用系统下载新增行业应用等运行参数。

（2）多应用下载

平台接收和转发写卡单位发送的请求，并根据应用提供方的结果，把消息反馈到写卡方。

（3）统计下载功能

为定期汇总统计成功加载每个行业应用的次数，无论是人工办理还是自助办理加载，卡片管理系统模块中都需要发送成功加载消息给数据管理系统。

对账处理完成接收银行卡跨行清算系统汇总的消费交易明细数据，并根据统计加载的行业应用次数，计算各种手续费用。最终形成各单位（发卡行、行业运营单位）应收应付账款数据，作为资金对账的依据。

地方多应用平台建成后，将可以统一接入到以联网通用、安全可信为宗旨的中央多应用平台，目前，这一职能由中国人民银行建设的移动金融安全可信公共服务平台（MTPS）承担。由此将形成一个能够覆盖地方需要，实现全国共享的一卡多应用服务网络。地方多应用平台与移动金融安全可信公共服务平台（MTPS）关系如图 8 - 10 所示。

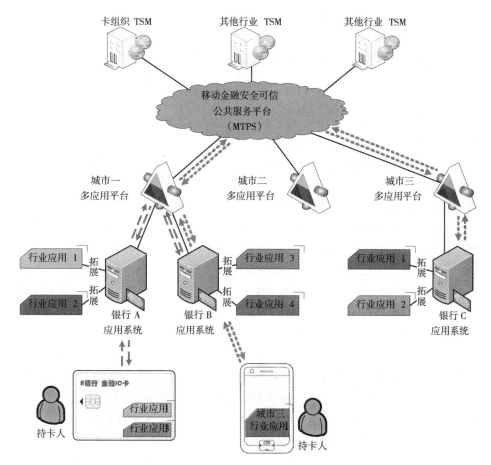

图 8 - 10　地方多应用平台与 MTPS 关系图

具体使用案例一：

持卡人在城市一的银行 A 开办金融 IC 卡，同时申请加载同城的行业应用 1 和行业应用 3；行业应用 1 由 A 银行直接完成加载；对于行业应用 3，则由银行 A 向城市一的多应用平台申请，完成对行业应用 3 的加载。

具体使用案例二：

持卡人因出差等原因，欲申请加载城市三的行业应用 1，通过城市一的多应用平台及全国移动金融安全可信公共服务平台完成与城市三的多应用平台的信息交互，实现异地加载行业应用。

8.3 交易流程优化

8.3.1 受理终端规范修订

8.3.1.1 受理终端规范修订背景

PBOC 标准是推动金融 IC 卡产业发展的重要基础之一。随着金融 IC 卡地推广，PBOC 标准经历了 PBOC1.0、PBOC2.0 到 PBOC3.0 的过程，很好地适应了不同时期金融 IC 卡推广工作的需要。《银行卡自动柜员机（ATM）终端规范》、《银行卡销售点（POS）终端规范》等终端规范则保障了金融 IC 卡联网通用，成为推动金融 IC 卡有效使用的重要基础标准。现行 ATM、POS 等终端行业规范于 2009 年发布，自颁布以来，有效指导了 ATM、POS 等终端设备的开发、生产和应用等各环节，对推动银行卡联网通用、促进银行卡产业的发展起到了积极促进作用。

但现行终端行业规范发布时金融 IC 卡尚未在全国推广，当时银行卡的介质基本为磁条。随着金融 IC 卡推广工作的不断深入，金融 IC 卡发卡量迅猛增加。2009 年发布的基于传统磁条卡操作使用而确定的 POS 及 ATM 标准在当前已经不能很好地适应金融 IC 卡推广工作的需要，某种程度上还限制了金融 IC 卡安全、便捷等优势的发挥。因此，加快推动 POS、ATM 等终端受理设备的 PBOC 标准改造，进一步修订 ATM、POS 操作流程，以适应当前金融 IC 卡推广实际需要，成为 PBOC 标准落地应用的一项重要工作内容。

为此，2011 年开始中国人民银行组织银行业金融机构完成了全国 POS 终端设备的改造，2012 年组织完成了 ATM 终端设备的改造，2013 年组织完成了电子现金跨行圈存，以进一步完善金融 IC 卡受理环境。截至 2013 年底，全国 POS 终端总量已达到 972.7 万台，其中能受理金融 IC 卡的 POS 终端为 966.9 万台，改造率为 99.4%，ATM 终端总量已达 54.1 万台，其中能受理金融 IC 卡的 ATM 终端为 53.2 万台，98.5% 的完成改造。POS、ATM 等终端设备金融 IC 卡受理改造的完成，及跨行圈存等受理环境的不断完善和巩固，有效适应了金融 IC 卡的大规模推行，降低了银行卡盗刷等风险，保护了更多持卡人的资金安全，也为移动金融应用的规模化发展提供了应用环境保障。

但是，考虑到全球应用以及电话 POS 应用的受理状况，现阶段，商业银行将发行芯片磁条复合卡当做了过渡措施。这种安排也为习惯性刷卡提供了机会。长期以来磁条卡的大量使用，使收银员已经养成了刷卡操作的习惯，持卡人也见多不怪，在使用芯片磁条复合卡过程中也更多地习惯性刷卡，使金融 IC 卡芯片安全性的优势尚未得到充分发挥。金融 IC 卡的插卡及挥卡的操作对于收银员来说仍然需要一个不断认知和熟悉的过程。当然，收银员的习惯性操作一方面是长期积累，这一改变需要一个认知和熟悉的过程；另一方面也与现在正在使用的 POS、ATM 操作流程有重要关系。现行的 POS 流程仍更多基于传统磁条卡的刷卡操作设计，在收银员使用金融 IC 卡交易时，存在操作流程复杂，操作程序交易菜单层级较深，各种交易流程各不相同等问题，不利于收银员查找和使用，直接限制了金融 IC 卡芯片的使用。如，电子现金交易菜单设置在"其他"交易的下一层，不利于收银员查找和使用；各种交易流程各不相同，借记/贷记交易是先插卡或挥卡后再输入金额，电子现金交易则是先找到相应菜单选项输入金额后再插卡或挥卡；交易流程与业务规则不符，如需要电子现金持卡人签字等。因此，进一步修订和优化终端的处理流程，便利金融 IC 卡的使用和操作，进一步发挥金融 IC 卡的安全、便捷优势成为一项紧迫工作。

8.3.1.2 受理终端规范修订情况

POS 及 ATM 终端流程优化根本目的是提升终端金融 IC 卡使用的可操作性，促进金融 IC 卡使用率的提高，使广大人民群众享受到金融 IC 卡的优势。为此，在修订过程中既充分考虑到终端目前的现状、需求和技术水平，也兼顾到终端发展的趋势和国际标准的要求，更要考虑民众的可接受性，形成以下修订原则。

1. 以服务为本：要有利于商户受理和持卡人金融 IC 卡的使用。

2. 从需求出发：切实符合各收单机构与生产厂商的实际需求。

3. 技术先进：既考虑目前的业务需要和技术水平，也要兼顾未来技术发展趋势，具有一定的前瞻性。

4. 业务兼容：以各机构目前业务实现为基础，能够兼容大多数机构的主流业务实现。

ATM 终端流程的优化在电子现金跨行圈存相关内容中已予以体现。优化后的 POS 终端操作程序将具有以下特点：一是通过直观简洁的操作界面引导收银员操作，减少人工培训的工作量，如先输入金额，再使用卡片进行交易，避免出现电子现金与传统借记/贷记风格不一致的情况；二是简化收银员的操作步骤，优先支持挥卡或插卡，减少或避免菜单选择；三是减少电子现金脱机消费操作流程的复杂度，使交易流程适应业务规则，在签购单的签名域打印免签名的提示语及采用"优先电子现金账户支付"的用卡引导。

流程优化后 POS 终端的主要交易流程如图 8 - 11 所示。

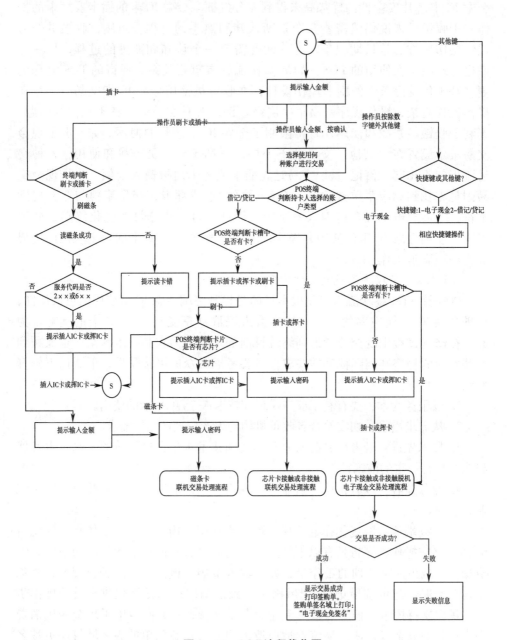

图 8 - 11　POS 流程优化图

优化后的 POS 终端提示信息如下：

（一）终端待机画面。终端应显示图 8-12 提示操作员输入金额。

```
请输入金额：

输入金额后请确认
```

图 8-12　终端待机画面

（二）选择交易类型画面。终端应显示图 8-13 提示持卡人选择账户支付。

```
（交易类型）
（金额）
选择交易账户：
1. 电子现金
2. 借记/贷记
```

图 8-13　账户选择画面

（三）用卡提示画面。终端应显示图 8-14 提示持卡人使用卡片与终端进行交互的方式。

```
（交易类型）
请插入IC卡或挥卡
或刷卡
```

图 8-14　用卡提示画面

（四）纠错提示画面。终端应显示图 8-15 提示刷磁条卡读取到复合卡信息时或持卡人选择使用电子现金却刷磁条操作时，持卡人优先使用金融 IC 卡。

```
（交易类型）
本卡为IC卡
请插入IC卡或挥卡
```

图 8-15　强制使用金融 IC 卡画面

（五）密码输入画面。终端应显示图 8 - 16 提示持卡人输入密码。

```
（交易类型）
888.88元
请输入密码：
```

图 8 - 16　密码输入画面

（六）刷卡失败提示画面。终端应显示图 8 - 17 提示交易失败。

```
（交易类型）
刷卡错误
请查看卡片是否为IC卡，
请插卡或挥卡再试
或按取消键退出
```

图 8 - 17　刷卡失败提示画面

8.3.2　发卡端关闭磁条芯片复合卡降级交易

（一）关闭降级交易的必要性

降级交易是指银行所发行的磁条芯片复合金融 IC 卡在具备 PBOC 标准金融 IC 卡借记/贷记应用受理功能的终端上发起交易时，回退到磁条方式发起联机的交易。降级交易的频繁发生屏蔽了芯片卡的安全性优势，使犯罪分子有机可乘。因此，为了充分发挥金融 IC 卡的优势，适时关闭磁条降级交易成为一项十分紧迫的任务。

（二）关闭降级交易的可行性

从技术上来看，关闭降级交易可以从收单端、发卡端和转接端三个方面来入手。中国人民银行根据前期调研的结果，认为关闭降级交易不适合从受理端、转接端大范围的关闭，相对比较可行的方案是通过发卡端来关闭，因为收单、转接方均无法识别出 201 卡①，若关闭收单或转接端，不仅需要对终端或收单系

----

① 早期国内银行卡磁条信息格式定义与国际标准有冲突，最突出的问题就是将二磁道数据中的服务代码（Service Code）定义为"201"。服务代码由三位数字组成，根据国际标准，第一位数字取值为 2 表示该卡为国际使用的集成电路（IC）卡，取值为 6 表示该卡为国内使用的集成电路（IC）卡；根据国内早期标准，"201"表示该卡限制在国内、跨系统交换，不限制服务类型。由于国内早期发行的部分磁条卡将服务代码设置为"201"，该部分卡在符合 PBOC/EMV 要求的终端上被误判为芯片卡，导致交易失败。

统进行大量的改造、投入大量的改造成本，还将导致存量的 201 卡无法使用，将对持卡人、收单机构以及商户造成很大影响。

（三）发卡端关闭的实现方式

现行的银行卡联网联合规范从技术上支持发卡行采取多种策略关闭降级交易。

1. 发卡行可以根据"交易地区"或"发卡地区"关闭降级交易

在交易请求报文中，19 域用于标识商户国家代码，33 域用来标识跨境交易，发卡行可以根据此信息来判断是否为跨境交易以及具体的交易国家。32 域为受理机构标识码（含地区代码），发卡机构可通过此信息来识别受理地区。通过这种方式，发卡行可以选择性地关闭国内特定地区发生的降级交易，也可以选择关闭特定地区发行的卡片的降级交易。

2. 发卡行可以根据"交易渠道"关闭降级交易

在交易请求报文中，60.2.5 域用于标识终端类型。发卡行可以根据此域来识别交易的发起渠道，如 ATM、POS、电话 POS 等。通过这种方式，发卡行可以选择性地关闭或允许特定渠道发起的降级交易，例如仅关闭 ATM 发起的交易。

3. 发卡行可以根据"商户类型"或"商户代码"关闭降级交易

在交易请求报文中，18 域用于标识商户类型、42 域用于标识商户代码、43 域用于标识商户名称和地址等。发卡行可以根据此信息来识别并关闭特定商户发起的降级交易，例如仅关闭零售、百货、餐饮、珠宝首饰等特定商户的交易。

4. 发卡行可以根据"受理机构标识码"关闭降级交易

在交易请求报文中，32 域用于标识受理机构标识码。发卡行可以根据此信息来识别并关闭收单机构发起的降级交易。

综上所述，在技术上，发卡行可根据本行实际情况，从地区、受理渠道、受理商户类型、收单机构等多种方式，灵活采取多种策略从发卡端关闭降级交易。

5. 增加发卡行响应码标识发卡行关闭情况

联机交易从发卡行返回 POS 终端时都有 39 域，POS 终端和终端操作员根据应答码要采取相应的操作。当降级交易被拒绝时，为引导收银员或持卡人从芯片发起交易，需要在发卡行响应码中增加新值，收银员或持卡人可通过终端提示进行芯片卡交易。

8.4　金融 IC 卡片安全检测实验室建设

8.4.1　项目背景

产品安全检测是保障消费安全的关键工作，承担着受全体消费者信任的职责，因此，产品安全检测的具体内容，往往也是生产厂商的追求目标，进而很大程度上成为引领产业发展的方向。这也就是行业技术精英很大程度上集中于此的一个重要原因，同时，从安全技术角度而言，检测水平的高低一般也能基本反映一个行业的技术发展水平。在高新技术领域，发达国家经常把标准设计和检测认证作为产业链的全流程技术控制阀门，对其他国家实施技术封锁。金融 IC 卡承载着人民群众的个人资产，其安全保障是国家应该提供的基本公共服务，所以，建立国家级的检测中心，既是产业发展的关键，也是民生服务的需要。

当前，国际上已经形成了较为成熟的市场化检测认证体系。CC 认证体系和 EMVCo 认证体系是较为完善的金融 IC 卡安全认证检测体系，两个体系均以其各自授权的检测实验室的检测结果为主要依据开展认证。CC 认证对智能卡产品从硬件和嵌入式软件两方面进行安全测试，硬件安全测试包括物理攻击、传感器攻击、错误注入、差分错误分析、简单功耗/差分功耗分析、电磁分析攻击、高阶差分功耗分析、测试特性滥用和随机数发生器攻击等；嵌入式软件安全测试包括 JAVA 卡恶意代码攻击、软件攻击、信息收集、命令格式、协议攻击、中间人攻击、重放攻击、访问控制安全和缓冲器溢出等。EMVCo 认证是金融行业的认证，它针对金融行业的特点，制定了《EMV 智能卡集成电路安全指南》等一系列标准、要求和指南。部分 EMVCo 授权的检测实验室同时也是 CC 授权的能够开展 CC EAL4 + 检测的实验室，因此 EMVCo 认证和 CC EAL4 + 级别的认证在检测技术方面相当，业内通常认为通过 EMVCo 认证的金融 IC 卡产品在安全性上相当于 CC EAL4 + 的安全等级。

我国将 CC 标准采纳为国家标准，并开展了一些评估和认证工作，但由于各种原因我国始终未加入到 CC 互认协定中，我国的认证评估结果不被 CC 组织及其成员认可。在芯片级的金融 IC 卡安全认证检测领域我国仍处于空白状态，国内芯片产品要获得认可，仍需要参加国外认证。

为解决国内金融 IC 卡产品的安全检测问题，支持我国金融 IC 卡迁移战略的顺利实施，2011 年，中国人民银行组织开展国家金融 IC 卡安全检测中心的建设。2013 年 12 月，检测中心完成了预期的建设目标。截止到 2014 年 2 月，已有六款国产芯片通过了检测，实现发卡四百多万张。

8.4.2 项目建设情况

1. 申报国家信息安全专项

2011 年 8 月，为妥善处理金融 IC 卡芯片安全检测认证与推进国产芯片应用相关事宜，中国人民银行提出先从检测认证开始，逐步推进国产芯片和算法应用的思路。2011 年 11 月，中国银联和银行卡检测中心联合产业链核心企业就金融 IC 卡芯片安全检测认证体系建设申报国家信息安全专项。2012 年 1 月，国家发展和改革委员会、中国人民银行、工业和信息化部对项目进行指导，确定项目名称为"国家金融 IC 卡安全检测中心"（以下称"检测中心"），项目范围从芯片安全检测扩展至覆盖芯片、嵌入式软件安全和金融 IC 卡功能的全面检测体系，并正式批复。2012 年 3 月 9 日，中国人民银行副行长李东荣前往银行卡检测中心指导工作，提出要"不失时机、不辱使命"，加强技术实力和专业化水平，为金融 IC 卡迁移提供技术保障。

2. 明确项目任务与工作思路

项目将推进检测认证国产化、建设自主可控、安全可信的检测认证体系作为任务。在标准层面，确保与国际接轨，建立一套与国际 CC 智能卡相关标准等同的标准体系，同时保留自主特色，不依赖于国际标准实现自主发展，确保金融 IC 卡的软硬件安全。在检测层面，要确保检测技术全面覆盖，并紧跟国际先进技术，不断学习和赶超，既实现金融 IC 卡的安全保障，也从质量、性能等方面为金融 IC 卡的实际应用提供技术把关。

3. 快速检测技术研发攻关

自 2011 年下半年起，检测中心与相关企业建立了联合工作机制，一方面，在开展芯片安全检测技术研发过程中，企业通过提供样品、技术方案、人员和设备支持等方式同步参与研发，加快整体项目技术攻关进度；另一方面，国内厂商积极将芯片样品送到检测中心进行芯片安全预测试，通过一边测试、一边改进的方式，帮助企业加快新产品推出速度。

4. 检测技术填补国内空白

2012 年 12 月，中国人民银行、国家发展和改革委员会、工业和信息化部组织专家代表、金融行业代表、产业界代表、院校科研领域代表以及信息标准化及检测技术领域代表等组成专家评审组，对项目的阶段性建设成果进行了评审，认为芯片安全检测评估技术填补了国内空白，整体技术水平在国内处于领先水平。

5. 作好项目验收准备

2013 年 3 月，项目组完成了全部检测技术研发，芯片安全方面形成了光攻击、电压攻击、电磁攻击等 9 个实验室，嵌入式软件安全方面形成了 1 个逻辑安全实验室，功能质量方面形成了 24 个单项检测实验室，项目全部技术攻关和实验室建设完成，具备开展项目任务验收的条件。

国家金融 IC 卡安全检测中心所开展的芯片安全检测仅针对芯片本身的安全性，其关注点是通过侵入式、半侵入式和非侵入式攻击方法，对芯片的物理和逻辑安全机制进行分析、攻击和测试（含有 31 个测试项，具体见表 8 - 2），验证芯片是否能够对其内部的敏感信息（包括密钥、程序代码等）提供足够的安全防护。芯片或金融 IC 卡的生产工艺、技术方案及通讯界面等具体实现方式与芯片本身的安全并无直接关系，不是安全检测的关注点。以芯片抗功耗分析攻击为例，无论芯片采用哪种安全设计技术方案，使用哪种存储器生产工艺（如"ROM + EEPROM"或 FLASH 闪存），以及是否支持双界面通讯，只要芯片能够经得住各种攻击检测手段的验证，即能够证明芯片本身的安全性。

表 8 - 2　　　　　　　　　　芯片安全检测项列表

序号	检测项	备注
1	芯片表面准备	侵入式
2	芯片背面准备	侵入式
3	传感器功能验证	非侵入式
4	芯片表面简要分析	半侵入式
5	芯片表面详细分析	侵入式
6	传输系统的物理位置探测	侵入式
7	传输系统的 FIB 修改	侵入式
8	逻辑建立模块的干扰	侵入式
9	逻辑建立模块的修改	侵入式
10	测试模式的重激活	侵入式
11	利用片上测试特性	侵入式
12	非易失性 ROM 信息的泄露	侵入式
13	被动探测	侵入式
14	主动探测	侵入式
15	非易失性 Rom 信息的产生	侵入式
16	直接读取非易失性可编程存储器	侵入式
17	非易失性可编程存储器信号的产生	侵入式
18	电压对比	半侵入式
19	供电电源操纵	非侵入式
20	其他非侵入性操纵	非侵入式
21	电磁操纵	半侵入式
22	光注入	半侵入式
23	放射线注入	半侵入式
24	形象化功耗信息	非侵入式
25	简单功耗分析	非侵入式
26	差分功耗分析	非侵入式
27	电磁分析	半侵入式
28	随机数发生器测试	非侵入式
29	差分错误分析	半侵入式
30	中断处理	非侵入式
31	传输信息分析	侵入式

截至 2013 年 11 月，已有华大、同方、华虹、国民、大唐五家厂商的 6 款国产芯片通过了检测认证，这些芯片普遍具备 32kB 及以上的 EEPROM 存储空间，多数采用 32 位 ARM 内核并支持双界面和 JAVA，采用的生产工艺为 0.18μm 和 0.13μm，能够满足当前银行采购金融 IC 卡的主流技术需求，为发卡机构提供了多样化的具有安全保障的芯片选型方案。

截止到 2014 年 2 月，已通过认证的产品累计发卡近 473 万张，使用情况良好，无质量和安全事件投诉，同时国产芯片在应用中体现出设计开发周期短、行业需求把握灵活、供货更有保障以及价格低廉等方面的优势。此外，也有部分商业银行采用通过认证的芯片进行金融 IC 卡的测试发卡，使用情况良好。

8.4.3 项目成果及意义

项目全面完成了任务书所确定的各项建设目标，建成了具备全面检测能力的国家金融 IC 卡安全检测中心。同时，项目形成的金融 IC 卡产品检测体系和产业联动机制对技术进步产生了积极的推动作用。

1. 建成了与国际接轨并有自主特色的标准体系

《银联卡芯片安全规范》是国内银行卡产业第一部体系全面的金融智能卡安全标准，覆盖芯片集成电路、嵌入式软件和企业管理三方面的安全。其特点有两方面，一是与国际接轨，标准的制订过程中，参考了 EMVCo 和 CC 同类安全标准，因此从安全要求的高度和覆盖范围上来说，均向国际水平看齐；二是有自主特色，体现在标准的框架方面，在国内产业链分工较细的国情下，将标准细分为芯片、嵌入式软件安全要求，同时将对企业的安全管理也制订了明确的标准。

基于《银联卡芯片安全规范》，银联组织制订了相应的检测案例，建成了芯片安全检测认证管理机制，从芯片硬件、嵌入式软件和企业安全管理三方面，开展检测认证。结合原有的对卡片生产、封装、个人化的认证管理，形成了覆盖银行卡产业链主要环节的检测认证管理体系，为金融 IC 卡的安全性、可用性提供全方位的保障。

2. 建成了全面、自主可控的检测技术体系，突破了技术封锁

国家金融 IC 卡安全检测中心具备了开展芯片安全、嵌入式软件安全以及功能、质量等全方位的测试能力，可以对芯片从侵入、半侵入、非侵入三方面开展 31 项安全测试（包括 5 项算法相关安全测试，分别制订了针对国际算法和 SM 算法的检测案例），对嵌入式软件进行 19 项安全测试，确保金融 IC 卡硬、软件的安全；对上层的金融应用进行功能测试，确保卡片正确实现金融功能；对整卡进行质量测试，确保卡片的可靠性和可用性。项目在芯片安全方面的检

测技术突破了国外同类检测机构的技术封锁，完成了 9 项技术创新成果的专利申报和 7 个计算机软件著作权的申请；芯片和嵌入式软件安全检测技术均通过了中国科学技术信息研究所的国内和国际查新。

当前，我国金融 IC 卡产品的检测认证已不再受制于境外机构，在境内发行的金融 IC 卡，无论采用国外芯片还是国产芯片，都可以通过国家金融 IC 卡安全检测中心的检测，确保了行使自主检测权，使得我国具备了与境外机构在芯片安全检测方面相抗衡的技术能力，有助于维护国家金融安全。

3. 建成了具备完整的金融 IC 卡安全检测能力的国家金融 IC 卡安全检测中心

项目从技术储备、环境建设、人员服务等方面完成了国家金融 IC 卡安全检测中心服务能力建设。

在检测技术储备方面，结合前期开展技术联合攻关和对国产芯片试行检测的经验，梳理了芯片安全侵入式、侧信道、错误注入三个系列检测技术文档，对前期检测技术研发成果进行了总结，更为以后持续升级做好了技术储备；在检测环境建设方面，项目参照国内外检测实验室的管理要求，建成了高水平实验室，搭建了专用检测系统，自主设计和改造升级了多套核心检测系统，并使得部分测试设备实现自主设计制造，减少了对国外进口设备的需求，增强了自主知识产权的技术实力；在人员培养与服务方面，通过开展与外部机构的培训交流以及内部考核上岗制度，建成了五十人的核心检测技术和业务团队，具备了面向国内外企业开展技术咨询与检测的业务服务能力。

4. 推动产业链形成可持续发展的机制，带动了国产芯片技术水平显著提升

国家金融 IC 卡安全检测中心的建设过程，是金融 IC 卡产品需求方与大唐、华大、中芯国际、华虹、复旦、同方等产业界所代表的金融 IC 卡供应方联合进行技术攻关的过程，汇聚了当前国内智能卡行业的集体智慧和经验。在此过程中，芯片安全检测技术和国产芯片安全技术水平均有显著的提升。同时形成了芯片攻击检测技术与安全防护技术互相促进、动态提升的机制，这为国产芯片在未来为金融行业提供更好的产品奠定了基础。

5. 为国产芯片在国内金融 IC 卡中的推广应用创造了可行路径，提高了国产芯片在国际市场的竞争力

中国人民银行在推进金融 IC 卡应用过程中，积极支持商业银行采用通过安全检测认证的国产芯片，打破了国外芯片在国内金融 IC 卡领域的垄断，也使得商业银行逐渐改变对国产芯片的看法，为国产芯片在金融 IC 卡的推广应用创造了可行路径。

芯片安全检测认证水平的提高，也显著提升了我国金融 IC 卡产业在国际金

融领域的话语权。2012 年，中国银联与 EMVCo 进行多轮谈判，确定以股东会员身份加入 EMVCo。同时随着银联卡芯片安全认证初具规模，先后六款产品通过认证检测，促使国外认证机构放开对中国企业的限制。2013 年中，大唐和国民的两款产品获得 EMVCo 的认证；华虹于 11 月底获得挪威的 CC EAL4＋证书。因此，通过在关键技术领域开展我国自主可控性建设，可以有效扩大国际影响力，帮助国产芯片有更多公平的机会参与国际竞争，为国产芯片走出国门打下了基础。

8.5　非接商圈建设

8.5.1　非接商圈建设作用重大

2011 年，中国人民银行确定 47 个城市开展金融 IC 卡在公共服务领域的应用，明确提出了要发挥金融 IC 卡在民生领域的拓展能力，促进金融信息化与城市信息化结合的要求。非接商圈建设是实现这些要求的基础条件，也是金融 IC 卡改革创新成果尽快惠及人民群众的重要途径。

从持卡人角度而言，金融 IC 卡的有效推广需要打通几条关键路径，一是"拿得到"，就是在合法合规的流程基础上，能让大部分人方便地取得芯片卡；二是"用得好"，就是在日常生活频繁发生的支付领域，让大部分人方便地用卡支付；三是"管得宽"，就是除了支付行为，在民生领域还能凭卡享受各种公共服务。这其中，"用得好"是最直接的惠民效果，也是工作量最大的领域之一。因为服务对象遍及社会各界，集中有限的人力、物力、财力，先重点后普及也就成为最直接的办法。商圈建设目标就是通过一定区域或特定领域内集中布放受理机具、集中开展收银员培训、集中投放宣传活动，形成金融 IC 卡通行的氛围，进而有效带动整体环境建设。

8.5.2　非接商圈建设典型方案

经过产业各方的共同努力和不断探索，截至 2013 年，依托公共服务领域应用成果，金融 IC 卡在全国范围内初步实现了民生服务领域的广泛应用。特别是在 47 个应用城市明确了 110 多个改善和服务民生的重点项目。上海已有 48 家标准化菜场可以进行金融 IC 卡非接支付，避免了假币风险和找零等麻烦，并且实现了金融 IC 卡应用与城市食品安全卫生标准化建设的有效结合；广州大学城首次实现了大学城信息化建设和金融服务的有机结合，满足广大师生在大学城工作、学习、生活等需求；贵州作为首个将金融 IC 卡大规模应用到公交行业的地区，不久将实现全省州市级城市均能刷金融 IC 卡乘公交车的目标；成都市率先实现金融 IC 卡在公交、出租和地铁等公共交通领域全方位应用。

各地金融 IC 卡拓展模式多种多样，但基本上都是依托非接受理设施和电子现金来完成金融IC卡的拓展。各地拓展方案均有所不同，以下介绍了一些比较典型的拓展方案。

（一）景区方案

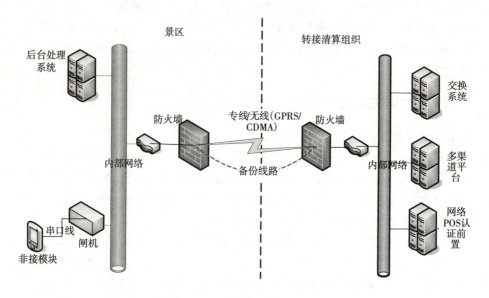

图8－18　非接商圈技术架构

如图8－18所示，主要业务流程如下：

1. 非接模块寻卡、读卡、锁卡；

2. 非接模块上送卡号至闸机工控机；

3. 闸机工控机从景点后台系统（如会员系统、售票系统等）获取扣款金额，并返回给非接模块；

4. 非接模块对金融IC卡作电子现金扣款处理，并将扣款结果上送至闸机工控机，进而控制闸机的开、关动作，实现卡机联动；

5. 景点后台系统定期通过专线/无线（GPRS/CDMA）网络将脱机交易流水上送给收单机构，以便后续实现清算、入账处理。

（二）菜市场

如图8－19所示，主要流程说明如下：

1. POS终端与电子秤联机，完成消费扣款功能；

2. 菜市场管理处将摊主POS机具通过串口数据线连接到电脑，通过客户端程序访问运营方服务器，进行上传和签到；

3. 运营方服务器将POS机具和银联系统的交易进行透传；

4. 收单系统负责处理金融IC卡消费数据，进行资金清算。

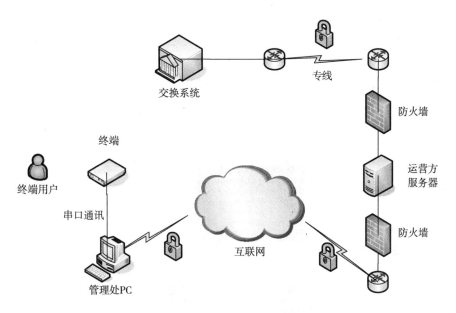

图 8－19　菜市场技术架构

（三）公交

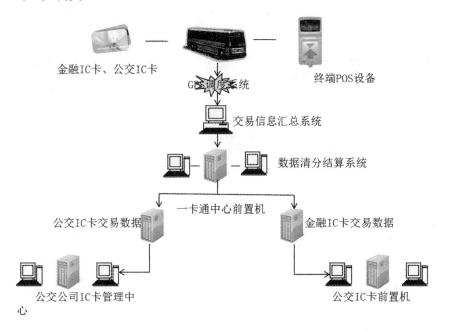

图 8－20　公交车技术架构

如图8-20所示，主要业务流程如下：

1. 交易信息生成：用户持金融IC卡在公交终端交易时生产脱机交易记录，记录内容包括卡编号、卡主账号、卡序列号、发卡行应用数据、电子现金发卡行授权码、应用密文、终端验证结果及交易时间、交易类型、交易金额、交易序号、卡上余额、交易终端机编号等信息。

2. 交易信息汇总：终端交易信息通过公交GPRS调度系统传输至公交一卡通中心数据中心前置通讯服务器，由通讯服务器定时生成交易汇总文件。

3. 交易信息清分处理：公交清算中心对交易信息汇总文件进行分析处理，生成公交金融IC卡和金融IC卡交易数据，对金融IC卡交易信息进行一级清算，生成清算结算数据表，并按金融IC卡交易信息报文格式规范生成金融IC卡终端脱机交易报文。

（四）企业园区

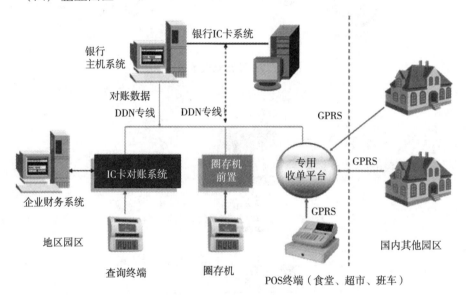

图8-21 企业园区技术架构

如图8-21所示，主园区内布放有食堂、超市、班车的POS机，可受理金融IC卡。企业员工持金融IC卡在园区内POS终端交易时生产脱机交易记录，终端交易信息通过GPRS调度系统传输至专用的收单平台，再由收单平台传输至发卡银行进行清算。

（1）园区功能

➤ 园区食堂消费支付；

➤ 园区内超市、商场支付结算；

➤ 公司班车乘车支付结算；

➤ 补助发放。

（2）外部功能

➤ 金融 IC 卡网络小额支付；

➤ "一卡通" 交通支付结算；

➤ 配套金融产品的各项金融服务；

➤ 银行卡账户为电子现金账户充值，含自助终端、自动充值等。

（五）自动售货机

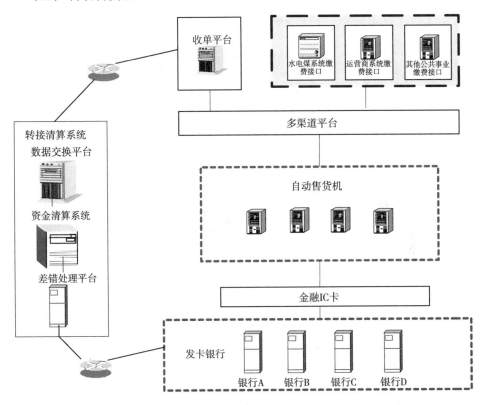

图 8 - 22　自动售货机系统架构

如图 8 - 22 所示，主要业务流程如下：

1. 持卡人在自动售卖机上选择需要购买的商品；

2. 自动售卖机显示屏上显示需要支付的金额；

3. 持卡人将非接触式金融 IC 卡贴近自动售卖机上标识的银行卡受理区；

4. 自动售卖机内置的 POS 设备对金融 IC 卡进行脱机扣款；

5. 扣款成功后，POS 设备通知自动售卖机交易成功信息，并将卡片电子现金余额传送给自动售卖机；

6. 自动售卖机进行出货操作，同时再显示屏上显示卡片电子现金余额。

（六）超市百货类

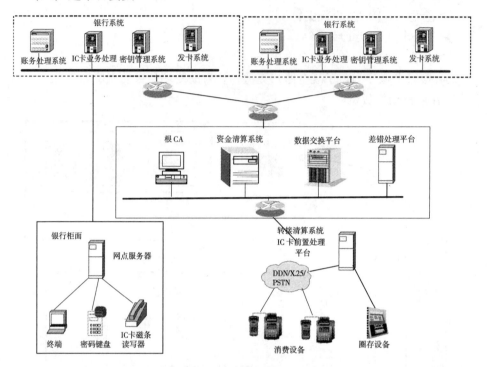

图8－23　超市百货类技术架构

　　商户的终端或脱机交易信息可以采用直接接入金融IC卡收单系统的方式，也可以由行业自行汇总后再集中发送给收单行。圈存设备必须直接接入金融IC卡系统。图8－23所示系统主要分为三部分：转接与清算方、发卡方以及收单方。各方职责如下：

　　转接与清算方：转接与清算采用现有银行卡体系，处理所有的跨行、跨地区金融IC卡交易；发卡方：与转接清算方相连的金融IC卡发卡机构，负责发行金融IC卡；收单方：与转接清算方相连的金融IC卡交易受理服务机构，负责汇总电子现金脱机交易，并上送给转接清算方。

8.5.3　非接商圈建设推动情况

　　2013年金融IC卡工作方案中，中国人民银行对加快建设非接触金融IC卡受理环境作出了明确要求，提出副省级城市中心支行以上分支机构应结合自身情况，在辖区内金融IC卡试点城市选择至少2个商圈重点开展金融IC卡非接触受理环境建设，商圈内金融IC卡非接触受理机具比例应不少于50%，力争2013

年底在全国形成 100 个较有规模的金融 IC 卡非接触小额支付商圈。

　　根据中国人民银行的总体部署和要求，全国首批 47 个金融 IC 卡应用城市带头扎实推进金融 IC 卡受理商圈建设，初步实现了发卡与受理的相互促进、共同提升，受理商圈建设取得了良好成效。截至 2013 年 11 月，47 个城市有 38 个城市累计完成了 94 个项目的投产（非接受理环境建设类项目约 50 个），主要应用在公交、出租、停车、菜场、餐饮、城市/校园一卡通、小型商业步行街等领域。目前，这些项目已成为金融 IC 卡熟练应用的示范区，区域内收银员金融 IC 卡知识丰富，受理设施先进，宣传措施有效，芯片交易踊跃。这些项目的开展已经带动了金融 IC 卡的应用，形成了较好的示范效应。

表 8 - 3　　　　　　　　非接受理终端商户类型分布情况（已注册）

序号	商户类型	终端数比例
1	超市	14.68%
2	百货	14.34%
3	餐饮	4.42%
4	交通	1.02%
5	园区	0.30%
6	菜场	0.16%
7	景区	0.05%
8	自动售货机	0.01%
9	其他	65.02%
合计		100.00%

8.6　移动金融安全可信公共服务平台（MTPS）

8.6.1　工程建设概要情况

　　PBOC 标准的相关成果已经被中国金融移动支付系列标准充分吸收，因此，可以认为金融 IC 卡和移动金融服务在应用技术上是一种传承、加工、发展的关系。基于此，围绕两者之间的基础服务设施有可能、也应该实现复用，借以发挥资源集约化的优势。由于移动支付智能终端可以被当做智能化、终端化、网络化、虚拟化的金融 IC 卡，因此，移动支付工作应该在全面继承金融 IC 卡的非接触、安全性、多应用等的基础上，充分发挥移动支付设施存储空间大、计算能力强、线上线下网络融合等特点，以形成一个跨渠道、跨行业、跨网络的金融创新平台和多应用融合载体为目标，创新性地将智能移动终端、移动通信技术和金融受理网络进行整合。

　　与银行卡相比，移动支付的新特点还表现在支付应用与账户载体的分离、载体管理机构与账户管理机构的分离以及载体发行与应用发行业务流程的分离。这些分离带来了两个问题：一是商业银行、支付机构提供的支付应用难以安全、便捷地分发到不同载体形态的移动终端上，导致支付服务提供方与客户之间产生"鸿沟"；二是安全载体（SE）发行方（如运营商）难以获得各商业银行、支付机构发行的经过认证的支付应用列表。为解决这些问题，满足移动支付新的业务需求，移动支付可信服务管理平台（TSM）应运而生。TSM 是联系商业银行、移动通信运营商、银行卡组织、最终用户等的桥梁和枢纽，是可管理的开放服务系统。因为受移动支付产业各方信任，TSM 将搭建起移动支付安全保障体系，提供安全载体及应用生命周期管理，保证应用数据传输和存储安全。按照 TSM 提供的主要功能定位，TSM 分为 SE 发行方 TSM 和应用提供方 TSM。SE 发行方 TSM 直接面向移动终端，提供 SE 个人化、注册、挂失/解挂、终止、状态查询等生命周期管理；应用提供方 TSM 提供应用的查询、下载、个人化、锁定、删除、同步等生命周期管理。

目前，部分商业银行、支付机构、银行卡组织、移动通信运营商已初步完成了企业 TSM 的建设工作，其中，商业银行、支付机构建设的企业 TSM 主要定位于应用提供方 TSM，侧重提供以自有应用为主的应用生命周期管理、应用存储与发布等功能；银行卡转接清算机构建设的企业 TSM 也主要定位于应用提供方 TSM，主要提供以非自有应用为主的应用生命周期管理、应用存储与发布等功能；而移动通信运营商建设的企业 TSM 主要定位于 SE 发行方 TSM，主要提供 SE 生命周期管理功能，辅助提供应用管理等功能。此时，移动支付在企业 TSM 的互联与互通、基础代码的规划与管理、SE 的通用与安全、支付应用的共享与验证等方面的需求变得十分迫切。

由于移动支付技术方案的多样性、安全载体和通信网络的开放性、业务流程的复杂性，因此构建安全可信生态环境是移动支付产业健康有序发展的先决条件，而 TSM 公共服务平台能够加强安全载体和支付应用生命周期管理，实现移动支付联网通用、安全保障、多应用管理，是构建安全可信生态环境的基础单元。建设一个公共服务平台用来打通这些基础单元间的互通渠道，是一种既符合实际又切实可行的策略。公共服务平台的建设有利于推动实现"安全可信、联网通用"技术体系架构，促进各参与方在合理的商业模式支持下形成互惠关系和合作机制，实现"终端共享、成本分摊、一卡通用"；有利于避免基础设施的重复建设，降低社会成本；有利于融合线上线下支付渠道，整合金融 IC 卡、互联网支付等优势资源；有利于营造各产业链单元公平、开放、合作、共赢的良好局面，推动移动支付向服务更加丰富、应用更加广泛、功能更加强大的移动金融普惠制方向发展。

为加快金融移动支付标准实施落地，推动金融 IC 卡相关应用开展，中国人民银行于 2013 年初启动了移动金融安全可信公共服务平台（以下简称公共服务平台，MTPS）项目建设，构建了国家级金融基础设施，公共服务平台为跨行业跨机构的金融 IC 卡和金融移动支付服务，形成了一个满足银行芯片卡业务"联网通用，安全可信"生态环境的互联体系根基。这种系统集成化、资源开放化、规格标准化的设计、管理思想，得到了相关部委的大力支持，项目也因此被当做我国移动电子商务关键的金融科技服务设施。

2013 年 8 月，国务院发布了《关于促进信息消费扩大内需的若干意见》（国发〔2013〕32 号），将大力发展移动金融等跨行业业务、建设移动金融安全可信公共服务平台的有关工作进行了部署，公共服务平台由此作为促进信息消费的重要工作，开始承担起推进国家产业结构调整的重要职责。

8.6.2　关键技术实现方案

8.6.2.1　联网通用的实现方法

公共服务平台遵循"高标准、高起点、高质量"的指导思想规划设计，采用开放的"联网通用、安全可信"的顶层技术架构体系，严格按照金融行业移动金融标准建设。公共服务平台作为移动金融健康生态环境的枢纽和桥梁，是移动金融参与各方均认可的可信第三方实体。如图 8 - 24 所示，在移动金融生

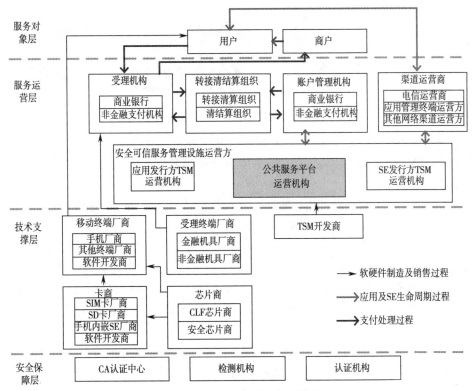

图 8 - 24　移动金融生态系统图

态链中，公共服务平台运营机构作为为移动金融各参与方提供基础公共服务的第三方机构属于服务运营层，将对促进移动金融产业安全规范发展、开放协作共赢起到重要作用。

以公共服务平台为核心的 TSM 网络结构如图 8-25 所示，应用提供方 TSM、SE 发行方 TSM 等企业 TSM 接入公共服务平台。公共服务平台是可管理的开放服务系统，受移动金融产业各方信任，搭建起移动金融安全保障体系，提供安全载体及应用的生命周期管理，保证应用数据传输和存储安全。既对已有企业 TSM 投资进行有效保护，又能营造产业链各方公平、开放、合作、共赢的发展局面。

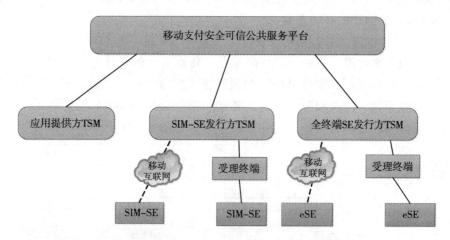

图 8-25　公共服务平台 TSM 系统互联结构图

在该互联结构下，各企业 TSM 通过公共服务平台节点实现安全的互联互通，各企业 TSM 平台运营主体作为市场主体享有平等的责、权、利。该组网结构的优点如下：

1. SE 及应用管理标准更加统一。在政策支持且各参与主体达成合作共识的前提下，系统的实现和运营更安全、规范。

2. SE 及应用管理更加规范可靠。SE 及支付应用的合法性验证服务由公共服务平台统一提供，移动金融产业的安全性和可控性能够得到有效保障。

3. 具有较好的灵活性和兼容性。既能满足金融行业对账户信息、交易数据等敏感数据的安全要求，又兼顾了已部署企业级 TSM 运营机构的个性化发展需要。

4. 统一和分散相结合，有利于形成一个规范、平等、有序的市场竞争环境，并以中心化、透明化的技术方案来降低应用提供方及安全模块管理方的建设和管理成本。

此外，为实现公共服务平台与外围企业级 TSM 系统的互联，促进多 TSM 系统间报文格式交换的标准化，降低各机构间互联的成本，公共服务平台采用 ISO 20022 金融业通用报文规范，设计了统一的 XML 报文规范和基于消息中间件互联互通方案，实现了公共服务平台报文格式标准的国际化。

联网通用的实现将促进各参与方在合理的商业模式支持下形成互惠关系和合作机制，实现"终端共享、成本分摊、一卡通用"；有利于避免基础设施的重复建设，降低社会成本；有利于融合线上线下支付渠道，整合金融 IC 卡、互联网支付等优势资源，实现市场资源共享，加快移动金融产业集约化、规模化发展进程。

8.6.2.2　安全可信的实现方法

安全是公共服务平台设计重中之重，公共服务平台按照等保三级要求设计，建立了系统自身安全、系统间安全、系统和 SE 交互安全等多层防护体系，不仅支持传统的 RSA、3DES 等密码技术，还支持国产算法。平台内部侧重从网络、主机、应用、数据等方面进行安全防护，确保系统运行和数据传输安全，有助于接入各方能专注于主营业务。平台与外围系统之间采用签名、加密等多种技术措施，可确保信息在传输、交互和存储过程中的安全可信；平台支持对称与非对称密钥两种认证方式，与传统的认证方式相比，安全性更高。

同时，建立以用户为中心的安全解决方案，为用户提供各种安全手段。移动终端在加载金融支付业务之前，需要通过公共服务平台进行 SE 实名认证并下发实名认证证书至 SE，将 SE 和持有人绑定。在加载金融支付应用前，账户管理机构对 SE 实名和账户实名进行比对，以保障账户与 SE 实名制的一致性，最大限度保障用户的账户和信息安全，构建全方位的安全移动金融环境。

值得一提的是，公共服务平台建设统一 CA 支撑体系，对通过移动金融检测认证的支付应用签发统一可信证书，在业务处理过程中实现 SE 与支付应用、SE 与受理终端、SE 与公共服务平台、TSM 平台与公共服务平台之间的双向认证。公共服务平台作为移动金融参与各方均认可的第三方实体，打破了企业 TSM 各自为战的局面，有效规避了不同 TSM 之间的互信问题，实现了跨多个 TSM 间应用共享、安全互信，保障移动金融产业安全稳步发展。

如图 8 - 26 所示，公共服务平台业务功能凸显了"安全可信"的主要特点。主要功能说明如下：

1. SE 可信管理功能实现 SE 生命周期管理，包括 SE 发放、实名身份传递、SE 锁定、解锁、挂起、解挂、终止、重置等。

2. 支付应用可信管理功能实现应用生命周期管理包括应用注册、应用上架、应用更新、应用下架、应用删除、应用注销等。

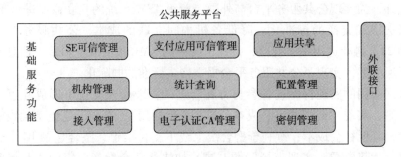

图 8-26 公共服务平台业务功能架构

3. 机构管理功能实现发行方、应用提供方、检测机构的注册管理，公共服务平台根据各个机构提交的注册申请信息为其分配机构 ID。注册完成后，公共服务平台允许各机构接入并提供服务。

4. 接入管理功能实现对接入的各企业 TSM 的管理，对各 TSM 开展相关业务的审计和控制。建立起安全的移动金融可信服务系统互联网络，同时保证该网络连接的可靠和稳定，为业务开展提供保障。

8.6.2.3 稳定运行的实现方法

公共服务平台按高性能、高可用性、可扩展的标准规划，具备容错和备份机制，能够切实保障对外提供安全可信服务的业务连续性。平台采用集群部署，既保证系统稳定高效运行，又避免单点故障出现，同时，从设计上支持纵向和横向扩展，适应未来一段时间移动金融产业的业务创新、系统扩容和技术升级的需要。

如图 8-27 所示，公共服务平台按照平台化、组件化的原则，以松耦合、分层的思路设计。各企业级 TSM 通过专线和消息中间件方式，基于统一的 XML 接口规范接入公共服务平台。用户可以通过公共服务平台检索和查询到全网内的应用，并快捷、安全地下载到手机终端。

具体设计如下：

1. MQ 接入集群：MQ 服务负责各个企业 TSM 与公共服务平台进行报文交互与消息路由的处理通道，采用集群的部署架构；

2. 数据库服务：作为各个业务的数据存储与查询的系统，采用双机热备的方式，避免了单点故障；

3. CA 服务：负责介质内实名证书与参与机构证书的颁发系统，采用集群的部署方式，提供了更好的横向扩展能力；

4. 核心应用服务群：作为参与机构接入的业务处理的核心系统，采用集群的部署方式，可进行灵活地横向扩展；

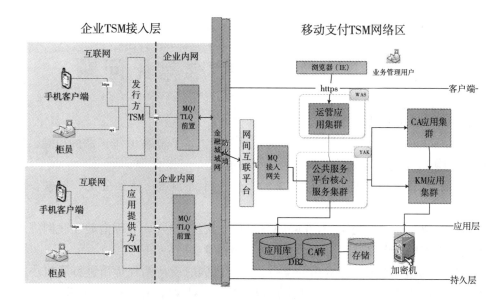

图 8-27   公共服务平台逻辑架构图

5. 运行管理应用服务群：作为业务运行管理人员的交互系统，日常业务运维、异常处理等。

8.6.3   系统投产成效初步评估

由于移动金融技术方案的多样性、安全载体和通信网络的开放性、业务流程的复杂性，因此构建安全可信生态环境是移动金融产业健康有序发展的先决条件，而公共服务平台能够加强安全载体和支付应用的生命周期管理，实现移动金融联网通用、安全保障、多应用管理，是构建移动金融安全可信生态环境的基础。公共服务平台建成后将为商业银行、银行卡组织、支付机构、移动通信运营商等提供运营支撑、数据挖掘、业务创新等信息化服务。

目前，移动金融业务在国内还处于市场起步阶段，但随着市场进程的不断加快，我国移动金融产业将步入标准化、集约化快速发展时期。据中国电子商务研究中心预测，未来几年我国的手机支付产业总规模将保持 40% 左右的年增长率。随着移动金融技术成熟度不断提高，移动金融势必为越来越多人所接受和使用，移动金融基础设施建设将显得尤为迫切。移动金融安全可信公共服务平台的适时推出，将推动移动金融向服务更加丰富、应用更加广泛、功能更加强大的移动金融普惠制方向发展。对拓宽金融服务渠道和银行卡多应用领域，推进金融业务创新，助推移动金融产业健康有序发展具有重要的现实意义。

附录：PBOC3.0 标准常见问题

1. PBOC3.0 提供了哪些新的功能？

PBOC3.0 标准相对于 PBOC2.0 标准进一步丰富了金融 IC 卡产品的功能，拓展了金融 IC 卡的使用领域。新增的主要功能有：

（1）非接触电子现金可用于分时、分段计费领域，例如公交、地铁、出租等。

（2）新增了对金融 IC 卡互联网终端的定义。金融 IC 卡可借助互联网终端实现网络支付、账户查询、电子现金网上圈存等功能。

（3）新增了电子现金双币的支持。卡片可同时支持两种货币进行脱机小额支付，满足了经常来往于陆港（澳）地区的人士对脱机小额消费的需求。

（4）增加了对国产商用密码算法的支持。金融 IC 卡既可以选择同时支持具有我国自主知识产权的国产商用密码算法和国际通用密码算法，也可以选择仅支持国际通用密码算法或仅支持国产商用密码算法。

2. 与 PBOC 2.0 相比，PBOC 3.0 有哪些修订？

PBOC 3.0 与 PBOC 2.0 相比有如下修订：

（1）废止了 PBOC 2.0 规范中的第 1 部分《电子钱包/电子存折应用卡片规范》、第 2 部分《电子钱包/电子存折应用规范》和第 9 部分《电子钱包扩展应用指南》三个部分。

（2）增补了第 14 部分《非接触式金融 IC 卡小额支付扩展应用规范》、第 15 部分《电子现金双币支付应用规范》、第 16 部分《金融 IC 卡互联网终端规范》及第 17 部分《借记/贷记应用安全增强规范》四个部分的内容。

（3）对原版规范中的借记/贷记部分进行了修订，对非接触电子现金流程进行了完善，使得脱机交易的安全性得到了加强。

3. PBOC 3.0 中为什么要废止对于电子钱包/电子存折以及电子钱包/电子存折扩展应用的支持？

电子钱包/电子存折以及电子钱包/电子存折扩展应用等为我国早期金融 IC 卡的发展奠定了基础，也成为目前国内很多其他行业标准的参考。但随着借记/贷记应用、基于借记/贷记的小额支付（电子现金）应用以及快速借记/贷记（qPBOC）应用等的发展和普及，电子钱包/电子存折以及电子钱包/电子存折扩展应用等由于密钥管理复杂、安全性存在不足以及应用不丰富等原因，已经不能满足目前相关应用的需求。所以 PBOC 3.0 废止了对于电子钱包/电子存折以及电子钱包/电子存折扩展应用的支持，这也是顺应时代发展潮流的必然。

4. 什么是非接触小额支付扩展应用？

非接触小额支付扩展应用主要应用于小额支付的一些特定支付场合，包括分时分段扣费和脱机预授权消费两种应用模式。在分时、分段计费的模式下，持卡人预先并不知道本次消费的金额，在消费完成后，计算出消费金额再进行扣款。典型的应用场合是地铁、高速公路（分段计费）和停车咪表（分时计费）等。脱机预授权消费模式允许终端在脱机的环境下预先冻结卡片中的部分金额，再根据实际消费情况对金额进行扣除，典型的应用场合如乘坐地铁。对于以上提到的特定的支付场合，可以用非接触小额支付扩展应用来实现，而普通的小额支付实现这些功能则相对困难。

5. 什么是闪卡现象？主要是什么原因造成的？

闪卡是指在非接电子现金脱机消费时，卡片内的金额已扣除，但终端交易未成功的现象。出现"闪卡"，一般可能有两方面原因：一是根据 PBOC3.0 第 12 部分定义，卡片在完成终端所需所有数据记录发送后，即认为是正常完成交易，进行扣款。但是当卡片发送最后一条记录后，由于持卡人过快移动卡片导致通讯中断等原因，可能出现终端未收到或收全最后一条记录。此时卡片认为交易完成，金额扣除，但是终端认为接收记录不全，拒绝交易；二是在卡片正常扣款完成，终端也收集到卡片所有发送记录的情况下，在随后的脱机认证中，由于终端上 CA 公钥没有及时正常更新，导致脱机认证失败。此时，卡片余额扣除，但是终端拒绝交易，导致交易失败。

在 PBOC3.0 中，为了进一步解决"闪卡"问题，一是引入了圈存日志，持卡人使用金融 IC 卡进行圈存时，卡片将自动记录相关交易日志，方便发卡机构和持卡人核对圈存交易账目；二是优化了 qPBOC 交易日志功能，可通过个人化时卡片附加处理 9F68 开关进行开启或关闭，为进行后期处理提供依据；三是明确定义了最后一条记录为短记录，以减少"闪卡"的几率。

6. 双币电子现金，第二货币是否可以用美元或澳元等货币？

双币电子现金并未规定特定的币种，理论上第二货币可支持任何币种。但目前双币电子现金主要用于港澳市场的发卡，在港澳发行的该类卡片中，第一币种设置为港元或澳门元，第二币种设置为人民币，目的是为了方便港澳地区的持卡人在大陆和港澳地区之间往来进行脱机、小额、快速支付。

7. PBOC3.0 在行业合作（行业卡功能）支持方面包含了哪些关键技术？

PBOC3.0 新增了非接小额扩展应用规范，该规范在非接快速借记/贷记流程（qPBOC）的基础上定义了分时分段计费、脱机预授权、单次扣款优惠等交易流程，可以被广泛应用在公交、地铁、停车、高铁等常见的行业卡支付领域。同时，PBOC3.0 也新增了金融 IC 卡互联网终端规范，该规范定义了基于互联网的金融 IC 卡终端的相关要求。金融 IC 卡互联网终端可以使持卡人通过互联网进行电子现金的自助充值。

8. 非接触小额支付扩展应用能否实现行业应用中月票、计次卡、换乘优惠等功能？

非接触小额支付扩展应用能实现行业应用中月票、计次卡、换乘优惠等功能。PBOC3.0 加入了对于分时、分段计费应用的支持，并且还可以支持月票、计次卡、换乘优惠等多种复杂的行业应用的功能。除此之外，PBOC3.0 可以通过支持脱机预授权交易等实现对于行业方利益的保护。由于加入了以上功能，PBOC3.0 可以基本涵盖目前常用的各种与支付相关的行业应用。

安全体系

9. PBOC3.0 在脱机交易的安全性方面有哪些提高？

PBOC3.0 参考了国际先进的做法，引入了多种脱机数据认证的方式，并在此基础上进一步完善了非接触小额支付的交易流程，加入了对 SM2、SM3、SM4 等国家拥有自主知识产权的密码算法的支持，增强了交易的安全性。

10. fDDA 的"00"版本和 fDDA 的"01"版本的区别是什么？

PBOC3.0 规范目前定义了两个版本的 fDDA。"01"版本的 fDDA 将更多的数据元作为计算签名的动态应用数据的输入数据，使得更多的数据被保护，提高了算法的安全性。与"00"版本的 fDDA 相比，"01"版本的算法和流程并没有改变，对交易速度也几乎没有影响。

11. 增强型安全算法包括哪些？

PBOC3.0 新增了三种增强型的安全算法，分别是非对称算法 SM2、哈希算法 SM3 和对称算法 SM4。

12. 支持增强型算法的卡片是否可以在境内外存量终端上使用？

为兼容境内外存量的金融 IC 卡受理终端，PBOC3.0 建议发卡行在发卡时采用单卡双算法的方案，即卡片同时支持国际通用的安全算法（RSA，3DES，SHA－1）和增强型的安全算法（SM2，SM3，SM4），在交易时终端和卡片通过握手选择共同支持的安全算法进行交易，如终端和卡片同时都支持双算法，则优先选择 SM 算法。因此，采用单卡双算法的金融 IC 卡可以在存量的终端上使用。

13. 非接触小额支付扩展应用涉及了行业密钥管理体系，这一体系与银行现有的密钥管理体系有何区别？

银行系统现有的密钥体系既包括非对称密钥体系，也包括对称密钥体系。

非对称密钥体系用于控制脱机交易的安全认证，对称密钥体系主要用于联机鉴别交易及卡片的真伪。而行业密钥管理体系则采用的是对称密钥体系，主要用于对扩展应用专用文件进行读写控制。两者用途不同，并且在业务上相互独立，因此两个密钥体系往往是分开管理的。

受理终端

14. 存量的 PBOC2.0 标准终端是否需要改造？

已经布放的 PBOC2.0 的终端完全可以受理 PBOC 3.0 的卡，但为了充分发挥 PBOC3.0 标准中的新增功能及安全性，建议收单机构根据实际情况在适当时候对终端进行升级。

15. EMV 的终端可以受理 PBOC 3.0 的卡片吗？

在技术上与 EMV 规范保持兼容是对 PBOC 标准金融 IC 卡的一个基本要求，PBOC3.0 标准继续保持了 PBOC2.0 规范与 EMV 规范相兼容这一共性。在此基础上，EMV 标准终端仅需下载应用参数即可受理 PBOC3.0 标准卡片。

卡片发行

16. 为符合 PBOC3.0 标准，银行的后台系统是否需要进行改造？

如果不使用 SM 算法可以不用进行系统改造。如果希望引入 PBOC3.0 中的一些新功能，发卡机构可以根据自身需求对相关系统进行改造。

17. PBOC 3.0 标准卡片与 PBOC 2.0 标准卡片相比，个人化模板有哪些不同？

PBOC 3.0 的金融 IC 卡在个人化数据方面较 PBOC 2.0 的金融 IC 卡有所变化，目前相关转接清算机构已发布新的个人化模板供各方参考。

18. 符合 PBOC3.0 标准的卡片在个人化方面与符合 PBOC2.0 标准的卡片有哪些变化？

PBOC3.0 标准的金融 IC 卡在个人化上主要增加了电子现金应用"01"版本 fDDA、圈存日志入口和圈存日志格式等数据元，另外还增加了支持双币电子现金应用、电子现金扩展应用的数据元及文件。

参考文献

［1］JR/T 0025.3—8《中国金融集成电路（IC）卡规范》第 3~8 部分。

［2］JR/T 0025.10—17《中国金融集成电路（IC）卡规范》第 10~17 部分。

［3］Q/CUP 018《中国银联金融 IC 卡借记/贷记应用根 CA 公钥认证规范》。

［4］Q/CUP 042.1《中国银联金融集成电路（IC）卡辅助规范》第 1 部分：《借记/贷记应用个人化模板》。

［5］Q/CUP 006《中国银联银行卡联网联合技术规范》。

［6］www. emvco. com。